华大博雅出版基金

华中师范大学出版基金丛书

学 术 著 作 系 列

U0835478

民粹主义研究

张 炯 著

C B J J

华中师范大学出版社

新出图证（鄂）字10号

图书在版编目（CIP）数据

民粹主义研究 / 张炯著. --武汉：华中师范大学出版社，2024. 11.

ISBN 978-7-5769-0624-0

Ⅰ. D091

中国国家版本馆CIP数据核字第202479Z4Q9号

编 辑 室：学术出版分社
电　　话：027-67867370
责任编辑：郭志刚
责任校对：王　胜
封面设计：罗明波
出版发行：华中师范大学出版社有限责任公司
社　　址：湖北省武汉市洪山区珞喻路152号
电　　话：027-67861549
邮　　编：430079
网　　址：https：//press. ccnu. edu. cn
印　　刷：武汉兴和彩色印务有限公司
督　　印：刘　敏
开　　本：710mm×1000mm　1/16
印　　张：12. 5
字　　数：211千字
版　　次：2025年1月第1版
印　　次：2025年1月第1次印刷
定　　价：69. 00元

序

欧阳康

民粹主义是当今时代不容忽视的社会政治问题。在近些年被关注的国家治理领域里，民粹主义及其带来的挑战是尤为值得关注的。由于民粹主义问题的复杂性和敏感性，如何正确认识和合理应对民粹主义及其影响已经成为研究界的一大难题。在当前复杂交错的国际国内背景下，张炯博士的博士后出站报告《民粹主义论》经过修改，将由华中师范大学出版社出版，值得关注。该书积极探讨民粹主义这个热点问题，反映出作者关怀现实的治学视野和理念，选题具有重要的学术价值和现实意义。

当然，民粹主义问题并不好把握，不仅因其内涵本身的不确定，还因其现实性太强而导致世界范围内的民粹现象层出不穷、捉摸不定，这无疑给研究带来不小难度。换言之，此项研究也对作者透过现象看本质的能力提出了很高要求。总体来看，该著在如下几方面有所突破和创新：

第一，对民粹主义概念的处理。作者将民粹主义视为一种意识形态，暂且刨去了与民粹主义相关的各种解释，这对于批判民粹主义而言是有益的。作者并没有过早地对民粹主义作出价值判断，而是相对客观地阐明民粹主义的内涵、特征、类型与发展等，这有助于较为全面地把握民粹主义的各种形态，而不至于在没有充分解释的基础上就展开批判。

第二，把握民主政治与民粹主义的关系。民粹主义在当今政治空间里十分活跃，这也使得民主与民粹的关系极其复杂。作者认为，民粹主义的出现恰恰意味着民主政治自身出现了问题，而民主政治要想彻底摆脱民粹主义也是不可能的。二者是相伴相随的关系。并且，随着民粹主义的间歇性激化，西方民主政治愈发变质了。民粹主义是不确定的，世界政治格局的发展也是不确定的，而在不确定性中把握确定性，正是本著试图推进的一项工作。

第三，对民粹主义的哲学考察。这方面体现了本研究的专业性。从已有的相关成果来看，对民粹主义更多在政治学、社会学的专业领域里讨论，而从哲学切入的还不多。作者将民粹主义产生及发展的根源追溯至西方存在论，这就使得本研究不再是就现象谈现象，而是呈现有理据可循的思想史线索。并且，中西存在论的比较也是本著中开启的问题，突出解释了在中国语境下何以能有效应对民粹主义的挑战。当然，哲学考察的部分仍存在进一步扩展的空间，正如有评审老师所指出的，许多判断言而未尽，这也是我们希望作者能在未来研究中加以继续完善的内容。

第四，以马克思主义批判和超越民粹主义。从专业性看，民粹主义不仅需要哲学层面的批判，更需要马克思主义哲学作为基础，思索其超越之道。本著的最后部分讨论如何批判和超越民粹主义，涉及马克思恩格斯等经典作家的思想如何与民粹主义划界，也涉及当代中国马克思主义应对民粹主义的创造性探索，还包括作者对未来社会形态的展望，这些都是作者立足于马克思主义发展史的合理思考，也可以为现实中切实有效地应对民粹主义提供启示。但是，在从理论到实践的转换上还有待继续探讨。这是问题研究的特点，因为问题研究的最终结果必然需要落到具体的社会现实上，这也是社会认识论研究传统的旨趣所在。

张炯博士于 2019 年 9 月进入华中科技大学哲学博士后流动站工作，我很高兴作为他的博士后合作导师与他一道度过了三年时光。在站期间，他展现了较好的科研能力，能准确抓取问题，并快速有效地形成一定数量和质量的成果，积极参与社会认识论、国家治理等研究团队的建设发展工作。其博士后出站报告也得到评审专家们的一致肯定和良好评价。

张炯的博士学位论文属于马克思主义经典著作的理论研究，其博士后出站报告则聚焦于现实问题研究。从理论研究向现实问题研究的拓展与深化，是这几年来他一直努力在做的工作。该书作为其研究成果，看来是较为成功的。张炯博士现在华中师范大学马克思主义学院工作，该著也获得了华中师范大学出版基金的资助，值得祝贺！我希望张炯博士继续努力，在学术上不断精进，有更多的好作品问世。

（本序言作者为华中科技大学国家治理研究院院长，哲学研究所所长，哲学学院二级教授，博士后合作导师）

2024 年 5 月 27 日

目　录

第一章　导论

一个幽灵，民粹主义的幽灵，在世界游荡。

2016年是“民粹主义”极具存在感的一年，如果说年中的英国公投脱欧是民粹主义的一道“前菜”，那么年末的特朗普当选美国总统则是民粹主义为世人提供的一道“大餐”。霎时间，几乎所有的社交媒体和学术界都在谈论这一事件，民粹主义成为聚光灯下的“宠儿”，也让国内外的民粹主义研究备受关注。

然而，随着特朗普在2021年1月正式结束他的总统任期，民粹主义好似也跟随他一起慢慢淡出舞台。当然，民粹主义并没有真正退场。虽然民粹主义不再是热点，但是世界范围内的民粹主义仍然没有消停，它们蠢蠢欲动，影响着世界各地的社会政治格局。

2022年3月10日，韩国第20届总统选举结果出炉，最大在野党国民力量党候选人尹锡悦得票率为48.58%，超过执政党共同民主党候选人李在明0.8个百分点，以微弱优势赢得此次总统大选，当选下届韩国总统。国民力量党为韩国的保守主义右派政党。尹锡悦将是韩国直选总统以来，第一位没有国会议政经历的总统，从政仅8个多月就赢得人生第一场公职选举，坐上总统宝座。尹锡悦在韩国检察系统任职二十余年，曾将两任前总统送入监狱。而作为“政治素人”，他常因其争议性言论遭到外界批评，被韩媒称为“韩国特朗普”。

2022年4月3日，匈牙利极右民粹政党匈牙利青年民主主义者联盟主席欧尔班·维克托（Orbán Viktor）再次当选匈牙利总理，这是他的第五个也是连续第四个任期。在苏联解体之后，面对一超多强的格局，匈牙利最初选择继续依附美国和欧洲，这也是欧尔班一开始的政策。1999年，在他的带领下，匈牙利加入了北约和欧盟。但事实证明，依附并没有让匈牙利得到更好的发展。在一次次失望后，欧尔班的政治理念开始逐渐转为极端右派，认为只有民族主义的保守国家才能让匈牙利逃离被其他文化侵蚀的命运。

2022年4月24日，法国现任总统马克龙在当天举行的总统选举第二轮投票中得票率58.6%，领先于极右翼政党“国民联盟”候选人玛丽娜·勒庞的

41.4%，获得连任。这次大选，勒庞的得票率突破了40%，创下了法兰西第五共和国历史上民粹右翼候选人得票最高的纪录。2017年，她以34%对66%的悬殊得票率输给马克龙；当年，她父亲对战希拉克，得票率还不到20%。勒庞虽然没能成为法国历史上第一位女总统，但这次法国大选并没有宣告她的失败，反而意味着极右翼已经在法国拥有强大的民意基础。

诸如此类的政治新闻恐怕很难再成为坊间关注的焦点。但是对于学术研究而言，在一种相对沉静的状态中去研究民粹主义，反倒可以避免听到太多喧嚣，从而更专注于自己的探索。

围绕民粹主义，可以衍生出许许多多的问题，比如：为什么民粹主义会在现代社会里频繁地发生？尤其在西方国家的选举政治中，民粹主义发挥了重要的作用，那么为什么选民会为竞选者的民粹话语所吸引？如果说民粹主义具有鲜明的地域特色，那么中国是否有民粹主义？中国革命中的民粹主义因素又该如何理解？民粹主义仅仅是一个在社会和政治层面不定期复发的症候，或是从现时代的状况和特征来看，民粹主义乃是现代社会无法割弃的赘生物？现代人到底该以怎样一种信念来面对民粹主义？马克思主义与民粹主义之间存在怎样的关联？马克思主义是否存在超越民粹主义的可能？等等。这些问题在既往的研究里或多或少有所涉及，但是系统地讨论尚付阙如。本书试图做出一定努力。

一、民粹主义的研究状况

民粹主义是一个模糊的、不确定的、难以界定的概念，针对民粹主义存在着不同学科、视角、层次研究的展开，下面从几个方面进行综述。

第一方面，对民粹主义的导论式、概要式、全景式研究。

在国外学界，约内斯库（Ghita Ionescu）和盖尔纳（Ernest Gellner）主编的《民粹主义：意义及民族特征》① 应是最早汇集众多专家围绕民粹主义的概念界定和具体特征进行讨论的论文集，在那里已经基本划定了对民粹主义的几个主要解释框架，如作为一种意识形态的民粹主义、作为一种政治运动的民粹主义、作为一种政治文化的民粹主义，等等。卡诺万（Margaret Canovan）的

---

① IONESCU G, GELLNER E. Populism: Its Meaning and National Characteristics[M]. London: Weidenfeld and Nicholson, 1969.

《民粹主义》[1] 应是第一部以"民粹主义"为题的专著，作者重点讨论了俄国民粹主义与美国民粹主义，并且对民粹主义进行了较为详尽的分类，尽管分类的标准不确定，但已经很早就在学术研究的意义上奠定了民粹主义多元的、不确定的特征。塔格特（Paul Taggart）的《民粹主义》[2] 从历史的角度分析了世界各地的民粹主义，探索它们的异同，以史论结合的方式，展现民粹主义自身的内在矛盾性。穆勒（Jan-Werner Müller）的《什么是民粹主义?》[3] 虽然篇幅不长，但基于丰富的事实资料，以非学术的、亲民的语言回答了"民粹主义说什么""民粹主义者做什么"以及"怎么面对民粹主义"等问题。穆德（Cas Mudde）和考特瓦瑟（Cristóbal Rovira Kaltwasser）的《民粹主义极简导论》[4] 则更多从当代的民粹主义现象出发，强调民粹主义之于当代政治的重要性。

国内学界的相关研究有：俞可平在《全球化时代的民粹主义》[5] 中回顾了民粹主义自产生以来发展的历史，归纳了民粹主义产生的原因，分析了民粹主义（尤其对于民主政治）产生的后果以及如何避免社会陷入民粹主义的困境等，并提供纲要式的观点。董经胜[6]梳理了从 20 世纪 50 年代以来学术界研究民粹主义的三次高潮：第一次产生于 20 世纪 50 年代美国的麦卡锡主义之后；第二次产生于 20 世纪 30～60 年代拉丁美洲民粹主义的黄金时代结束之后；20 世纪 80 年代末 90 年代初欧洲和拉美新民粹主义的出现，引发了学术界对民粹主义研究的第三次高潮。然而，对民粹主义的理解远未达成共识。对于民粹主义概念难以界定这一事实，除了有基于民粹主义普遍本质的界定，还有对民粹主义现象进行社会类型学的分析，郭中军[7]提出从价值观和经验现象两个层面重构民粹主义概念。

---

① CANOVAN M. Populism[M]. New York: Harcourt Brace Jovanovich, 1981.

② 塔格特. 民粹主义 [M]. 袁明旭，译. 长春：吉林人民出版社，2005.

③ MULLER J-W. What is populism? [M]. Philadelphia: University of Pennsylvania Press, 2016.

④ MUDDE C, KALTWASSER C R. Populism: A Very Short Introduction [M]. New York: Oxford University Press, 2017.

⑤ 俞可平. 全球化时代的民粹主义 [J]. 国际政治研究，2017，38 (01)：9-14.

⑥ 董经胜. 民粹主义：学术史的考察 [J]. 当代世界与社会主义，2020 (05)：184-192.

⑦ 郭中军. 价值观与经验现象：民粹主义概念的尴尬及其重构 [J]. 复旦学报（社会科学版），2019，61 (01)：147-156.

第二方面，马克思主义理论（史）层面的研究。

首先是马克思恩格斯与民粹主义的研究。国内学者周凡在《马克思与俄国民粹主义问题》[①] 一文中指出，马克思借助对俄国民粹主义问题的思考，开始重新调整自己的一些思路并着手进行新的理论构想，俄国民粹主义既向马克思提出了严峻的挑战，同时也给马克思带来新的问题域。周凡在《在马克思主义与民粹主义之间》[②] 的长文里，还原了恩格斯与俄国民粹派特卡乔夫论证的来龙去脉、前因后果及其进行过程中的诸多细节，希望激发读者反思马克思主义与民粹主义之间的互构关系，同时也为审视当代后马克思主义接合民粹主义逻辑的努力提供更加深远的背景。

其次，俄国民粹主义研究具有代表性。夏银平的《俄国民粹主义再认识》[③]，从分析、研究俄国民粹主义产生的社会背景、理论渊源和宗教语境出发，进而深入研究它的历史哲学理论；同时揭示了民粹主义理论与马克思主义经典作家思想形成之间相辅相成的关系，说明了俄国民粹主义理论的合理性，以及其历史哲学理论的当代价值。马龙闪、刘建国的《俄国民粹主义及其跨世纪影响》[④]，对俄国民粹主义产生、形成、发展和演进的历史，以及它在各个历史时期的思想理论特征、各种思想流派，按照历史编年顺序进行了系统、深入的阐述和论析；也对过去由苏联意识形态屏蔽和时代变迁而掩盖的某些学术误区，做了拨乱反正的系统辨析和清理；同时，也对这一跨世纪、超国界的强大社会政治思潮在 20 世纪的影响，特别对其在俄罗斯、中国和非洲所产生的深刻影响，做了重点考察。

再次是对毛泽东与民粹主义的争议性研究。迈斯纳（Maurice Meisner）[⑤] 从俄国民粹主义的视角出发，依托《湖南农民运动考察报告》来分析毛泽东的

---

① 周凡．马克思与俄国民粹主义问题［J］．马克思主义与现实，2007（4）：15-30.

② 周凡．在马克思主义与民粹主义之间——对恩格斯与特卡乔夫论战的反思（上）［J］．学术研究，2015（4）：18-27．周凡．在马克思主义与民粹主义之间——对恩格斯与特卡乔夫论战的反思（中）［J］．学术研究，2015（5）：17-27．周凡．在马克思主义与民粹主义之间——对恩格斯与特卡乔夫论战的反思（下）［J］．学术研究，2015（6）：1-11.

③ 夏银平．俄国民粹主义再认识［M］．广州：中山大学出版社，2005.

④ 马龙闪，刘建国．俄国民粹主义及其跨世纪影响［M］．桂林：广西师范大学出版社，2013.

⑤ MEISNER M. Marxism, Maoism and Utopianism[M]. Madison: The university of Wisconsin press, 1982.

政治思想与实践，提出毛泽东一生深受民粹主义影响，此说在西方毛泽东学研究领域产生很大反响。

最后是后马克思主义思潮与民粹主义逻辑的结合。后马克思主义的旗手拉克劳（Ernesto Laclau）早年在《走向一种民粹主义理论》① 一文里提出一种以“大众—民主召询”为核心的民粹主义理论，把民粹主义视为一种意识形态要素，分析了人民与阶级的辩证张力。而后在《论民粹主义的理性》② 一书中将民粹主义理论化和系统化，把民粹主义指认为一种政治逻辑，从批判既有理论的不足开始，运用自身哲学研究的成果与概念，重构一种民粹主义理论。拉克劳的伴侣兼战友墨菲（Chantal Mouffe）在《保卫左翼民粹主义》③ 里指出当代世界正处于民粹主义时刻，她遵循拉克劳的民粹主义理性逻辑，呼吁左翼政治采用民粹主义策略以对抗右翼民粹主义。

第三方面，政治学层面的民粹主义研究。

这方面研究最为突出的是对民主政治与民粹主义的关系讨论，特别是针对民粹主义造成民主政治危机的探讨。帕尼扎（Francisco Panizza）主编的《民粹主义与民主之镜》④ 汇聚了政治理论领域的诸多学者对民粹主义与民主问题的讨论。2019 年三卷本《民粹主义与民主的危机》出版⑤，第一卷主要聚焦概念争论与理论进路，第二卷分析了民粹主义的语言、概念及其与社交媒体的关系，勾勒出左翼和右翼民粹主义的轮廓，重构民粹主义向政治极端主义的转换进路。第三卷汇集了基于经验和理论的复杂案例研究，涉及移民、性别与宗教等议题。这些资料为政治理论、政治社会学、欧洲研究等方面的学者提供了丰富参考。

国内政治学者对民粹主义的讨论也非常丰富。如林红的专著《民粹主义——概念、理论与实证》⑥，这是一名政治学者从民粹主义的概念与特征、民粹主义

---

① LACLAU E. Towards a Theory of Populism[M]//Politics and Ideology in Marxist Theory: Capitalism, Fascism, Populism. London: NLB, 1977.

② LACLAU E. On Populist Reason[M]. London: Verso, 2005.

③ MOUFFE C. For a Left Populism[M]. London: Verso, 2018.

④ PANIZZA F. Populism and the Mirror of Democracy[M]. London: Verso, 2005.

⑤ FITZI G, MACKERT J, TURNER B S. Populism and the Crisis of Democracy(Volume Ⅰ-Ⅲ)[M]. London: Routledge, 2019.

⑥ 林红. 民粹主义：概念、理论与实证［M］. 北京：中央编译出版社，2007.

的理论解读以及民粹主义实践的经验描述和比较分析等几方面，较为全面地讨论民粹主义问题的力作。刘瑜①讨论美国政治中的民粹主义，主张以“多元式民主”和“一元式民主”这组概念来区分民主政治和民粹政治，对精英主义的容纳度是区分二者的一个关键尺度。从日云②认为，西方知识界将特朗普现象解释为右翼民粹主义的做法既修正了传统的民粹主义概念，也曲解了特朗普的思想和言行。特朗普的公共政策明显具有新保守主义特征，只是其个性特征和行为方式带有某种民粹色彩，但仅据此不足以判定其属于民粹主义者。特朗普现象属于由现代社会向后现代社会转变时期的保守主义，是抵制美国社会激进的后现代主义和走向民粹化趋势的力量。

第四方面，社会学层面的民粹主义研究。

社会学领域很少直接谈论民粹主义，而是更多集中于对群体、群体理论、群体认同、群体运动等对象的考察。从历史上看，法国社会学家勒庞（Gustave Le Bon）的《乌合之众》③《革命心理学》④ 等著作无愧为经典，他以通俗的语言对群体现象作了探讨。随着群体类型愈发差异化，社会学研究从乌合之众转向更为持续的群体组织。作为一种从现象出发深入学理的探讨，社会学层面的民粹主义研究给我们提供一种理解的视角。然而，群体理论研究普遍带有反群体的偏见，其分析框架也基本离不开“个体/群体”“理性/非理性”“正常/病态”等二元对立。

国内的社会学者同样不直接讨论“民粹主义”问题，比较多见的是通过对“群体性事件”的研究来反思民粹主义。“群体性事件”是国家和社会维稳的中心概念，冯仕政⑤考察了该概念的形成、演变，以及造成这一现象的社会逻辑和机制，认为“群体性事件”概念经历了从无到有、从治安概念到政治概念的演变，这一过程是社会冲突与国家治理共同作用的结果：一方面，随着社会经

① 刘瑜．民粹与民主：论美国政治中的民粹主义［J］．探索与争鸣，2016（10）：68-75.

② 从日云．民粹主义还是保守主义——论西方知识界解释特朗普现象的误区［J］．探索与争鸣，2020（01）：118-137.

③ 勒庞．乌合之众［M］．冯克利，译．桂林：广西师范大学出版社，2015.

④ 勒庞．法国大革命与革命心理学［M］．北京：北京师范大学出版社，2015.

⑤ 冯仕政．社会冲突、国家治理与“群体性事件”概念的演生［J］．社会学研究，2015，30（05）：63-89.

济发展，集体抗争的形态不断出新；另一方面，为了应对集体抗争，国家不得不不断更新自己的观念、行为和组织。董天策[①]对网络群体性事件研究做了学理性的回顾与反思，从理论概念的角度描述了有关研究的基本态势，分析了网络群体性事件研究的各种范式，并认为大多数的网络群体性事件并非社会危机，而是具有积极作用的网络公共事件。总体而言，社会学层面的民粹主义相关研究大多是对具体现象的分析，并从社会治理的角度提出应对策略。

第五方面，国别、空间、地域层面的民粹主义研究。这一层面的研究呈现出非常多元化的景象，可以大致作如下分类：

第一，美国是学者分析民粹主义的典型地域。卡津（Michael Kazin）[②] 通过对美国人民党和乔治·华莱士的研究，发现民粹主义能左能右，民粹主义作为一种语言贯穿了美国的历史。两位具有共和党倾向的作者齐托（Salena Zito）和托德（Brad Todd）在《大反叛》[③] 一书中，试图讨论如何在民粹主义联合的内部重塑美国政治。与之立场和态度相反的是，卡尔布（Marvin Kalb）在《人民之敌》[④] 里将特朗普对媒体的战争以及新麦卡锡主义的形成指认为是对美国民主的威胁。

第二，欧洲是民粹主义的一大舞台。大多数欧洲学者的研究都侧重于右翼民粹主义，部分原因在于民粹主义政党最初发轫于右翼一边，同时，这一认知也源于人们对法西斯主义的记忆。穆德[⑤]对欧洲民粹主义激进右翼政党的讨论是值得参考的。国内学者张莉的《西欧民主制度的幽灵——右翼民粹主义政党研究》[⑥] 一书，以西欧政党格局和民主政治为背景，以“右翼民粹主义政党”

---

① 董天策. 从网络集群行为到网络集体行动——网络群体性事件及相关研究的学理反思［J］. 新闻与传播研究，2016，23（02）：80-99.

② KAZIN M. The Populist Persuasion: An American History[M]. Ithaca: Cornell University Press, 2014.

③ ZITO S, TODD B. The Great Revolt: Inside the Populist Coalition Reshaping American Politics[M]. New York: Crown Forum, 2018.

④ KALB M. Enemy of the People[M]. Washington, D. C.: Brookings Institution Press, 2018.

⑤ MUDDE C. Populist Radical Right Parties in Europe[M]. Cambridge: Cambridge University Press, 2017.

⑥ 张莉. 西欧民主制度的幽灵——右翼民粹主义政党研究［M］. 北京：中央编译出版社，2011.

为核心，总结、归纳西欧右翼民粹主义政党的共性和特性，进而分析、概括西欧右翼民粹主义崛起的历史背景、社会原因、政治原因及未来发展趋势。约翰·朱迪斯（John B. Judis）在《民粹主义大爆炸》[①]一书中认为，分别于19世纪80年代和20世纪70年代出现于美国和欧洲的“民粹主义”是重要的政治分支，它有别于传统的美国自由主义和保守主义，也有别于欧洲社会民主和基督教民主。

第三，民粹主义在拉美地区的表现。林红[②]认为，拉美民粹主义弥合了寡头阶层和大众社会之间的裂痕，确立了追求民族经济独立、打破半封建社会结构、促进社会公正的目标，成为现代拉美社会控制的主要政治形式；民粹主义代表拉美地区对社会转型所带来的结构性危机的激烈政治反应。拉美民粹主义的独特性在于以城市劳工为主体，且具有卡里斯马型权威政治倾向和经济上的改良主义取向。爱德华兹（Sebastian Edwards）[③]从宏观经济层面讨论民粹主义对拉美地区的影响，有助于读者把握拉美民粹主义的时代变化。

第四，中国民粹主义研究方兴未艾。李良荣[④]在《中国民粹主义的三个动向》里预测了民粹主义与民族主义的合流、民粹主义与“仇富”“仇官”“仇精英”思潮的合流以及民粹主义围击基层影响社会稳定。

第六方面，与民粹主义相关的时代议题。这方面的研究与时代状况关系密切，通过不同的时代问题去反思民粹主义。具体有：

第一，文化民粹主义。麦克盖根（Jim McGuigan）的《文化民粹主义》[⑤]探究了潜在于文化研究中的文化民粹主义情感和冲动及其后现代主义的变体，包括民粹主义与平常文化，文化民粹主义的轨线，青年文化与消费等。

第二，网络民粹主义。陈龙在《当代传媒中的民粹主义问题研究》[⑥]中讨论了民粹主义的理论谱系、起源、发展以及在中国的表现，网络民粹主义的抗争政治学、民粹主义的网络传播机理、网络民粹主义群体心理学、思维逻辑，

---

① 朱迪斯．民粹主义大爆炸［M］．马霖，译．北京：中信出版社，2018.

② 林红．论现代化进程中的拉美民粹主义［J］．学术论坛，2007（01）：51-55.

③ EDWARDS S. Left Behind: Latin America and the False Promises of Populism[M]. Chicago: University of Chicago Press, 2010.

④ 李良荣．中国民粹主义的三个动向［J］．人民论坛，2017（01）：22-23.

⑤ 麦克盖根．文化民粹主义［M］．桂万先，译．南京：南京大学出版社，2001.

⑥ 陈龙．当代传媒中的民粹主义问题研究［M］．北京：中国广播影视出版社，2016.

网民政治参与和民粹化逻辑，网络暴力与人民审判的合理化，文化民粹主义与传媒内容生产等。通过分析当代传媒中民粹主义的种种表现，剖析其实质，揭示其危害，从制度建设、舆论引导、文化建设等层面，提出防范民粹主义危害的对策。

第三，以新冠肺炎疫情为代表的风险事件与民粹主义的关系。2020年暴发的新冠疫情激发了国内外学者对民粹主义的讨论。如在宋朝龙与肖恩·塞耶斯（Sean Sayers）的访谈里①，讨论了新冠疫情下英美右翼民粹主义困局，就新冠肺炎疫情暴发以来的时局，西方大变局的根源，右翼新民粹主义的困局和前景，西方左翼运动的历史经验、契机和挑战等问题展开对话。林红②认为，公共卫生危机及其连带的经济危机为民粹主义的持续演进提供了新契机。当国家在危机背景下的角色不断凸显之时，民粹主义表露出对国家的本能依赖。民粹主义的国家依赖体现了激进与保守的双重性：在国内政治中主张政府干预，依赖国家实现平等的财富分配和广泛的民主参与；在国际政治中主张贸易保护主义，希望国家维护民族利益和传统文化。

二、本著结构、特色及意义

针对以上综述，可以总结国内外学界研究民粹主义的几个特点：

其一，展开了丰富多元地对民粹主义现象及其根源的分析，但过于丰富乃至杂乱的成果，反倒使民粹主义这一原本就复杂的概念变得更加复杂。而且现实中世界范围的民粹主义愈演愈烈，这也使得对这一热点的冷静讨论难以推进。

其二，与国外研究相比，国内学界的民粹主义研究稍显逊色，这在一定程度上反映了中西语境的差异。在这一意义上，切入中国社会现实的民粹主义批判研究何以可能及如何可能，将是进一步推进民粹主义研究的关键，这意味着不仅应当立足于中国本土的现实看世界、看世界范围的民粹主义现象，而且要从世界（历史）的视野看当代中国的发展，关键在于如何发现、解释进而应对可能的或已经存在的民粹主义现象。

---

① 宋朝龙．新冠肺炎疫情下英美右翼民粹主义困局——肖恩·塞耶斯教授访谈［J］．马克思主义与现实，2020（5）：141-146．

② 林红．公共卫生危机与西方民粹主义的国家依赖［J］．江苏行政学院学报，2020（5）：76-85．

其三，研究（尤其国外研究）往往具有比较鲜明的左—右特色和党派特色，不仅民粹主义造成了社会的分裂，而且民粹主义研究的分裂与对抗也是明显的。这在很大程度上决定了无论对民粹主义或褒或贬，基本都流于左与右的话语对抗，这对于我们全面地理解和批判民粹主义是不利的。

其四，就研究成果而言，编著多于专著。编著的特点在于，围绕某一主题的讨论可以集结诸多专家的智慧，但是在理论化、系统化的程度上不及专著。这实际也可从侧面反映出针对民粹主义的具体的、小而精的讨论居多，而较为系统和全面的探讨略显不足。

在前人研究的基础之上，本书在如下的框架结构上展现了一些特色：

其一，民粹主义的界定众说纷纭且各有道理，本书把民粹主义理解为一种意识形态。底层平民因自身艰难的生存处境而产生的一系列诉求与表达，这是民粹意识的反映，这些诉求和表达经过魅力领袖或党派的操纵之后才得以主义化，并且以“人民”与“精英”、“我们”与“他们”的对立形式来展现社会政治冲突。民粹主义本质上是一种低层次的意识形态，容易被其它一些强悍的、高层次的意识形态所利用，所以不难发现，民粹主义总是与法西斯主义、自由主义、民族主义等其他意识形态粘连在一起。

其二，民粹主义在政治领域作用明显。第二章的讨论包括如何理解民粹主义与民主政治之间的复杂关系，并分析民粹主义话语是如何建构以及影响受众的。危机的发生必然伴随民粹主义，而危机的政治化也迎合了西方国家和党派的民粹主义策略。

其三，处理近现代中国的民粹主义问题。在中文里，“民粹主义”一词未必是消极的，而应该作中性化的理解。近代中国革命创造性地利用了民粹主义因素，并在革命成功之后完成了对民粹主义因素的吸收与消化。在现代中国的语境里，与其谈民粹主义，不如转而谈社会民粹化，它可以为分析中国的现代性提供一种视角和工具。

其四，对民粹主义的哲学反思。民粹主义不仅是一个在现时代的社会政治领域发生的现象或运动，而且是现时代的精神症候。民粹主义在社会政治领域里兴风作浪确实吸引了我们在这些领域去寻找答案，但唯有认识到现代人主体性的自我确证的重要性，以及培养足够的存在论自觉，才有可能破解当下全球民粹主义的困局。

其五，基于马克思主义批判民粹主义。马克思主义（尤其是其革命维度）

与民粹主义具有某种亲缘性，但也存在本质区别。如果没有坚定的立场与原则，那么研究就很可能陷入一种类似后马克思主义（如拉克劳等人）的向民粹主义偏移的结果，而我们不仅要把马克思主义与民粹主义的关系搞清楚、区分开，还要基于马克思主义的立场批判民粹主义，并寻求超越民粹主义的可能。

本书的现实意义可从两方面把握：一方面，对于中国而言，如何为当代中国的发展创造并维持一个相对稳定且和谐的社会政治环境，将成为一个基础性问题。民粹主义无论其效应是积极的或消极的，都会对社会政治的整体环境造成一定的影响，特别是在当前网络极其发达的情况下，借由网络渠道而兴起的民粹主义或民粹意识已成为一个棘手问题。因而，应对民粹主义的冲击和挑战，营造健康的社会、政治和网络生态，是对中国发展和国家治理的考验。在这一意义上，本书对民粹主义的解释与批判工作具有前提性意义。

另一方面，对于世界而言，中国本土的治理素来无法与全球治理脱钩。民粹主义对全球秩序的冲击引起了巨大的连锁效应，导致中国在全球治理中的角色也面临着挑战。特别是西方社会的民粹主义浪潮中往往夹杂着对东方或中国的排斥，这显然不利于全球治理意义上的跨国交流与合作。因此，破解民粹主义的全球性困局，也成为中国乃至世界层面需要认真对待的问题。现代社会与民粹主义相伴相生，都是历史进步的结果。民粹主义在一定程度上反映了底层民众的意识觉醒，问题在于如何将之转化为对全球治理有益的资源和动力。在这一意义上，本书从哲学层面反思民粹主义，为现代人走出民粹主义的困境提供了一定的启示。

第二章　什么是民粹主义

“民粹主义”是21世纪的一个重要流行语，那些拉美的左翼总统、欧洲右翼政党以及在美国总统大选上的左翼和右翼候选人，都可能被冠以“民粹主义者”的标签。然而，尽管这个词对大众具有很强的吸引力，但它的广泛使用也带来了不少困惑。

第一节　民粹主义的概念争议

“民粹主义”是一个有争议的概念。这个概念的争议性可以从几十年前那部经典的《民粹主义：其意义和国家特征》中找到。这部可谓开创性的作品主要分为两部分，第一部分考察了五个不同地区的民粹主义：北美、拉丁美洲、俄罗斯、东欧和非洲，第二部分是不同的作者将民粹主义定义为一种意识形态、一场运动、一种综合征等。最有价值的或许是两位编者在导言部分总结了六个方面问题，分别是：民粹主义是一种意识形态（或多种意识形态）还是一场运动（或多场运动），或者兼而有之？民粹主义是否在具体的历史地理背景中被证明是一种反复出现的心态？民粹主义是不是一种政治心理？民粹主义是不是一种特殊的否定主义，即反对一系列概念、对象或群体？民粹主义是不是对“人民”的崇拜？民粹主义是否漏洞百出，在最后被更为强大的意识形态或运动所吸收？[①] 等等。后续几乎所有的民粹主义研究都或多或少地涉及这些问题。

在这部开创性的文集之后，英国政治学者卡诺万（Margaret Canovan）在定义民粹主义方面做了重要的工作。她认为对民粹主义现象有两种主要的回应，

---

① IONESCU G, GELLNER E. Populism: Its Meaning and National Characteristics[M]. London: Weidenfeld and Nicholson, 1969: 3-4.

一种是将其现实存在进行理论化，另一种则是阐明其实现的类型①。在《民粹主义》一书中，卡诺万对民粹主义运动进行了全面的分类，提出了两种截然不同的民粹主义——农民主义和政治主义。在这两大类中，又进一步划分七个子类型，分别是农夫运动（Farmer's Movements）、革命运动（Revolutionary Movements）、农民运动（Peasant Movements）、威权民粹主义（Authoritarian Populism）、民主民粹主义（Democratic Populism）、反动的民粹主义（Reactionary Populism）及政治家的民粹主义（Politician's Populism）等②。类型学分析大大拓宽了民粹主义的研究范围。

民粹主义自身的变化发展也催生了一些新的定义，如保罗·塔格特（Paul Taggart）引入"新民粹主义（new populism）"概念，重点关注"人民"和"中心地带（heartland）"的区分。所谓"新民粹主义"乃是"一种当代形式的民粹主义，它源于对混合经济资本主义的现代福利国家模式的政治议程、制度和合法性的民粹式拒绝"③。后马克思主义者拉克劳则认为，对民粹主义的经验或特征分析是不够的，民粹主义本质上是一种政治逻辑，"人民"正是通过这种逻辑而建构起来的④。一些学者对民粹领导者的关注会将民粹主义界定为一种政治风格或一种修辞策略。如沃达克（Ruth Wodak）通过对民粹政客成熟的修辞手法和话语分析来研究欧洲的右翼民粹主义、民粹主义者的表演特质⑤。墨菲特（Benjamin Moffit）也认为民粹主义是一种"政治风格（political style）"，民粹主义政治领导权是一种面向"人民"的表演形式⑥。

在众说纷纭的民粹主义概念里，我比较赞同的是意识形态定义。这是一条主线界定，不论民粹主义的内涵或外延如何多元化，对于"民粹主义是一种意识形态"这一判断终究是无法轻易否认的。虽然学界对民粹主义的定义和属性缺乏共识，但是有一点是肯定的，那就是所有形式的民粹主义都包括某种对

① CANOVAN M. Two strategies for the study of populism[J]. Government and Opposition, 1982, 19: 544-552.

② CANOVAN M. Populism[M]. London: Junction, 1981.

③ TAGGART P. Populism[M]. New Delhi: Viva Books, 2002: 75.

④ LACLAU E. On Populist Reason[M]. London: Verso, 2005.

⑤ WODAK R. The Politics of Fear[M]. London: Sage, 2015.

⑥ MOFFITT B. The Global Rise of Populism[M]. Stanford, CA: Stanford University Press, 2016: 4.

"人民"的诉求和对"精英"的谴责。因此，民粹主义总是包括对建制派的批评和对普通民众的承诺。德国学者穆德（Cas Mudde）在《民粹主义的时代精神》一文中认为："［民粹主义］这种意识形态认为社会最终被划分为两个同质而对立的群体，即'纯洁的人民'与'腐败的精英'，并且认为政治应该是人民共同意志的表达。"① 应当说，这个界定准确捕捉到过去和现在所有民粹主义的核心，同时也排除了明显的非民粹主义现象。

民粹主义是底层平民因自身艰难的生存处境而产生的一系列诉求表达，这些诉求起初反映了底层民众朴素的民粹意识，经魅力领袖或党派的操纵而主义化，并主要以"人民"与"精英"，"我们"与"他们"等对立形式来展现冲突。民粹主义本质上是一种低层次的意识形态，容易被其他一些强悍的、高层次的意识形态（如法西斯主义、自由主义、民族主义等）所利用。

民粹主义是一种现代现象。传统观点认为，民粹主义出现于19世纪末的俄国和美国，与民主作为理念和政权的传播密切相关。虽然所有的民粹主义者都有共同的话语，但民粹主义是一种极其异质的政治现象。民粹主义者可以是左翼的或右翼的、保守的或进步的、宗教的或世俗的。极端多样性完全可以成为我们拒绝"民粹主义"概念的理由，因为它缺乏实质性内容。然而相反的是，这种多样性正是民粹主义很少独立存在的原因。民粹主义是只解决有限问题的依附性意识形态，因此，几乎所有的民粹主义者都将民粹主义与一种或多种意识形态结合在一起。一般来说，左翼民粹主义将民粹主义与某种形式的社会主义相结合，而右翼民粹主义则倾向于将民粹主义与某种形式的民族主义相结合。

既然我们已经确定了民粹主义容易被其它意识形态利用，那么接下来有必要通过考察民粹主义与其它意识形态的关系来进一步明确民粹主义概念。

首先是民粹主义与民族主义。这或许是当下看来粘连得最为紧密的一对。如果说民粹主义与其他主义的结合更像是工具性的存在，那么民粹主义和民族主义的结合，则是目的性、本质性的。从根源上看，可以说民粹主义是一种民族主义。之所以这么说，是因为民粹主义与民族主义结合，或可称之为"民粹民族主义"（populistic nationalism），其显著特征在于将 nation 和 people 等同起来。在争取民族独立的民粹主义阶段，非常重视动员人民，将其作为斗争的一

① MUDDE C. The populist Zeitgeist[J]. Government and Opposition, 2004, 39(4): 543.

个重要部分。在民粹民族主义的观念里，人民是淳朴的老百姓。而在实践中，人民往往构成运动群众基础的社会群体，他们是民粹民族主义的先锋队和物质力量。在这种民族主义中，包括社会活动各方面的组织激增。当民粹民族主义运动最终掌权，这个组织网络可能会扩大和加强，而且不排除它具有政府主导的民粹民族主义的特征（如阿根廷的庇隆主义）。因此，民粹民族主义至少在理论上是面向人民的，保证并实现人民参与社会政治事务的愿望，因此可以区别于主要以经济政策或文化气质为特征的其他各式民族主义。

当然，民族主义是否具有民粹形式还取决于各种因素，如当地社会的经济和政治发展水平，人种地位对社会结构的影响，民族主义运动的方式和动因以及统治势力的反应，等等。特别是当民族主义运动一开始提出的温和要求（如参与既有的行政官僚体系运行）被当局拒绝的时候，民族主义运动就会采取更为激进的形式，也就是激发人民的民粹意识，把人民动员起来作为一种政治力量。然而，民粹民族主义并不是统一的，在某些情况下，民粹主义动员可能只是争取民族独立斗争中的一个关键阶段。在实现了民族独立之后，领导群体开始意识到建构权力中心的重要性，因而试图采用民粹主义动员以外的方式来整合独立的新社会。这是民粹民族主义作为运动的类型。

另一种类型是民粹民族主义产生于政权之中。这类民粹民族主义可以是之前民族独立运动的延续，即新的政权代表了民粹民族主义运动的制度化。在其他情况下，也可以是原有政权通过操纵民粹民族主义而达到巩固自身权力的目的。在当代世界帝国主义的背景下，从经济和政治统治中解放出来，日益成为各种社会群体开展政治活动的外部催化剂。特别是本土的资产阶级试图通过国内控制和发展经济来取代外国势力的操控，并以此来增加他们对于社会其他群体的权力。在这种情况下，本土资产阶级就会经常试图用民粹民族主义的意识形态来赢得更多人的支持。

民粹主义一旦被民族主义利用，会给民粹主义带来不少麻烦。这在很大程度上与民族主义自身的命运有关。众所周知，民族主义是一种自我描述，它会给某一群体的任何一种自我主张赋予某种神圣性和庄严感。作为一个概念，它几乎迎合了所有有意使用它的人群的要求。但是经过几个世纪的发展，我们不难看到，各种截然不同的运动似乎都在民族主义概念之下得到了庇护。因此，研究者难免会耗费大量精力在这个领域中划分出各种类型和维度。这一遭遇的失败之处在于过度分类所导致的平庸化。民粹主义也沾染了这一消极的效应，比如我们会围绕民粹主义发出一系列自带分类意图的疑问：民粹主义本质上是左翼的还是右翼的？是法西斯式的还是平等的？是进步的还是倒退的？是激进主义的还是原始主义的？等等。而且为了方便具体的研究又产生了各种分支，如自由民粹主义、新民粹主义、法律民粹主义、革命民粹主义等等，这显然吸引了越来越多学者的关注，但另一方面也可能使研究过程布满迷雾。

其次是民粹主义与社会主义。民粹主义被社会主义使用主要以19世纪的俄国民粹派为典型。尽管俄国民粹派自称为社会主义革命者，但按照社会主义的定义，俄国民粹派很难说是社会主义者。社会主义是一种关于社会组织的政治和经济理论，主张生产、分配和交换资料应由社会整体拥有或管理。就此而言，俄国民粹派对于社会的经济形式并没有形成清晰的认识。他们所坚持的合作制度本质上是平等主义的，目标是保持人均资本不变，把种植计划、作物的全部成本和收入都交给农村组织的个人管理，没有再生产和再分配的空间，这并不是社会主义。支持平等主义和反资本主义不等于社会主义。并且从长远来看，俄国民粹派的思想尽管独具匠心、才华横溢，在道德上为农民的集体化做了准备，但是并没有影响之后的苏联政府在相关问题上的决策，更不用说影响苏联人民生活的其他方面了。我们甚至不能准确地把俄国民粹派称为苏联社会主义的一个阶段（即广大农村社会逐渐走向社会主义），因为俄国民粹派的内部始终是分裂的。

在北美则存在着民粹主义与社会主义的另一种关系。北美的无产阶级没有形成阶级意识，它主要由移民群体组成的。由于受到种族或国家的束缚，移民们意识到通过努力工作和节制，他们中的许多人可以成为资本家、政客或其他体面的职业者，因此他们一直拒绝把自己视为一个阶级。它蔓延到所有阶层，但在很大程度上保留了其文化和种族凝聚力。因而总是会存在一个庞大的无产阶级群体，它是由过去每一个最不成功的民族团体加上大多数最新的民族团体组成的，可是阶级意识不会在这样的集体中发展起来。没有阶级意识就没有真正的社会主义。关于个人富裕的幻想继续使无产阶级个体感到迷惑，直到今天，如黑人等有色人种群体憎恨成功人士和种族融合，他们普遍拒绝美国化，感觉自己具有双重身份——对于白种人而言，黑人是一个种族；对于资产阶级而言，黑人又是无产阶级。

最后是民粹主义与马克思主义。两者因为马克思主义发展历史上的某些缘故而结合起来。民粹主义内含了一种特殊的原始主义，人们渴望恢复农耕社会。

在第三世界，民粹主义的这一部分可能会转变为渴望恢复被殖民、被压迫、被侵略之前的美好时光。民粹主义可以理解为对属于某个群体或文化的价值的信仰。这里的关键在于人民的归属感，并且从侧面反映了人民普遍缺乏归属感。随着工业化、城镇化乃至全球化的发展，无论人民的权力是否完全丧失，他们大多都丧失了实际的或预期的社会与政治地位。各行各业的精英们控制了一切，民粹主义意识形态把他们塑造为人民的敌人。民粹主义可以被视为对异化的人类状况的反抗，不断细化和固化的社会分工削弱了完整的人格，因而民粹主义者会诉诸人民的身份、品质、善意甚至神圣性。在这一意义上，我们并不否认民粹主义可能会是一股进步的社会力量，它是因人们的生存遭遇威胁而产生的积极反应。而且民粹主义运动在发展中会很自然地上升到政治层面，因为西方世界特殊的政治体制使得民粹主义运动要以一种政治运动的方式来表达和实现自己的不满和诉求。比如，美国的民粹主义所使用的语言可以是自我实现、阶级斗争、人权等美国政治中的词汇，仿佛美国人民不是在与华尔街的金融家、银行家斗争，而是在与体制和政治操纵者斗争。因此民粹主义不仅是一场人民抗议运动，而且表现为一种人权斗争的典范。马克思主义是关于人类解放的学说，它可以吸纳世界范围内的反抗力量。

然而，民粹主义与马克思主义终究有别。民粹主义避免了马克思主义意义上的阶级斗争。虽然我们不否认民粹主义运动中存在阶级意识，但是这些运动基本都指向和解，并希望改变建制派，因而很少具有如马克思主义那样的革命性。而且无论其结局是好是坏，民粹主义都在政治层面走向了自己的终点，即在代表制政治的体系里被逐渐消解。这就注定了民粹主义不会是一种持续性的、必要的活动，而是对社会彻底变革的逃避。对马克思主义与民粹主义的关系我们会在第五章详细讨论。

第二节　民粹主义的基本要素

既有的民粹主义研究对于“什么是民粹主义”的回答基本属于描述性的界定，比如，威尔斯（Peter Wiles）曾描述了民粹主义的24条特征[①]，这些特征

① WILES P. A Syndrome, not a Doctrine［M］//Populism: Its Meaning and National Characteristics. London: Weidenfeld and Nicholson, 1969: 167-171.

几乎涵盖了民粹主义所可能涉及的方方面面，而且随着民粹主义的发展，相信类似的描述还可以更多。这种过度的零散描述一方面确实可以帮助我们理解各式各样的民粹主义现象，但是另一方面，它对我们想要根本地把握民粹主义来说是有阻碍的。因此，本节的想法是把民粹主义要素化，即不是单纯地无尽描述，而是从历史与现实中归纳出民粹主义的一些基本要素：

第一，民粹主义是对“人民主权（popular sovereignty）”的诉求，因为人民主权作为一项基本规范已经被现存的自由民主机构或威权主义机构所违背。持这一观点的代表人物是卡诺万（Margaret Canovan）①。

第二，根据拉克劳的观点，民粹主义乃是“人民”这一“空能指”在修辞或意识形态意义上的建构，从而在众多异质的需求或不满之间建构起一条想象的“等价链”②。同时又结合卡斯·穆德（Cas Mudde）等人的观点，这条等价链和这个空能指实际非常“单薄的（thin）”③。

第三，民粹主义是有一个被动员起来的“部分（part）”来象征性地代表“整体（whole）”。

第四，这个“部分”的具体化身乃是一个魅力领袖，作为“部分”的人民与这个领袖有着强烈的情感羁绊。这一要素在拉美民粹主义中体现得尤为明显④。

第五，在民粹主义的“人民”与“他者”之间是一种“敌—友”二分关系，而被归为“他者”的人们通常是那些当权者及其既得利益者和盟友⑤。

第六，民粹主义大多强调“政治性（the political）”，而对一般意义的政治、政治学或具体政策不感兴趣。这种对“政治性”的理解通常通过“制宪权”表达出来，它的基础是人民的意志，而不是基于一种理性理解的社会进程。

这些要素中的每一个都可能而且确实出现在其他的政治规划中，但民粹主

① CANOVAN M. The People[M]. London: Polity Press, 2005.

② LACLAU E. On Populist Reason[M]. London: Verso, 2005.

③ MUDDE C, KALTWASSER C R. A Very Short Introduction[M]. New York: Oxford University Press, 2017.

④ DE LA TORRE C. Populist Seduction in Latin America[M]. Athens: Ohio University Press, 2010: 100.

⑤ DE LA TORRE C. Global Populism Histories, Trajectories, Problems, and Challenges [M]//Routledge Handbook of Global Populism. London: Routledge, 2019.

义结合了所有。首先，第一个要素“人民主权”作为基本规范遭到既有政治的侵犯，因而主权受到威胁的“人民”主体需要构建和确认。但是考虑到社会的多元性和异质性，“人民”主体只能通过一个使各种需求和不满相等价的修辞链来构建，这是第二个要素的作用。然而，等价的修辞链毕竟是单薄的，所以“敌—友”的二分对抗这第五个要素也需要纳入进来，唯有同时话语性地构建“敌人”，才能真正地统一“朋友”。只有这样，通过包容和排斥的结合，“人民”这一主体才能被确认和识别。由于其本身的性质，加上先前的异质性和新的对抗，“人民”将只是所有人口的一个“部分”即第三个要素。当“部分”的体量过大而无法自发地以统一的方式发声和行动的时候，就需要一个富有魅力的领袖化身，即第四个要素。最后，本质的对抗不仅针对“敌人”，而且针对他们所创造和支配的体系，也即所谓“当权派”。因此，民粹主义强调第六个要素“政治性”，强调选民的制宪权力，这是由魅力领袖团结人民的形象所主导的。

在一些具体案例里，“人民主权”和“政治性”这两个构成要素或许并不是必需的，但是，“部分”代表“整体”、领导者化身以及“敌—友”二分这三个要素的结合是民粹主义中最为核心的，足够为当代主要的民粹主义案例提供一个可用的最小值。

然而鉴于民粹主义自身的不确定性，更多的家族相似要素可以不断地纳入其中，同时根据不同的民粹主义经验也可以删减一些非必要的要素。这就导致了在不同时代的民粹主义形态之间、在民粹主义与民主主义之间、在民粹主义与非民粹主义之间，甚至在自下而上的民粹主义与自上而下的民粹主义之间很难进行有效的区分。而且不难发现，上述归纳的六个要素主要考虑的是民粹主义夺权的问题，而另一个重要问题是，民粹主义也是一种意在掌权的战略。所有的政治都有一个战略维度，旨在削弱对手对权力的控制并取而代之。战略意义上的民粹主义意味着领导者通过大量无组织追随者直接的非制度化的支持，来寻求或行使政治权力，即民粹主义是一种为获得或保持权力而动员人民的战略。为了更好地解释民粹主义战略，不断出现的相关文献都在不遗余力地加入新的要素，其中至少有两个要素是值得关注的：一个是与宪法政治相联系的选举，另一个是对强力意识形态的需要。选举要素使得民粹主义与威权主义有所区别，而对强力意识形态的强调也将有助于我们审视民粹主义的内在差异。

当代的民粹主义坚持通过竞争性的选举来获得权力，并将其作为一种权力实践，这是一个关键因素和标志，将民粹主义与威权政治的经典形式区分开来。

或者更准确地说，这是将民粹主义从威权政治中抽离出来的做法。二战之后，普遍存在的反法西斯极端暴力已经成为国际共识，因而像阿根廷的庇隆和法国国民阵线这样有着些许极权作派的领导者和政党，都转向用选举竞争来取代集体暴力，以更温和的方式来重新定义和展现自己的政治战略。

在强调选举对于民粹主义获得和维持权力的重要性的同时，应该辅之以对宪法政治的坚持。具有某些竞争性因素的选举都需要事先制定程序规则，即使这些规则在实践中可能被违反，但这些规则至少在法律或行政法令所能提供的最低意义上以宪法为前提。选举和公民投票的合法性都需要符合既定宪法的选举规则，原则上以非暴力形式来获得和保持权力。

从选举要素上分析，我们可以对民粹主义的人民主权有不同的解释。在现代政治的条件下，领导者可以通过公民投票的方式得到支持，这种方式代表了领导者和追随者之间的一种不对称对话。再加上人民的主权主张，追随者必须扩大到足够多的人数，以便能够以人民的名义说话。可见，民粹主义总是一种多数主义，因为它们必须在分裂和多元的社会中寻求多数人的支持和拥护。然而，民粹主义也是一元主义，因为人民的意志是必须统一的，并集中体现在一个领导者身上，他代表了所谓的团结。选举则是解决民粹主义这一明显矛盾的办法。他们将多数人的声音转化为对个别领导者的公民投票，而不是呼吁选民们为一种替代性的政治方案投票。换句话说，民粹主义的出现并没有废除选举，而是决定性地改变了选举。

可以肯定的是，民粹主义无论是来自下层，还是来自更有可能的上层，都试图发展和维持所谓的“公民投票联系”，以牺牲真正的政治竞争为代价，而这种竞争无论如何都难以消除，因为公民投票的合法性本身需要不断试验和翻新。然而，一般来说，在选举中取胜要比领导者践行承诺容易得多，选举也就成为一种逃避责任的方式。但无论如何，选举要素总是与民粹主义相伴随。

既然所有政治战略都可以通过选举来掌权，那么民粹主义的独特之处又在哪里呢？在我们看来，是民粹主义对强力意识形态的需要。民粹主义毕竟是一种“单薄的”意识形态，所以在选举成功之后，民粹主义不是将自己转变为纯粹的意识形态运动或意识形态统治，而是必须依托于甚至灵活地利用其他强力的意识形态。强力意识形态要素有助于我们区分左翼和右翼的民粹主义。传统的右翼民族主义和左翼社会主义对于民粹主义而言是最为重要的强力意识形态，自由民主主义、社会民主主义和新自由主义等诸多变体也可以成为民粹主义所依附的主义。这些关系意味着，民粹主义如果不依附于一种强悍而又充实的意识形态之上，那么它自身是无法焕发活力的，所以对任何一种民粹主义现象我们都可以发现其它主流意识形态的存在，比如民粹主义与民族主义、与法西斯主义、与保守主义、与激进主义、与共产主义或社会主义，等等。因此，强力意识形态要素的存在对于我们理解民粹主义的内部分化和动机力量是一个重要指向。

因此，我们所探讨的民粹主义除了上述归纳的六个要素之外，还可以加入战略要素、选举要素和强力意识形态要素，并做相应的修改。其中，第一个要素，民粹主义是一种政治动员战略，目的是为了获得或保持、至少是为了有力地影响政府权力，具体的方式在于诉诸那被既定政府所破坏的“人民主权”。第二个要素，鉴于等价链和空能指都是单薄的，所以民粹主义为了成功，会依赖几乎任何可用的强力意识形态。第三、四、五、六个要素保持原样。另外增加第七个要素：民粹主义利用选举竞争大做文章，哪怕选举本身已经沦为了虚假的表象。

第三节　民粹主义的地域特征

每一种民粹主义现象的出现都是因为一系列特定的社会不满，这些不满影响着其对主流意识形态的态度和选择，而这又影响着民粹主义者如何定义“人民”和“精英”。下面将概述与民粹主义最为相关的三个地理区域——北美、拉美和欧洲，简要描述这些地区的背景、特点和主流意识形态，以及对这些地区的人民和精英的具体解读。最后，简介在这些传统区域以外的亚洲、中东和撒哈拉以南非洲地区也会出现的民粹主义。

一、北美民粹主义

北美（尤其是美国）在民粹主义方面有着悠久的历史，最早可以追溯到19世纪末。北美民粹主义往往是自发产生的，其特点是区域化动员和组织化薄弱。

19世纪末，北美经历了重要的经济和社会转型。基础设施的发展和经济的变化对农村地区的影响非常大。当时的民粹主义者把“人民”理解为“农民(farmer)”，更具体地说，是具有欧洲血统的自由独立的农民。在北美，“生产者主义（producerism）”一直是民粹主义的基础，农民被描绘成纯粹的人，他们拥有土地，生产社会上几乎所有的商品。精英是东北部的银行家和政客，他们什么都不生产，却通过高利贷从农民那里勒索商品。虽然最初的民粹主义者表现出反犹主义和种族主义的倾向，但人民和精英之间的区别主要不是种族或宗教性质的，划分的根据是道德、地理和职业意义上的，也就是说，一边是善良的、农村的农民，另一边则是腐败的、城市的银行家和政治家。

在加拿大和美国的联邦体制内，民粹主义政党和政客能够获得重大的地方性和区域性影响，但他们缺乏全国性的政治存在。19 世纪 90 年代，“人民党”（People's Party）在几个州的立法机构中都有代表。然而，由于缺少一个具有跨地区吸引力的领导人，人民党决定支持民主党的正式候选人布莱恩（William Jennings Bryan）参加 1896 年的总统选举。在布莱恩落选后，民粹主义失去了大部分势头，但在 20 世纪初，它在更广泛的进步运动中周期性地出现。尤其在冷战初期的反共运动中，民粹主义卷土重来。受这个时代的不安感以及美国保守主义长期以来对左翼思想的恐惧和排斥的影响，一场无形的右翼民粹运动将美国民粹主义从进步转变为反动。对于反共的民粹主义者来说，“人民”是来自美国腹地的普通的、爱国的美国人，而“精英”则生活在沿海地区，尤其是最为繁华的东北地区。此时的民粹主义普遍与生产者主义联系起来，在生产者主义看来，纯粹的“人民”被挤压在上层腐败的精英和下层种族化的民众之间；精英阶层剥削人民的辛勤劳动，并将他们的财富分配给非白人底层阶级，以便继续掌权。

到了 20 世纪 70 年代，随着麦卡锡主义的过度行为广为人知，再加上美国对苏联日益增强的优势也在很大程度上削弱了对共产主义的恐惧，美国本土的反共产主义运动基本上从公众视野中消失了。然而，一些主流的共和党政客并没有失去民粹主义广泛的大众吸引力，他们试图利用右翼美国人民的愤怒。其中技巧最娴熟的是美国第 37 任总统尼克松（Richard Milhous Nixon）。虽然尼克松本质上不是一个民粹主义者，但他让“沉默的大多数”这个词流行起来，意指（自由派）精英让大多数（真实的）美国人不得不沉默。

右翼民粹主义占据了 20 世纪后半叶两场总统竞选第三党派的核心。1968 年，阿拉巴马州前民主党州长乔治·华莱士（George Wallace）作为美国独立党的候选人参选，赢得了近 1000 万张选票，占全部选票的 13.5%。华莱士在南方的五个州都获得了支持。1992 年，德州亿万富翁罗斯·佩罗（Ross Perot）

的表现甚至更好，他赢得了近 2000 万张选票，占全部选票的 18.9%。他的“美国，团结即胜利（United We Stand，America）”运动将一系列右翼广泛的担忧和问题（如预算赤字和枪支管制）与温和的生产者主义、强烈的民粹主义结合起来。1996 年，佩罗成为新成立的改革党的领袖，虽然他的竞选难称成功，但还是吸引了 800 万选民，占全部选票的 8.4%。

尽管右翼民粹主义者的主要“敌人”随着时间的推移有所改变——例如，20 世纪 50 年代的共产主义者、60 年代的民权运动等——但主要的社会经济，甚至更重要的社会文化方面的不满仍然保持不变，美国普通人的生活方式受到自由派精英的攻击，他们利用一个压迫性的联邦州和一个过于昂贵和膨胀的福利国家，扼杀人民的积极性和价值观，同时向少数群体提供特权。这一话语为北美所有主要的右翼民粹主义运动提供了信息，从 20 世纪 60 年代华莱士领导的种族意识更强的独立党，到 20 世纪 90 年代佩罗和曼宁领导的新自由主义改革党，都是如此。

虽然北美民粹主义从 19 世纪的进步主义转向 20 世纪的保守主义，但他们对“人民”的定义几乎没有改变。“人民”仍然大多是来自北美内陆地区的普通人，在职业（中产阶级而不是农民）和宗教信仰（基督教而不是新教）方面，他们的解释可能更加包容。相比之下，对“精英”的描述有所改变。尽管东北地区的大企业和政客仍是民粹主义言论的核心，但所谓的文化精英的位置已经变得更加突出。从本质上说，这种文化上的“自由精英”通过（高等）教育发挥作用，尤其是通过常青藤联盟高校，在那里，他们用“非美国”的思想扭曲未来的官僚、法官和政治家。

21 世纪的头十年出现了两场新的民粹主义运动，它们都是受到与大衰退相关的社会不满情绪的推动而采取行动的。这两场运动有很多共同点。他们强烈反对在共和党总统乔治·布什执政期间启动并在其民主党继任者奥巴马执政期间继续实施的对银行业的政府救助，他们声称要捍卫纯粹的实体经济“主街（Main Street）”，对抗腐败的“金融华尔街”。然而，他们的主体意识形态存在分歧，这使得“占领华尔街”运动在人民和精英方面更具包容性，而茶党运动则更具排斥性。

“占领运动”声称代表因经济危机而受难的“99%”，也即美国“人民”，它是一场左翼运动，抗议布什和奥巴马的救助计划和华尔街与华盛顿的紧密联系，以及那 1%的腐败精英。虽然“占领华尔街”运动吸引了大量媒体的关注，占领了曼哈顿金融区的祖科蒂公园，但类似的组织也占领了整个北美（以及其他地区）的一些地点。“占领”运动将进步的社会正义议程与民粹主义融合在一起，导致了对“人民”的包容性解读，它把经济精英和政治精英视为一个同质的群体，主流媒体精英也构成了其中的一部分。它的一些言论延续了下来，比如2016年民主党参议员和总统候选人桑德斯（Bernie Sanders）的99%与1%的民粹主义分歧。最后，由于缺乏集中领导、强制搬迁以及2011年的寒冬，“占领”运动步履蹒跚。茶党运动则主要动员保守派和自由派反对救助。它有一种强烈的生产者主义倾向，导致对“人民”的一种种族化的隐藏解释。尽管“茶党”和“占领华尔街”运动一样厌恶“华尔街”，但前者对“精英”的定义更加挑剔，许多茶党团体和支持者将这个词指向银行家、民主党人和好莱坞。

二、拉美民粹主义

拉丁美洲可以说是民粹主义传统最持久和最普遍的地区。高度的社会经济不平等和相对长期的威权统治，在很大程度上解释了为什么民粹主义在许多拉美国家是一种占主导地位的意识形态。一方面，经济权力和政治权力集中在少数人手中，这使得民粹主义言论特别具有吸引力，因为它有助于识别寡头政治的存在，这种寡头政治违背了拉美人民的意愿。另一方面，定期实现相对自由和公平的选举提供了一种机制，使得选民们可以通过选举机制发泄对社会具体事态的不满。因此司空见惯的情况是，许多拉美公民支持民粹主义政党和领导者，后者往往承诺建立一个人民自治的政府，而不是被寡头统治的政府。

民粹主义在拉丁美洲的选举成功与其特有的威权政治和极端不平等有关，拉美地区见证了不同版本的民粹主义兴衰。纵观拉丁美洲的历史，我们可以看到三波民粹主义浪潮。这些不同的浪潮不仅推动了对谁是“人民”和谁是“精英”的特殊理解，而且还围绕特定的社会不满构建民粹主义话语。

第一波拉美民粹主义始于1929年大萧条的爆发，一直持续到20世纪60年代末所谓官僚专制政权的兴起。在这段时期，拉美国家的农村人口越来越多地向城市迁移，与此同时，工业化经济改革的实施为拉美人民对政治和社会权利的要求铺平了道路。在整个地区，不同的领导人和政党提出了与社会问题有关的不同政治方案。虽然社会主义和共产主义在大多数拉美国家获得了支持，但在其中一些国家，民粹主义被证明更为成功。阿根廷、巴西和厄瓜多尔等国的情况就是如此。在这些国家，瓦尔加斯（Getulio Vargas）、庇隆（Juan Domingo Peron）和伊巴拉（Jose Maria Velasco Ibarra）通过开发以“人民”为中心而非以“工人阶级”为中心的政治语言而成为总统。与此同时，他们依赖于泛拉美主义的意识形态，该意识形态声称所有拉美居民都有一个共同的身份，并谴责帝国主义的干涉。

拉美不同国家和民族的民粹主义在界定“纯粹的人民”和“腐败的精英”方面达成共识，前者被定义为一个由农民和工人组成的有道德的混血共同体，忽视了拉美土著和有非洲血统的公民。至于后者，几乎所有的第一波拉美民粹主义者都在谈论与帝国主义势力勾结的国家寡头政治，反对经济进口替代工业化模式。在实践中，这意味着不是整个国家机构被描绘成腐败精英，腐败精英是专指那些与民粹主义所倡导的治理模式相抵触的精英部门。

第二波民粹主义浪潮的时间跨度相对第一波要短，它出现于20世纪90年代初，最典型的案例在阿根廷、巴西和秘鲁。由于这些国家在20世纪80年代末遭受了严重的经济危机，民粹主义领导者通过将国家困局归咎于精英阶层，并宣布人民的合法主权被剥夺，从而赢得了选举。在这些领导人中，大多数在如何应对经济形势方面没有明确的计划和立场，一旦掌权，他们选择与国际货币基金组织（IMF）合作，实施严厉的新自由主义改革。虽然这些措施不受欢迎，但它们有助于稳定经济和消除恶性通货膨胀。这在一定程度上解释了为什么阿根廷前总统卡洛斯·梅内姆（Carlos Saúl Menem）、巴西前总统费尔南多·德梅洛（Fernando Collor de Mello）和秘鲁前总统阿尔韦托·藤森（Alberto Fujimori）等民粹主义领导人能再次当选。

第二波民粹主义采用了一套新自由主义的思想，对谁属于纯粹人民、谁属于腐败精英提出了一种特殊理解。与第一波相比，这场斗争被框定为反对“政治阶级”和国家。所谓的腐败精英被描绘成那些支持强大国家存在、反对自由市场发展的政治角色。泛拉美主义意识形态及反帝国主义并没有起到作用。与新自由主义的做法一致，人民被描绘成一群被动的个体，他们的想法可以从民意调查中推断出来。在实践中，第二波民粹主义的特点是针对非正规部门和极端贫困群体实施反贫困项目。

第三波，也是当前仍在继续的拉美民粹主义浪潮是从1998年乌戈·查韦斯（Hugo Chavez）在委内瑞拉的选举胜利开始的，随后蔓延到玻利维亚、厄瓜多尔和尼加拉瓜等国家。这些民粹主义领导人再次使用了泛拉美主义和反帝国主义言辞，因此与第一波浪潮不乏相似之处。但是，在第三波民粹主义浪潮中，玻利维亚前总统埃沃·莫拉莱斯（Evo Morales）创立的政党被称为“社会主义运动党（MAS）”，委内瑞拉前总统查韦斯创立的政党被称为“委内瑞拉联合社会党（PSUV）”，二者都表现出社会主义倾向，这是与第一波民粹主义的明显不同。第一波民粹主义试图超越“左”与“右”的分歧，而第三波民粹主义浪潮中的所有民粹主义领导人都把自己描绘成激进的左翼分子，声称要与自由市场作斗争，并致力于构建一种新的发展模式，为穷人带来真正的进步。

这种民粹主义左翼话语的吸引力与20世纪最后20年在拉美实施的新自由主义改革所引发的社会不满有关。尽管拉美的新自由主义改革带来了宏观经济稳定，但对减少拉美国家严重社会不平等几乎没有任何帮助。通过将不平等问题政治化，谴责掌权的精英，第三波民粹主义行动者得以登上政治舞台。此外，通过将民粹主义与社会主义相结合，这些领导人发展了一种纯粹“人民”的包容性概念，即包容那些被排斥和歧视的人。这一点在玻利维亚的莫拉莱斯的案例中尤为明显，他提出了一种“族群民粹主义（ethno-populist）”话语，承认该国的多民族特征，但强调有必要实施有利于受歧视的土著群体的政策。至于“腐败精英”，所有第三波民粹主义者都认为，他们的国家正由欺诈人民的当权派所统治，按照自身利益来执行游戏规则。因此，他们认为，通过召开负责起草新宪法的制宪会议，将主权还给人民的时机已经到来，而新宪法必须通过公投才能获得批准。拉美的三位领导人——查韦斯、莫拉莱斯和厄瓜多尔前总统科雷亚一上台就实施了这种类型的宪法改革。晚近以来的拉美事态发展表明，新宪法不仅削弱了旧精英们的权力，而且严重限制了反对派以自由和公平的方式与民粹主义政府相竞争的能力。

三、欧洲民粹主义

民粹主义在20世纪的欧洲一直处于相对边缘的地位。19世纪后期的俄罗斯民粹主义是针对封建沙皇俄国的农民苦难而出现的。它呼吁进行民主改革，以保护农民不受地主和农业商业化的影响。但是，美国的民粹主义者能够创造一场政治大众运动，而沙俄的民粹主义运动却从未超越一个主要由城市知识分子所组成的小型文化运动。在1874年到1877年之间，“到民间去”运动分散到农村，动员“人民”反对“精英”，但农民大多拒绝他们。

虽然民粹主义在沙俄失败了，但它激发了20世纪早期存在于东欧的许多农民运动。这些运动与北美民粹主义运动有着相似的性质，农民被认为是社会的基础。他们强烈反对城市精英、中央集权倾向和资本主义的物质基础，主张保留小型家庭农场和自治。农民民粹主义者在东欧农村地区很受欢迎，但在由土地所有者和军队精英管理的威权国家，他们基本上被排除在政治权力之外。

20世纪前期，欧洲的法西斯主义与民粹主义的关系非常暧昧，特别是在早期动员阶段，法西斯主义会利用民粹主义来获得大众的支持。但从本质上看，前者应被视为精英主义的意识形态和政权。法西斯主义歌颂的是领导者、种族或国家，而非“人民”。在二战后的几十年里，民粹主义在欧洲政治中几乎销声匿迹。东欧处于共产主义政权的控制之下，他们用强大的领导人换来了强大的官僚机构，而西欧则在相对温和的意识形态基础上重建民主制度。其中也出现了一些孤立的民粹主义运动，主要表现为保守的农村反对农业部门的中央集权和政治化。在少数成功的民粹主义政党中有法国皮埃尔·布热德（Pierre Poujade）所领导的“捍卫贸易商和工匠联盟（UDCA）”。该政党成立于1953年，由一些零售商建立的地方行动组织发展而成，主张维护商贩与手工业者的权益，反对税收、巴黎的统治者、官僚主义和政客。虽然只在1956年成功参与过一次全国大选，但“布热德主义（poujadism）”对法国政治产生了持久的影响。

直到20世纪90年代末，民粹主义才成为欧洲的一股不容忽视的政治力量。欧洲一体化和移民所带来的影响令欧洲人不安，为了应对这些影响，民粹主义激进右翼政党在欧陆各地兴起，它们在选举和政治上取得了不同程度的成功。这些政党将民粹主义与威权主义、本土主义这两种典型的意识形态结合起来。威权主义强调对严格有序社会的信仰、法律和秩序，本土主义则暗指国家应该完全由土著民族的成员居住，而非土著即外来群体从根本上威胁着单一民族国家的同质性。因此，当前欧洲民粹主义的排外本质源于对“民族国家”的非常具体的概念，这个概念依赖于对“人民”一词的种族主义和沙文主义定义。典型的极右民粹主义政党是法国的“国民阵线（FN）”，由前UDCA议员让-玛丽·勒庞（Jean-Marie Le Pen）于1972年创立。勒庞将无组织、精英化的法国极右翼转变为一个组织良好的民粹主义极右翼政党，激励了欧洲各地的政党和政界人士。勒庞声称“想什么就说什么”，并带领国民阵线对抗当时的四个既定政党。民粹主义极右政党还在福利沙文主义的经济议程和欧洲怀疑主义的外交政策议程中结合了本土主义和民粹主义。他们指责精英破坏福利国家，将移民纳入其中，并呼吁首先为“自己的人民”建立一个福利国家。在外交政策方面，他们攻击本国精英，称其将自己的国家和人民“出卖”给欧盟，而官僚的、社会主义的、不民主的欧盟只为世界精英们服务。

除了倾向于从民族主义文化中崛起的本土民粹激进右翼之外，意大利的“力量党（FI）”和英国的“独立党（UKIP）”等新自由主义民粹政党也从政治主流中崛起。他们对福利国家的高税收和不断上升的成本感到沮丧，并与主流右翼政党串通一气，提倡低税收和自由贸易的新自由主义政策，同时对政治体系和精英进行强烈的民粹主义批评。就像他们在北美的同行一样，他们赞同“生产者主义”，指责精英阶层（即主流政党和工会）用不必要的法律和高税收挫败辛勤工作的普通民众，同时奖励那些不值得，也没有成效的公共部门和移民选民。

苏联共产主义的终结释放了整个中欧和东欧的民粹主义情绪。在后共产主义东欧的自由和公平的选举中，民粹主义情绪尤其强烈。例如，捷克“公民论坛（Civic Forum）”的竞选口号是“政党是党员的，公民论坛是每个人的”。这些民粹主义政党的特点是来去匆匆，完全为选举服务，在选举流程之后就消失了。

当后共产主义社会艰难地经历经济和政治转型时，民粹主义行动者指责新民主主义精英要么是旧共产主义精英的一部分，要么与他们勾结。因此，他们呼吁进行一场新的“真正的”革命，以驱逐腐败的后共产主义精英，最终将权力交给人民。这种说法在那些经历了协议过渡的国家里特别流行，这些国家的民主是共产主义政权代表和民主反对派之间协议的结果。例如，匈牙利的“青年民主主义者联盟（Fidesz-Hungarian Civic Union）”和波兰的“法律与公正党（PiS）”长期以来都声称，真正的革命仍需发生。事实上，当“青年民主主义联盟”在2010年赢得选举绝对多数时，就已经坦承：“我们在1989年想做的事情永远都无法做到。”

在欧洲，民粹主义大部分是右派，而世纪之交的大萧条则给左翼民粹主义注入了新的动力。在希腊，经济崩溃促使大量激进左翼团体联合起来，组成新的左翼民粹主义政党——“激进左翼联盟（Syriza）”。在西班牙，“愤怒党（Indignados）”的抗议活动让位于新政党“我们能（Podemos）”的诞生。这些左翼民粹主义与北美的“占领”运动非常相似。欧洲左翼民粹主义势力倾向于对欧洲持怀疑态度，但更多是出于社会而不是民族国家的原因。例如，他们强烈反对所谓的“三驾马车”（欧盟委员会、欧洲中央银行和国际货币基金组织）实施的紧缩措施。

四、世界其他地区的民粹主义

除上述北美、拉美和欧洲三个主要区域之外，民粹主义正在世界其他地区的发展中民主国家内兴起，尤其是东南亚、中东和撒哈拉以南的非洲地区。在这些以选举民主为主的国家中，执政党和反对党都存在民粹主义。尽管可以确定民粹主义者的某些共同特征，但是考虑到这些地区的经济、社会和政治多样性，很难区分明确的趋势。

具有最明显民粹主义传统的地区是澳洲。20 世纪 90 年代，澳大利亚和新西兰都见证了右翼民粹政党的崛起，这与西欧当时的政党情况非常相似。“新西兰优先党（NZF）”和澳大利亚“一族党（ONP）”在移民的不断增长、新自由主义福利国家改革的挫败中崛起。它们都声称自己代表“土著”的利益，“一族党”主要维护澳大利亚白人定居者后代的利益，而“新西兰优先党”则主要代表新西兰土著毛利人的声音。

在东南亚，民粹主义出现在 1997 年的亚洲经济危机之后，这场危机结束了亚洲四小龙的崛起态势。在该地区的发展中民主国家，民粹主义者表达了对如今已名誉扫地的老官僚和旧政策的不满，攻击新自由主义的全球化和实施这些政策的精英。菲律宾的埃斯特拉达（Joseph Estrada）和韩国的卢武铉等民粹主义者都在各自国家成功当选总统，尽管他们的任期相对较短且不成功。泰国前总理他信在大规模公众抗议和军事政变后被赶下台，他的妹妹英拉继续他的民粹主义计划，最终也落得被迫下台、流亡海外。

民粹主义在非洲比较罕见，因为那里的许多国家要么仍然是独裁国家，要么是存在严重缺陷的选举民主国家。与世界其他地区的民粹主义不同，非洲的民粹主义大多与独裁强人有关，比如乌干达总统约韦里·穆塞韦尼（Yoweri Museveni）和赞比亚前总统迈克尔·萨塔（Michael Sata），他们的民粹主义是精英内部权力斗争的一部分。即使在南非这个非洲大陆为数不多的自由民主国家里，民粹主义也大多来自当权派内部。比如，朱利叶斯·马勒马（Julius Malema）曾是南非执政党“非洲人国民大会（African National Congress）”内部的民粹主义者，之后由于其激烈言辞和争议性政策建议，在 2012 年被“非国大”除名，隔年创立了名为“经济自由斗士（EFF）”的新政党。

最后，中东和撒哈拉以北非洲的著名民粹主义人物是埃及的贾迈勒·阿卜杜勒·纳赛尔（Gamal Abdel Nasser）和利比亚的卡扎菲（Muammar al-Gaddafi)。在以色列和土耳其等更为成熟的民主国家里，民粹主义是执政党、反对党和政界人士的一个共同特点，代表人物包括以色列的长期领导人内塔尼亚胡（Benjamin Netanyahu）和土耳其的埃尔多安（Recep Tayyip Erdogan）。尽管构成“阿拉伯之春”的各种“革命”本身并非民粹主义的，但民粹言论是动员许多参与者的关键。

在大约150年的时间里，民粹主义从沙皇俄国的小型精英群体，到北美部分地区一个广泛但无组织的群体，再发展成为覆盖全球的多元化现象。它的兴起与世界民主的兴起密切相关。民粹主义和民主主义在19世纪末都是相对罕见的现象，但在今天却很普遍。这并不是说两者必然有联系，民粹主义可以存在于威权政体中，而许多民主国家没有相关的民粹主义行动者。但是，民粹主义作为一种提高人民共同意志的意识形态，确实受益于选举民主的日益增长和西方自由民主的挫败与颓势。

本章小结

所有的政治现象都是特定的文化、政治和社会背景的产物，民粹主义也不例外。这是民粹主义以各种形式在各个地域出现的原因。民粹主义最终采用哪种具体形式，与它所处的环境中占主导地位的社会不满有关。民粹主义行动者是发现社会不满并将其政治化的专家，这些不满并没有被主导的政治力量充分解决。如果遵循一种类型学的解释，那么对民粹主义的讨论会是广泛而无休止的。所以，为了使研究更加集中，我们将民粹主义定义为：底层平民因自身艰难的生存处境而产生的一系列诉求表达，这些诉求起初反映了底层民众的朴素的民粹意识，经魅力领袖或党派的操纵而主义化，并主要以“人民”与“精英”、“我们”与“他们”等对立形式来展现冲突。民粹主义本质上是一种相对低层次的意识形态，容易被其它一些强悍的、高层次的意识形态（如法西斯主义、自由主义、民族主义等）所利用。此类利用和结合一般会在具体的社会政治事件表现出来，而现代政治领域正是民粹主义表现的重要舞台。

第三章　现代政治舞台上的民粹主义

民粹主义已经成为现代政治舞台上的热点话题，并且在西方选举政治中屡次发挥意想不到的作用。本章主要讨论的问题有：民粹主义与民主政治乃是一对孪生体，二者之间的关系复杂且实际；西方政治选举中的民粹式党派和竞选者的话语为何能够吸引民众；身处危机中的民粹主义通过危机的政治化而获得了独特的生长条件，但是民粹主义的未来也将因此充满更多的不确定性。

第一节　民粹主义与民主政治

“民粹主义”的范围之广，足以涵盖右翼和左翼的各种变体。民粹主义作为一种现代社会的特殊现象，既可以出现在发达国家，也可以出现在发展中国家；既可以出现在城镇，也可以出现在农村；既可以出现在工人阶级、中产阶级中，也可以出现在农民阶级中。直观地看，“民粹主义”是一个用来形容那些取悦大众的政客的标签，他们会做出各种形式的承诺，无论有些承诺听起来是多么荒谬和缥缈。这一术语的通常用法也描述了对民主实践的模糊遵守和对自由主义制度设置的普遍厌恶。无论是反对党还是在野党，民粹主义者对正式决策程序的不耐烦，导致他们不信任“精英”。也许人们可以将此归因于他们对错综复杂的立法和司法程序缺乏经验，因为他们视自己为政治的局外人。不管出于什么原因，民粹主义者对自由主义民主程序的蔑视反映了一种强烈的反体制精神，这或许可以解释为什么自由主义者并不特别热衷于民粹主义，他们认为民粹主义不过是披着民主外衣的凯撒主义。然而，即使当代的民粹主义者扭曲了自由主义民主政治框架的运作机制，但是他们也投入了相当多的精力来捍卫自己的民主资格，并让批评者相信他们遵守了民主框架。无论是仅仅作为一种姿态，还是作为一种具体的实践，民主辩护都是民粹主义的一部分。类似的各执一端的解释体现了民粹与民主关系的复杂性。本节试图围绕“镜（mirror）”“症

(symptom)”和“影（shadow)”三种隐喻来理解民粹之于民主的关系。

一、“镜”喻：民主的反映与民粹代表制

当一件事物在镜子前，总是能从镜子里看到自身的反映。如果将民粹比喻为一面“镜子”，那么当民主面对民粹这面镜子时，也能从中看到自身。我们不妨先从一个问题开始：如果民主的本质是人民主权，那么，为什么民粹主义者往往不被承认是真正的民主人士？

众所周知，民粹主义会威胁既定的民主制，但是，民粹主义不会永远是民主的敌人。努力实现人民的意志本就是民主斗争的内在组成部分。正如彼得·沃斯利（Peter Worsley）所说：“在公平社会的概念中，少数人的权利与多数人的权利之间总是存在着一种张力。只要民粹主义选择了多数人的权利，通过干预来确保他们不被忽视（正如他们通常被忽视的那样），那么民粹主义与民主就是完全相容的。”① 当然，这一“完全相容”的判断未免过于武断。其实我们可以通过“镜喻”来更形象地解释二者关系。“镜喻”具体有两种喻义：

其一，民粹主义作为镜子反映了民主的本质与不足。如果民主是关于人民意志的制定，那么它的继续存在取决于这样一种认识：人民的意志永远不可能完全实现，人民的存在只是作为一个不断消退的想象视野的一部分。换句话说，谁是“人民”、谁有权“代表”人民可以有不同的版本，而我们在一定时期一定阶段所拥有的只是人民主权的临时版本。法国政治理论家克劳德·勒弗尔（Claude Lefort）曾提醒我们，在一个民主国家里，权力是一个只能被暂时占据的“空地”②。这块“空地”只要被一个声称为人民代言的政治话语所占据，那么民主就继续存在，而如果这块“空地”被否定了，那么被否定的就是民主本身。

民粹主义总是能让人们想起笼罩和压抑着民主的极权主义幽灵，但它也提醒我们，现代民主社会离不开民主逻辑和非民主逻辑之间的妥协，现代自由民主的制衡机制同时保证和限制了民众的意愿。民粹主义的出现扰乱了这种制衡，

① WORSLEY P. The Concept of Populism[M]//Populism: Its Meanings and National Characteristics. New York: Macmillan, 1969: 247.

② LEFORT C. The Political Forms of Modern Society: Bureaucracy, Democracy, Totalitarianism[M]. Cambridge: the MIT Press, 1986: 279

并提出了令人不安的问题，它既涉及那些想要占据权力“空地”的人，也涉及那些想让民主政治屈从于技术官僚理性和市场指令的人。通过提出让现代民主感到尴尬的问题，并经常展现出“人民”愚昧的一面，我们所理解的民粹既不是民主的最高形式，也不是民主的敌人，而是一面镜子，民主可以毫无保留地自我反省，看到自身的本质和不足。如果这面镜子反映出来的镜像是不美好的，那是因为西方民主天生具有蛊惑的一面。其中，人民主权原则很容易屈从于技术统治或其它原则之下。民粹的出现让民主发现当前还有一些群体的声音没有被听到，甚至不存在使其被听到的渠道。理想状态下，如果可以利用民粹这面镜子以自观，那么民主的确可以在克服自身缺陷之后实现进步。

“镜”的第二种喻义在于，民粹作为镜子反映了一种独特的政治代表制。“代表（represent）”的意思是通过一种替代物来呈现当下，“创造一些还不存在的东西”，或者更符合“为他人行动”的特定政治意义，“代表”意味着以一种响应他人的方式，为被代表的利益行动①。这种代表他人的行为并不意味着“他人”完全受其“代表”的支配，因为他们也对代表采取行动，这是因为他们参与公共辩论，有能力通过行使投票权来惩罚或奖励当选官员。“代表制”至少有三个基本且重要的前提：第一，存在两个层次的竞争环境，即代表者与被代表者；第二，在这些层次之间存在着距离，否则就没有代表，只有自治；第三，如果代表意味着替代物的重复，那么，重复之后就不能还原为不变的同一性，不能还原为预先构成的身份和利益的纯粹表达。“代表”改变了一些人“缺席”的状态，否则就会有“人民”及其“代表”同时在场。而民粹主义在代表问题上的刻意模糊是显而易见的。一方面，民粹主义者总是以人民的名义发声，并最终借此登上政治舞台。另一方面，民粹主义对人民的界定也相当模糊，把他们想象成被剥夺财产的人、勤劳的中产阶级、负担沉重的纳税人、普罗大众、道义上的多数，等等。这在坊间看来或许是无关紧要的，因为“我们”与“他们”的划分足以完成对立身份的配置，从而体现民主政治的抗争性。但即便如此，民粹主义的“我们”也是在尽可能地模糊“人民”的界线，尽可能广地涵盖那些在被经济、政治或文化精英所主导的公共领域中感到不满的人们。

进一步看，在人民的“缺席”和“代表”他们行事之间也存在着类似的模

---

① PITKIM H. The Concept of Representation[M]. Berkeley: University of California Press, 1967: 237-238.

糊，而弥补这两个层面的差距的只是“表（-presentation）”，而不是“代（re-）”。本质上，民粹主义者并不认为自己是人民的“代表”，而认为自己只是人民的“发言人”，同时也不主张赋予人民权力去自主行动。由此，民粹主义者在赞扬人民的独立行动和占有人民的行动权力之间存在着矛盾，正是这种矛盾导致了人们对民粹主义领导者的两种不同理解：有人会认为，正是领导者释放了人民纯粹的力量，而另一些人则声称，领导者的存在不过是一种束缚，它迫使人民屈从。在这两种理解里，领导者都是象征式的存在，即作为民众意愿的化身、作为人民的受托人，他（她）的作用是简化问题并消除民粹阵营的身份歧义。

那么民粹代表制作为一种“民主的”代表制，它与传统的政治代表制有何不同？在本杰明·阿尔迪蒂（Benjamin Arditi）看来，民粹代表制是“在如下三方面的交叉处所产生的代表模式，即自由民主政体中代表制的‘为他人行事’的标准、在信任领袖的伪装下的霍布斯式权威化，以及强烈的象征维度”①。人们可能会认为，民粹代表制的出现意味着代表制的危机，但是，我们从民粹之“镜”中也可以看到代表制本身的蜕变。当代美国政治学者伯纳德·曼宁（Bernard Manin）曾概括了西方三种在时间上连续的政治代表制形式②。首先是典型的英国“议会制（parliamentarianism）”，从1832年开始到1867年引入男性普选；其次是“党派民主（party democracy）”，这是下层阶级进入政治体系和群众性政党出现的结果，自那时起在欧洲及其他地方盛行，并贯穿20世纪大部分时间；最后是“观众民主（audience democracy）”，在20世纪70年代随着群众性政党的衰落、大众传媒对竞选活动的影响、以及一个真正政治“舞台”的形成而开始出现。“观众民主”类似于政治的“供给侧”，旨在找出选民内部的相关分歧，以便将候选人与其对手区分开来。媒体专家取代了政党官僚和激进分子，或者说至少结束了他们之前的显赫地位，同时由于党派忠诚在一次又一次选举中的波动，选举纪律也会减弱：“我们今天看到的是一种新的代表制形式。代表是主动提出划分界线的人。他们试图找出选民内部的分歧，并将其中

① ARDITI B. Populism as an Internal Periphery of Democratic Politics[M]//Populism and the Mirror of Democracy. London: Verso, 2005: 83-84.

② MANIN B. The Principles of Representative Government[M]. Cambridge: Cambridge University Press, 1997: 193-235.

一些分歧带到公共舞台上。他们让公众意识到这样或那样的社会分化，让人们注意到以前并不明显的社会分裂。”①

“观众民主”把政治变成了一场由精通媒体运行的专业人士所经营的景观。民意调查和选举营销可能会取代选民对于政党宣言和竞选承诺的认真思考，但因为它们降低了问题的复杂性，从而也就降低了选民获取这些问题信息的成本。更重要的是，在“观众民主”中，候选人和选民之间存在着一种个性化的联系。如今人们倾向于投票给某一个“人”，而不是投给某一个选举纲领或某一个政党，虽然政党没有失去其作为选举机器的核心作用，但它们往往会成为为领导者服务的工具。造成这种个性化联系的原因有两大方面：一方面，媒介的繁荣深刻影响了代表关系的实质，它让候选人可以直接与选民交流，而不需要通过政党中介。大众媒体所带来的即时性，表面上弥合了人民与其代表者之间的距离，这种虚拟的亲密关系与民粹主义中领导者与人民的直接关系不谋而合。另一方面，政府活动的范围已经大幅扩大，民选官员必须就各种各样的问题做出决定，而这些问题大多是政党纲领既不能预见也不能提前说明的。因此，现代政府的活动越来越需要自由裁量权。

近代英国政治思想家洛克（John Locke）曾经把“特权（prerogative)”定义为在没有既存法律的情况下做出决定的权力：“有许多事情非法律所能规定，这些事情必须交由握有执行权的人自由裁量，由他根据公众福利和利益的要求来处理。”② 曼宁通过将之类比当下，得出了如下判断：“如果目前的情况需要某种形式的自由裁量权，那么候选人展现出自己的个人素质和做出正确决定的能力，而不是用具体的承诺束缚自己的双手，这是合理的。选民们也知道，政府必须应对不可预测的事件。因此，从他们的观点来看，候选人激发的个人信任比对未来行动计划的评估更适合作为选择的基础。在代议制政府的起源中如此重要的信任再次扮演了核心角色。”③ 因此，“代表不再是发言人；选举选择

① MANIN B. The Principles of Representative Government[M]. Cambridge: Cambridge University Press, 1997: 226.

② 洛克. 政府论（下篇）［M］. 叶启芳，瞿菊农，译. 北京：商务印书馆，2017：102.

③ MANIN B. The Principles of Representative Government[M]. Cambridge: Cambridge University Press, 1997: 221.

的个性化在某种程度上使他们成为受托人。”[①] 我们不难在基于“信任”的“特权”权力与民粹主义领导者作为人民的“受托人”之间看到相似之处，这两方面共同推动了民粹代表制成为当下政治代表制的主流。这是我们可以从民粹之“镜”中看到的镜像。

二、“症”喻：民主的不适与被压抑的民粹

如果我们把民主想象为一具“机体（body）”，那么，当民粹被喻为一种“症（syndrome）”时，就预示着这具机体已经出现了某种程度的不适，将要或已经出现问题。具体而言，“症”喻可以有两种不同学科意义的喻义。

第一种是临床医学上的喻义。在医学上，“症状”是一种潜在疾病的可察觉的表现，是有机体因发生疾病而表现出来的异常状态。这一概念建立在表面和深度之间、可以体验的现象和那些不能体验而必须靠推断的隐因之间。症状的出现可能不必然导致疾病的发生，即可能不会影响整个机体的行动，但是症状一经出现必然预示着某种不适。

中国人其实对“症”并不陌生。中医的一大特点即辨施论治，这是中医认识疾病和治疗疾病的基本法则。辨证，即辨别证候。证候不同于症状，症状是病人主观的异常感觉或某些病态改变（如发热、头痛、咳嗽、呕吐、腹泻等），而证候是机体在疾病发展过程中的某一阶段的病理概括（包括症状及体征等）。症状是疾病所反映的表面现象，而证候则包括了病变的部位、原因、性质以及正邪关系，反映出疾病发展过程中某一阶段的病理变化本质，因而它比症状更全面、更深刻、更准确地揭示了疾病的本质。

如果我们说民粹是民主的一种“症”，那么它不仅应该指向一种民主的病态改变（即症状），更应该指向这种疾病的本质（即证候）。民粹作为民主的一种症状，一方面它属于民主，因为它具有参与、动员和民众意愿的非正式表达等标志性的特征；另一方面，它又通过忽视常规程序、制度关系和令人宽慰的仪式，中断了民主作为一种“士绅化（gentrification）”的政治秩序。阿尔迪蒂就民粹症状作了如下有趣的比喻：民粹是民主酒会上被邀请而来的客人，但又是

---

① MANIN B. The Principles of Representative Government[M]. Cambridge: Cambridge University Press, 1997: 226.

一个破坏餐桌礼仪和社交规则的客人。主人可能对这个客人不太满意，但既然邀请了他，也就无法摆脱他，所以他们会尽力淡化他的不规矩，以便让宴会上的其他人尽可能地感到舒适。民粹作为一个令人尴尬的客人，它既是自由民主秩序的内部环节，也破坏了民主政治的士绅化领域。因为代议制民主的政治秩序通常要求制度调解的优先性，以制约和平衡来限制政治领导者自由裁量的权力，并通过政治精英之间的谈判来达成协议等等。这是民主政治约定俗成的"餐桌礼仪"。

"士绅化"本是城市研究的概念，它指的是"将中心城市的工薪阶层区域或空置区域转变为中产阶级居住或商业用途的区域"①。在这一意义上，士绅化是一个优化、修复和改善的过程，其对象是某地区或某些人，最终的目的是实现对象的贵族化、高雅化和中产阶级化。在更广泛的意义上，士绅化是一个与政治和政策相关的问题，因为它涉及到以"换位（displacement）"，以一部分人群的流离失所为代价的重建。当我们说民主政治的士绅化时也有这层意思。现代民主政治通过代表制形式实现了针对底层诉求的"换位"，自由主义民主政治转而成为政治精英的宴会，并以制度的方式构建起一套符合精英贵族利益的礼仪。这套礼仪无视被代表者的声音，甚至根本就没有代表者来代表普通民众在议院里发声。因而民粹主义动员就成为了那些心怀不满的大众所亲近和依赖的方式。民主政治由于这种士绅化而成为一种常态，而民粹主义则通过破坏士绅化来阻止自由主义民主滑向纯粹的精英主义，扩大了大众参与公共事务的范围。作为士绅化体系中的尴尬客人，民粹主义将自己定位在民主政治的边缘，并想尽办法介入民主政治秩序，破坏后者的稳定性。

"症"的第二种喻义是精神分析学的。精神分析学的理论资源深刻影响了上世纪中叶以来社会政治研究的理路和走向。弗洛伊德在1926年的《抑制、症状和焦虑》一文中探讨了"症状"问题。首先，他肯定了"症状"是通常医学意义上的疾病征兆："症状实际上指的是某种病理过程的表现。……当一种功能经历了某些不同寻常的变化，或者当一种新的现象由此而产生时，便使用症状一词。"② 但在他的精神分析领域里，"症状预示着一种已经搁置的本能满足，并

① LEES L, SLATER T, WYLY E. Gentrification[M]. London: Routledge, 2007: xv.

② FREUD S. Inhibitions, Symptoms and Anxiety [M]//The Complete Psychological Works of Sigmund Freud, Volume XX(1925—1926). London: The Hogarth Press, 1959: 87.

且是这种本能满足的替代物；它是压抑过程的结果”①。症状通过掩盖痛苦的压抑经历来保护我们免受危险。弗洛伊德提到了一种熟悉的类比，即把症状比作一种“异物（foreign body)”：“它（即这种异物）持续不断地在它所置身的组织中发出刺激和反应。有时候则发生这种情况，针对某种不受欢迎的本能冲动而进行的防御性斗争，会随着症状的形成而结束。……但通常，后果是不同的。最初的压抑行动之后紧跟着便是一连串令人厌烦的、没完没了的事，针对本能冲动的斗争延续为针对症状的斗争。”② 这一类比无疑是巧妙的。一方面，症状的独特地位模糊了内部和外部之间的明确边界，它在“适”与“不适”的内部之间展开了博弈；另一方面，它也帮助我们理解民粹如何在民主的内部边缘发展起来。民粹主义作为一种症状并不会轻易消失，而是在民主内部的边缘持续存在。

按照弗洛伊德的判断：“症状产生于压抑发生有害影响时的某种本能冲动。”③ 从这一点出发不难理解，作为受民主政治系统压抑的人群，之所以会以民粹主义的形式重返社会政治的公共舞台，是因为这是这些民众的本能冲动。进一步看，民主对于民粹的态度也是矛盾的。它无法根除这一症状，相反，它总是想方设法围绕民粹这个“异物”来治愈自身。正如弗洛伊德这样描述“自我”对于症状的态度：“自我是一种组织。它建立的基础是保持自由交往，并使所有成分之间有可能相互影响。……因此，很自然的是，自我应该通过使用各种可能的方法，以某种方式将症状与自身联系起来，并通过这些联系将症状纳入自身的组织，从而努力防止症状分离出来变得不相容。”④

可见，自由主义民主总是希望将民粹诉求吸纳到既有体系中，从而化解民粹的戾气和破坏性。另一方面也意味着，民粹对于民主而言不是一种可以彻底割除的赘瘤，而是一种需要通过自身机体的调和来缓解和消除的症状，并且还

---

① FREUD S. Inhibitions, Symptoms and Anxiety [M]//The Complete Psychological Works of Sigmund Freud, Volume XX(1925—1926). London: The Hogarth Press, 1959: 91.

② FREUD S. Inhibitions, Symptoms and Anxiety [M]//The Complete Psychological Works of Sigmund Freud, Volume XX(1925—1926). London: The Hogarth Press, 1959: 98.

③ FREUD S. Inhibitions, Symptoms and Anxiety [M]//The Complete Psychological Works of Sigmund Freud, Volume XX(1925—1926). London: The Hogarth Press, 1959: 94.

④ FREUD S. Inhibitions, Symptoms and Anxiety [M]//The Complete Psychological Works of Sigmund Freud, Volume XX(1925—1926). London: The Hogarth Press, 1959: 98.

无法保证民粹症状不会再度发生。那些被压抑者之所以会选择民粹来对抗民主，并非因为他们真正认同民粹，而是因为他们希望民主听到他们的声音，考虑他们的诉求，这些诉求仍然是希望在民主的框架里得到解决的诉求。对此，齐泽克的解读恰到好处，他说，对那些参与到特定社会现实中的人们而言，并不需要太多的“虚假意识”（即意识形态层面的东西），因为他们“不知道自己在做什么”。在这种情况下，症状可以被定义为“一种形式，其一致性暗示了主体的某种非知识”：主体只有在其逻辑脱离他时才能“享受他的症状”①。

但民主如此柔性地处理民粹症状也暗藏着危险。按照弗洛伊德的说法：“夸大对症状进行这种次要适应的重要性，以及我们说自我只是为了享受症状因而才创造了症状，这都存在着危险。这无异于说，一个在战争中腿受伤的人索性把腿锯掉，这样他以后就可以靠抚恤金生活，而不用再工作了。”② 通俗地讲，是民主“惯坏了”民粹，民主表面上熟悉民粹症状，实际上并不能对民粹作出真实的阐释，而是只能在每一次民粹主义运动出现之后，都以一种息事宁人的方式化解冲突，治标不治本地减轻民粹症状可能带来的痛楚。

三、“影喻”：民主的影子与民粹的阴暗面

民粹有能力破坏民主政治这一事实，迫使我们去探究民粹的阴暗面。这涉及到第三种隐喻——民粹是民主的“影子”。这一隐喻也有两层喻义。

第一，对于民主而言，民粹是如影随形的。当代美国政治学者玛格丽特·卡农范（Margaret Canovan）认为：“民粹主义与其说是一种因畸形发展而出现的退化症，不如说是民主自身所投射的影子。”③ 英国政治哲学家奥克肖特（Michael Oakeshott）认为，在过去的五百年里，欧洲政治一直存在着两种政治风格的张力，他将这两种风格命名为“信念政治（the politics of faith）”与“怀疑政治（the politics of scepticism）”。就前者而言，政治被看作成就完美或在世间实现救赎的一件事；而就后者而言，政治没有压倒性的目标，只有不断坚持

① ZIZEK S. The Sublime Object of Ideology[M]. London: Verso, 1989: 21.

② FREUD S. Inhibitions, Symptoms and Anxiety [M]//The Complete Psychological Works of Sigmund Freud, Volume XX(1925—1926). London: The Hogarth Press, 1959: 99.

③ 参见：玛格丽特·卡农范. 相信人民！民粹主义与民主的两个面向 [J]. 郭中军，译. 国外社会科学前沿，2019 (05): 60.

和改进过去权利与制度的宝贵遗产以维持秩序和减少冲突。卡农范在奥克肖特理念的基础上，进一步区分了现代民主的两种政治风格，即“救赎（redemption）”与“实用（pragmatism）”。民粹产生于救赎民主与实用民主的张力之间。

从实用方面看，民主是在大众动员与大众传播的条件下和平处理利益与意见冲突的一种必要方式。而救赎的信念则是现代民主所固有的，即承诺通过至上的人民行动来实现一个更美好的世界。这是笼罩在民主之上的神圣光环。但是，如果参与者们越来越清楚地看到，民主只是政治交易，那么将民主作为政治交易的政客们以及这一体制本身最终将失去合法性。当笼罩光环的民主与肮脏的政治交易之间的反差过大时，民粹主义者往往会填补“真空地带”，承诺重建充满光明的理想民主以代替由政党操纵的世界。民主的救赎承诺至少在某种程度上是“实用民主”这一机器运行的必要润滑剂，如果它不出现在主流政治体制内部，那么它也会以民粹挑战的形式表明自身。即便假定“我们，人民（we，the people）”可以将不同的利益与意见整合成统一的共同意志，政治与经济相互依存的残酷现实也会使之成为空头支票；只要民粹主义利用民主的承诺与其践行之间的落差，它就会没完没了。民主的救赎与实用之间的张力是民粹动员的动力，卡农范把这两个面向看作一对“爱吵架的连体婴”。纯实用的民主是不切实际的，因为民主作为一种制度，其权威与合法性至少部分地依赖它的救赎成分；同样地，纯救赎的民主也是不切实际的，因为救赎的信念最后必然要通过实际制度来道成肉身。这不可分的两面为如影随形的民粹主义留下了生长的空间。

第二层喻义，民粹可能会成为新民主的阴暗面。阿尔迪蒂认为，“影喻”包含了隐喻本体作为危险标志或阴暗面的含义。尤其在民粹力量掀翻了既有民主而转变为一种新民主的时候，这种阴暗带来的危险更加明显。一直以来，从恐怖电影到悬疑小说里的“影喻”手法都预示着某种不祥，它的作用是宣告可能潜伏的危险。大多数批评者都以民粹对民主的危险为由，对其诱惑提出了警告。如对个人的崇拜可以把领导者转变成救世主，民粹可以无视制度制衡，可以鼓励政令统治和各种独裁行为，同时保持民主的表象。此外，善良大众和腐败精英之间的区别可以成为对政治对手使用高压手段的借口，不断呼吁人民团结也可以作为消除多元和彼此宽容的手段。

在这一意义上，民主总是受着阴暗面的威胁。如果民主是由确定性标志的瓦解、由社会实践中隐含的质疑过程、由与政治意识形态话语相统一的代表制来建立和维持的，那么，在一定情况下，它本身就可能为阴暗面提供可能的条件。随着冲突无法在政治领域中象征性地得到解决，以及随着分裂感弥漫社会，这种危险就会出现。当这种情况发生时，“人民合为一体的幻想就有可能发展，就有可能开始寻求一种实质性的身份，寻求一种与其头部相结合的社会团体，寻求一种具体化的权力，寻求一个没有分裂的国家”①。这是极为典型的极权主义现象，但绝对统一的幻想同样存在于民粹的诱惑中，将政府与国家混为一谈实际上是对代表制的曲解。

当民粹代表制模式的内在矛盾以领袖的名义得到解决时，实体身份的诱惑也会出现。也就是说，当领导者不再为他人行事，代表和被代表之间的区别也就是随意的。民粹的“代表（representative）”逐渐滑向象征性的“代表（standing for）”，并最终成为权威自身。此外，民粹对社会正义的呼吁在被剥夺者和进步知识分子中保持了吸引力。民粹运动通常通过福利政策的调解来建立与群众的关系，而这种关系可能会对民主实践和个人赋权产生负面的影响。社会正义及其所依托的再分配政策肯定会通过满足基本需要来改善人民的生活。然而，民粹主义者认为这主要是一个自上而下的过程，是政治领导者、政府决策机构与心怀感激的民众之间的垂直联系。这种联系的问题在于，感激之情很容易转变为要求服从政党、政府或领导者的命令。

因此，不论是自愿的还是非自愿的奴役，民粹都可能会将公民权变成一个空壳，将分配正义变成了统治的工具。这种剥夺公民权的行为提醒人们，民粹会给民主投下更为晦暗的阴影。因此在这一意义上，民粹有两副面孔，它既是民主改良的承诺，也是新民主的阴暗面。作为一种承诺，它可以通过利用来自现代政治救赎动力的参与性能量来促进政治的复兴，或者更坏的情况是仅仅扰乱了民主更加士绅化的运作；但是民粹的阴暗面却始终暗藏着一种危险，即一旦民粹的底层力量真正占据上风时，民主就要准备好把政治舞台让位于极权专制。

通过“镜”“症”和“影”这三个隐喻，我们可以进一步把握民粹之于民主的生动且复杂的关系。站在民粹的立场来看，其自身就是一种民主（而且是更接近于纯粹的民主），也有一套不同于自由主义民主的代表制逻辑；站在民主的

---

① LEFORT C. Democracy and Political Theory[M]. Cambridge: Polity Press, 1991: 20.

立场来看，民粹反映了民主自身存在的不适与病症，而吸纳底层的参与，可以有效地缓解乃至治愈自身，但是如影随形的民粹总是用破坏既定秩序的（潜在）方式让民主如鲠在喉，使后者无法掩饰对民粹大众的轻视乃至蔑视。

民粹主义以许多不同的形式和风格出现，并在非常不同的文化和政治背景下动员，但是所有的民粹行动者都会对政治辩论进行说教，并试图（重新）将被忽视的问题和群体政治化。民粹主义经常针对复杂的问题提出简单的解决方案（其实反民粹主义也是如此），民粹主义者对所有政体（尤其是自由主义民主政体）构成复杂的挑战。在政治层面，应对民粹主义的最佳方式或许是与民粹行动者和支持者进行公开对话（尽管这很困难），对话的目的是为了更好地理解和回应民粹大众的诉求与不满。与此同时，实践者和研究者应该更多地关注信息本身而不是只做信息的传递者，不应预先假定民粹主义是错误的，而应审慎研究在一个自由主义民主政体中，民粹主义者所提议的政策是否具有价值或具有多大的价值。

当然，从马克思主义的视角出发，民粹主义与民主政治之间产生冲突的根源仍在于西方政治国家及其体制的内在缺陷。西方政治国家及其体制是建基于资产阶级社会之上的政治上层建筑，近代以来发展为以代表制政治作为典型形态。马克思在对黑格尔法哲学的批判及在对法兰西第二共和国议会政治的批判中形成了对代表制政治的基本观点。

黑格尔对代议制的看法主要体现在其《法哲学原理》的第309节："既然选派议员是为了咨议和决定普遍的事务，所以它的意义在于：因信任而被确定下来从事这些事务的个体，比选民们更懂这些事务，并且他们也不会为某个自治团体或同业公会的特殊利益而反对普遍利益，相反本质上是使这种普遍利益发挥效用。"① "实行代表制含有这种意义，即同意并不直接通过一切人来表达，而应通过全权代表来表达，因为在代表制下单个人现在不再是作为无限的人格来竞争。"②

马克思认为，黑格尔对代表制问题的讨论存在"形式"与"物质"的双重矛盾，《黑格尔法哲学批判》中主要谈了"形式"的矛盾："市民社会的议员所组成的团体并不通过指令、任命的形式同他们的任命者发生联系。议员在形式

① 黑格尔．法哲学原理［M］．邓安庆，译．北京：人民出版社，2016：450.

② 黑格尔．法哲学原理［M］．邓安庆，译．北京：人民出版社，2016：451.

上是被任命的，但他们一旦真正被任命，他们就不再是被任命者了。”① 而且此时的马克思主要从“数量”多少这一形式来批判代表制，即立法权不应是“个别”议员的立法行动，而应是“全体”人民的立法行动：“（立法）是市民社会惟一的政治行动，所以全体人员应当并且希望同时参与这种行动。”② 如果仅仅停留在“形式”矛盾，那么马克思可能被理解为“普选”的拥趸。然而马克思还注意到第二重矛盾即“物质”或“物质利益”矛盾，虽然未完成的《黑格尔法哲学批判》并没有在这方面展开讨论，但还是给出了一个一般性界定：“议员被任命为普遍事务的代表，但实际上他们是特殊事务的代表”③。

马克思在之后的《路易·波拿巴的雾月十八日》里写道：“在历史的斗争中更应该把各个党派的言辞和幻想同它们的本来面目和实际利益区别开来，把它们对自己的看法同它们的真实本质区别开来。”④ 利益斗争最突出的表现是马克思对立法议会内部秩序党内两大派系（即奥尔良派和正统派）的分析，它们彼此分离是由于两种不同的财产形式（即资本与地产）之间的竞争。而立法议会内部的社会民主派也只是代表了小资产阶级的利益，真正代表无产阶级利益的议会代表在当时的议会里并不存在。至于农民阶级，他们并没有明确的议会代表，所以在选举中只能选择路易·波拿巴。

这里揭示的代表制矛盾，恰好对应了马克思在《黑格尔法哲学批判》中对黑格尔的批评，他指出黑格尔在代表制上建立了两个绝对矛盾：“一个是：代议制的基础是信任，是人对人的信任，另一个是：它的基础不是信任。确切地说，这是纯形式的游戏。”⑤ 与这两个绝对矛盾相比，现实中的法兰西第二共和国的代表制矛盾恐怕要更加糟糕、更加尖锐。其中第一个绝对矛盾干脆不存在了，

---

① 马克思．黑格尔法哲学批判［M］//马克思，恩格斯．马克思恩格斯全集：第 3 卷．北京：人民出版社，2002：153.

② 马克思．黑格尔法哲学批判［M］//马克思，恩格斯．马克思恩格斯全集：第 3 卷．北京：人民出版社，2002：148.

③ 马克思．黑格尔法哲学批判［M］//马克思，恩格斯．马克思恩格斯全集：第 3 卷．北京：人民出版社，2002：153.

④ 马克思．路易·波拿巴的雾月十八日［M］//马克思，恩格斯．马克思恩格斯文集：第 2 卷．北京：人民出版社，2009：499.

⑤ 马克思．黑格尔法哲学批判［M］//马克思，恩格斯．马克思恩格斯全集：第 3 卷．北京：人民出版社，2002：157.

因为第二共和国的代表制根本不存在“人对人的信任”。连议会内外的资产阶级都各怀鬼胎，更不消说人民会对议员的报以信任了。而第二个绝对矛盾则愈发加深了，因为法国的代表制已经完全沦为“纯形式的游戏”，不仅在立法这项本职工作上没有结果，而且还处处受行政权的牵制甚至威胁。

经典之所以为经典，是因为它面对、探索和回应的是时代问题，并且不会因为历史的发展而失去其当代的价值。如黑格尔、马克思这样的伟大思想家曾对代表制政治作了深刻的思考，他们得出的基本判断仍然可以为我们观察当前西方的政治状况提供参考和启示。

第二节　民粹主义话语分析

民粹主义话语对听众为何有着如此大的吸引力？民粹主义话语是如何形成的，它具有怎样的特征？本节将重点分析美国前总统特朗普宣布参选 2016 年美国总统的演讲。民粹主义本身并不神秘，而是一种可以被人们识别的现象。然而，问题在于：为什么人们虽然可以识别民粹主义，但是又容易被民粹主义所吸引、而不是主动加以拒斥呢？对此，需要进一步关注民粹主义话语。

一、拉克劳的民粹主义话语理论

拉克劳对民粹主义的理解有其独特性，他将民粹主义解释为一种逻辑和语言现象。在他看来，民粹主义的话语离不开现象本身。拉克劳既对民粹主义的类型学不感兴趣，也不是要确定民粹主义的特征。他的研究方法是现象学的，同时也受到了索绪尔、维特根斯坦和葛兰西等人的影响，广泛借鉴了政治学、哲学、心理学和语言学的理论。拉克劳不认为民粹主义是一种运动，也不认为它是一种由一系列特征所描绘的运动。相反，他认为这是一种“逻辑”，因此他出版了一部名为《论民粹主义的理性》的著作。拉克劳认为民粹主义发生在一系列条件下，反过来民粹主义又构建了一种政治。他把语言，尤其是所谓的“空能指”看作是这种建构的手段。语言（或者说“话语”）才是民粹主义的核心。

拉克劳的分析不是从一个魅力领袖的出现和对人民的号召开始的，而是从“人民”自身的构建开始的。正如他所说：“‘人民’不是某种意识形态表达的本质，而是社会中介之间的真实关系。"① 拉克劳分析的"最小单位"是"社会需求"。当某一特定社会需求与其他社会需求相结合而没有得到满足时，这些需求就变成了"诉求（claim）"。他区分了"民主需求（democratic demands）"和"民粹需求（popular demands）"。在各种民粹需求的接合里，"人民"才被话语地建构起来。也即是说，"人民"并不是在民粹主义运动之前就预先存在的，而是那些未满足的民粹需求的集合实现了"人民"。"人民"的建构也意味着既有"精英"与新形成的"人民"之间断裂。正如拉克劳所说："没有哪种民粹主义不在话语上构建敌人，这些敌人可以是旧制度、寡头、建制派或其他。"②

至于"诉求"如何建构，拉克劳使用了"空能指"概念。对于"空能指"，拉克劳这样解释道："在意指系统里有这么一个地方，它在构成上是不可表征的；在这个意义上，它仍然是空洞的，但是我可以赋予它意义，因为它处于意指系统里。"③ 对拉克劳来说，"民族主义"就是这样一个空能指，它的意义取决于与它相关的等价链。关于空能指的一个很好的例子是政治修辞中的"变革（change）"概念。"变革"可以代表政治图景中所有可能的能指，即表示或代表人们对现状的不满。变革反映了民粹需求的集合。唯有这种暧昧不明的"空能指"才能象征性地统一所有针对现状的不同斗争。对于拉克劳来说，如果不关注"人民"的话语建构，不关注那些导致人民与精英之间断裂的需求集合，不关注那些接合需求和诉求的空能指，那么就无法理解民粹主义。

民粹主义是人们可以识别的现象，对于这种现象的理解少不了对标识性民粹主义话语的分析。下面我们将以 2015 年 6 月 17 日特朗普宣布参加 2016 年总统竞选的演讲为样本，分析民粹主义话语的逻辑是如何形成和起作用的。

二、民粹主义话语构造社会现实

特朗普本人未必可以被冠以"民粹主义者"的标签，但是其在演讲和言论所使用的修辞却深谙民粹主义的话语逻辑。乍看之下，特朗普是参加 2016 年总统竞选的局外人，但它带来的并不是全新的现象，因为民粹主义在美国有着悠久的历史。

美国历史学家迈克尔·卡津（Michael Kazin）认为美国民粹主义有四个主

① LACLAU E. On Populist Reason[M]. London: Verso, 2005: 73.

② LACLAU E. On Populist Reason[M]. London: Verso, 2005: 105.

③ LACLAU E. On Populist Reason[M]. London: Verso, 2005: 105.

要特征：美国主义、生产者伦理、精英阶层的存在和强大运动的存在。“美国主义（Americanism）”指的是美国人民从大英帝国手中赢得了独立，并将为捍卫独立而战；“生产主义（producerism）”认为，只有那些以有形的、物质的方式创造财富的人才能被信任，来捍卫国家的虔诚和自由；第三个特征是精英阶层的存在；第四个特征是运动（movements），它既包括自发的起义，也包括有组织的征讨①。

特朗普的右翼民粹主义体现了美国民粹主义的这些特征。特朗普在宣传美国“生产者”阶层的价值，他关注就业需求，挑战全球主义，声称美国的工作已经被外包，他攻击精英，特别是华尔街的银行家，表达了发动一场实现美国人民的社会需求的运动的必要性。

特朗普的总统竞选演讲大约有四十五分钟，引发了媒体的广泛报道，很大程度上是因为他关于在美国和墨西哥之间建造一堵墙的声明。这一研究也构成了他后来所有竞选演说的原型，阐述了他的主要立场和他对美国社会状况尤其是经济状况的理解。用当代美国语言哲学家约翰·塞尔（John Searle）的话来说，特朗普的演讲构造了一个“社会现实（social reality）”②。在这个社会现实中，美国和墨西哥之间的一堵墙代表了美国的安全、完整和身份。这是他演讲的重点，它是定义“美国性（Americanness）”的一种方式。特朗普所谓的“美国性”和“让美国再次伟大”正是拉克劳的“空能指”。在整个演讲中，特朗普不断地定义美国，美国如同弥尔顿的“失乐园”一样已经是一个“失乐国”。美国是什么以及怎样才能让美国再度“伟大”，都是被特朗普的语言所建构起来的表象。这些表象集结了听众的未满足的需求，成了“美国”的另一种表达。

特朗普在其竞选声明演讲中主要有9个叙事，分别是：We don't have victories，Mexico，Islamic terrorism，Obamacare，A truly great leader，Chinese manufacturing，Ford，Saudi Arabia，Trump。在第一个叙事中，特朗普为他“失乐国”的主要叙述奠定了基础③：

---

① KAZIN M. The Populist Persuasion: An American History[M]. New York: Basic Books, 2014: 12-17.

② SEARLE J. The Construction of Social Reality[M]. New York: The Free Press, 1995.

③ 在后文的引用里我将以英文原文为准，同时辅以可能的中译。特朗普演讲中的民粹主义话语只有在原文的语境里才更能表达其意义，这也意味着不同语言的民粹主义话语的程度和效果是不同的。

Our country is in serious trouble. We don't have victories anymore. We used to have victories, but we don't have them. When was the last time anybody saw us beating, let's say, China in a trade deal? They kill us. I beat China all the time. All the time. When did we beat Japan at anything? They send their cars over by the millions, and what do we do? When was the last time you saw a Chevrolet in Tokyo? It doesn't exist folks. They beat us all the time. (我们的国家陷入了严重的困境。我们已经没有胜利了。我们曾经有过胜利，但现在没有了。上一次有人看到我们在贸易协议中打败中国是什么时候？他们打败了我们。我一直打败中国。一直。我们什么时候打败过日本？他们把数百万辆车送过来，我们怎么办？你最后一次在东京看到雪佛兰是什么时候？它不存在，伙计们。他们总是打败我们。)

特朗普的第一个叙事非常简单。事实上，从技术上讲，陈述的话只有一句："They send their cars over by the millions."而对这句陈述的回应只是一个假设："When was the last time you saw a Chevrolet in Tokyo? It doesn't exist folks."

特朗普一开始的表述提供了一个概要："Our country is in serious trouble. We don't have victories anymore. We used to have victories, but we don't have them."接着他便询问道："When was the last time anybody saw us beating, let's say, China in a trade deal?" "When did we beat Japan at anything?"通过这一叙事，特朗普宣告了一种未满足的需求："We don't have victories anymore."从语法上讲，他断言了一种占有的缺失。根据格雷玛斯叙事理论，所有叙事都以宣告或意识到失去或缺失开始。特朗普所谓没有胜利即是一种"缺失(lack)"。只有占有"胜利"的美国才是伟大的美国，而没有胜利就意味着美国失去了它的伟大，也失去了它的完整和身份。对特朗普来说，"胜利"这一"空能指"代表了美国相对其他国家的贸易顺差，而贸易顺差已经成为所有美国人(不仅是作为商人的他自己)都未得到满足的需求。同样地，通过第一个叙事，特朗普将"美国"构建为一个"非施动的(non-agentive)"、软弱的国家："and what do we do?"

特朗普的第一个叙事之后紧跟着第二个叙事：

When do we beat Mexico at the border? They're laughing at us, at our stupidity. And now they are beating us economically. They are not our friend, believe me. But they're killing us economically. The U. S. has become a dumping ground for everybody else's problems. Thank you. It's true, and these are the best and the finest. When Mexico sends its people, they're not sending their best. They're not sending you. They're not sending you. They're sending people that have lots of problems, and they're bringing those problems with us. They're bringing drugs. They're bringing crime. They're rapists. And some, I assume, are good people. But I speak to border guards and they tell us what we are getting. And it makes common sense. It only makes common sense. They're sending us not the right people, it's coming from more than Mexico. It's coming from all over south and Latin America, and it's coming probably from the middle east. But we don't know, because we have no protection and we have no confidence. We don't know what's happening. It's got to stop and it's got to stop fast. (我们什么时候能在边境打败墨西哥?他们嘲笑我们,嘲笑我们的愚蠢。现在他们在经济上打败了我们。他们不是我们的朋友,相信我。但他们正在扼杀我们的经济。美国已经成为其他所有人问题的倾倒场。……从墨西哥派来的人,不是最好的。他们不会派你来的。他们不会派你来的。他们派来的人有很多问题,他们把这些问题带来给我们。他们带来毒品。他们带来犯罪。他们是强奸犯。我猜还有一些是好人。但我和边境警卫谈过,他们告诉我们得到了什么。这是常识。这只是常识。他们给我们送来的不是合适的人,他们不只来自墨西哥。它来自整个南部和拉丁美洲,也可能来自中东。但我们不知道,因为我们没有保护,没有信心。我们不知道发生了什么。这必须停止,而且必须迅速停止。)

特朗普在第二个叙事的开头重复了他在第一个叙事中使用的修辞结构,即询问式:"When do we beat Mexico at the border?"他从过去时态切换到现在时态,他的注意力也从中国和日本转移到了美国的邻国墨西哥。他重申了"胜利缺失"的叙事,并且进一步拓展了"缺失":"They are beating us economically",这再次强调了特朗普关于美国和其他国家之间经济战的主题。特朗普在"墨西哥"这第二个叙述里继续将贸易失衡视为美国人民的未满足需求。随后,他将重点转向移民问题。正是这种说法让特朗普获得了媒体的广泛报道。特朗普的主要陈述是:"When Mexico sends its people, they're not sending their best."在这个陈述里,墨西哥不是一个地缘意义上的国家,而是一个人格化的反对美国的政治中介。这个中介有意地把他的人送到美国，还通过定义这些被派送的人来进一步扩展这一叙事："They're not sending their best. They're not sending you." 这个 you 从技术上讲是特朗普当时所面对的听众，但是更广泛地说，you 指向并构建了"美国人"和"美国"自身。这个简单的从句实际是："Mexico sends NOT YOU to YOU." 在这里，作为接收者的 you 通过 not you 来反向界定。这意味着，墨西哥输送过来的 not you 和台下的 you 是不同的。You 可以建构成"美国"，而 not you 则被建构成"非美国"。

特朗普随后进一步发展了墨西哥输送的 not you 的性质："They're bringing drugs. They're bringing crime. They're rapists. And some, I assume, are good people." 特朗普构建的"社会现实"不仅仅是美国与邻国卷入贸易战，而且是邻国通过一些颠覆性和破坏性元素有效地入侵本国的领土。"sending" 是一个关于非法移民的"空能指"，更是意味着"入侵"，因为它带来了不安和破坏。特朗普最后说 "They're sending us not the right people." 向他的听众 you（即美国人民）总结了第二个重要的"缺失"以及另一个未满足的需求："Because we have no protection and we have no confidence. We don't know what's happening. It's got to stop and it's got to stop fast."

仅仅通过两个简短的叙事，特朗普的话语就取得了巨大的成功：由于贸易不平衡，"美国"成了一个"失乐国"，而且"美国（you）"正在被"其他（not you）"入侵。

特朗普随后的两个叙事涉及"恐怖主义"和"奥巴马医改"。他的主要叙述如下：

We spent ＄2 trillion in Iraq. ＄2 trillion. We lost thousands of lives, thousands in Iraq. We have wounded soldiers, who I love - they're great - all over the place, thousands and thousands of wounded soldiers. And we have nothing. We can't even go there. We have nothing. ……（我们在伊拉克花了2万亿美元。2万亿美元。我们失去了成千上万的生命，数千人死于伊拉克。我们有受伤的士兵，我爱他们，他们很棒，遍布各地，成千上万的受伤士兵。我们一无所有。我们甚至不能去那里。我们一无所有。）

We have a disaster called the big lie: Obamacare. Yesterday, it came out that costs are going for people up 29, 39, 49 even 55 percent and deductibles are so high. It's virtually useless. It's a disaster……I have a friend who's a doctor, and he said to me the other day, "Donald, I never saw anything like it. I have more accountants than nurses. It's a disaster. My patients are beside themselves. They had a plan that was good. They have no plan now."（我们有一个灾难，叫做弥天大谎：奥巴马医改。昨天公布的数据显示，人们的医疗费用上涨了29%、39%、49%甚至55%，而且免赔额很高。实际上这一点儿用都没有。这是一场灾难……我有一个医生朋友，他前几天对我说："唐纳德，我从来没有见过这样的事情。我的会计比护士多。这是一个灾难。我的病人们都快疯了。他们曾经有个不错的计划。但是他们现在没有计划。"）

特朗普一直在使用have结构，将语法的主语构建为接受者或受益者，而不是中介。他对美国作为"失乐国"的界定是：没有"胜利（victory）"，"一无所有（nothing）"，接受"弥天大谎（the big lie）"。这些都是you（或we）的未满足的需求，它们共同构成了一个静态的社会现实。

三、民粹主义话语的关键因素

在之后的叙事里，特朗普将这些未满足的需求整合到一条"等价链"中，并且同时将自己也作为未满足的需求接合到这条"链"中：

Now, our country needs—our country needs a truly great leader, and we need a truly great leader now. We need a leader that wrote The Art of the Deal. We need a leader that can bring back our jobs, can bring back our manufacturing, our military, can take care of our vets. Our vets have been abandoned. And we also need a cheerleader... You know, all my life, I've heard that a truly successful person, a really, really successful person and even modestly successful cannot run for office. Just can't happen. And yet that's the kind of mindset that you need to make this country great again... It can happen. Our country has tremendous potential. We have tremendous people. We have people that aren't working. We have people that have no incentive to work, because the greatest social program is a job. And they'll be proud, and they'll love it, and they'll make more than they would've ever made, and they'll be doing well, and we're going to be thriving as a country, thriving. It can happen. I will be the greatest jobs president that God ever created. I tell you that.（现在，我们的国家需要——我们的国家需要一个真正伟大的领袖，我们现在就需

要一个真正伟大的领袖。我们需要一个写过《交易的艺术》的领袖。我们需要一个能让我们恢复工作的领导人，能让我们恢复制造业，我们的军队，能照顾我们的老兵。我们的老兵被抛弃了。我们还需要一个啦啦队长……你们知道，在我的一生中，我听说过一个真正成功的人，一个非常非常成功的人，甚至是一般成功的人都不能竞选公职。不能发生。然而，要让这个国家再次伟大，你需要这样的心态……它可能发生。我们国家有巨大的潜力。我们有很多人。我们有不工作的人。我们有些人没有工作的动力，因为最伟大的社会项目就是工作。他们会感到骄傲，他们会喜欢，他们会赚到比以前更多的钱，他们会做得很好，我们会作为一个国家繁荣，繁荣。它可能发生。我将成为上帝创造的最伟大的就业总统。我告诉你。）

这个叙事结尾是这一演讲中为数不多的几个承诺之一："I will be the greatest jobs president that God ever created. I tell you that." 这种共鸣的基础正是特朗普在他一系列叙事里接合起来的未满足的需求。

根据拉克劳的解释："'人民'的构成需要一种内在的复杂性，这种复杂性是由构成等价链的众多需求所赋予的。这是一种彻底的异质性，因为在这些需求里，没有哪一个需求可以单独地"奉天承运"，即围绕它统一起来——也即是说，没有哪一个需求可以预见到这些需求应当接合成一个链条。这就使得"空能指"的同质化环节是必要的。因为没有这个环节，也就没有等价链。空能指的同质化功能构成了同时也代表了这一链条。"① 在特朗普的修辞里，需求的等价链是这样构成的："We need a leader that can bring back our jobs, can bring back our manufacturing, our military, can take care of our vets. Our vets have been abandoned. And we also need a cheerleader."

贸易不平衡、非法移民、军事损失、医疗成本等等未满足的需求合并成一个进一步未满足的需求——"a jobs president"。通过对 jobs president 的需求，特朗普将人民对就业的需求与他自己作为总统的需求结合起来，从而在他和"人民"之间创造了一种共同的认同。"让美国再次伟大"转而成为特朗普的"空能指"，后者将未满足的需求汇聚成一条需求的等价链。由于"特朗普"和"人民"在他的修辞里被同质化了，所以他作为总统的未满足需求成为了"让美国变得伟大"的逻辑推论："Now, our country needs—our country needs a tru-

① LACLAU E. On Populist Reason[M]. London: Verso, 2005: 162.

ly great leader, and we need a truly great leader now." 特朗普在自己和美国人民之间构建了一种共同的认同，这种认同随后通过“福特”叙事得以进一步强化。特朗普讲述了他将如何处理将工作外包给墨西哥的美国福特公司：

So Mexico takes a company, a car company that was going to build in Tennessee, rips it out. Everybody thought the deal was dead... So I announced that I'm running for president. I would... I would call up the head of Ford, who I know. If I was President, I'd say "Congratulations. That's the good news. Let me give you the bad news. Every car and every truck and every part manufactured in this plant that comes across the border, we're going to charge you a 35 percent tax, and that tax is going to be paid simultaneously with the transaction, and that's it"... So under President Trump, here's what would happen. The head of Ford will call me back. I would say within an hour after I told them the bad news. But it could be he'd want to be cool, and he'll wait until the next day. You know, they want to be a little cool. And he'll say, "Please, please, please." He'll beg for a little while, and I'll say, "No interest," because I don't need anybody's money. It's nice. I don't need anybody's money… He'll say, "Mr. President, we've decided to move the plant back to the United States, and we're not going to build it in Mexico." That's it. They have no choice. They have no choice. (墨西哥把一家公司，一家原本要在田纳西州建厂的汽车公司，拆了下来。每个人都认为这笔交易没戏了。所以我宣布我要竞选总统。我会……我会给我认识的福特的头儿打电话。如果我是总统，我会说：“恭喜你。这是好消息。我来告诉你个坏消息。这家工厂生产的每一辆汽车、每一辆卡车和每一个零部件，只要穿过边境，我们都要向你征收35%的税，而且这笔税要在交易的同时缴纳，就是这样。”所以在特朗普总统的领导下，会发生这样的事情。福特的头儿会给我回电话的。应该是在我告诉他们坏消息后的一个小时内。但也可能是他想要酷，他会等到第二天。你知道，他们想要酷一点。他会说：“拜托，拜托，拜托。”他会求我一段时间，然后我会说，“不要利息”，因为我不需要任何人的钱。很好。我不需要任何人的钱……他会说：“总统先生，我们已经决定把工厂搬回美国，我们不会在墨西哥建它。”就是这样。他们别无选择。他们别无选择。)

我们不妨用格雷玛斯的语义理论来分析特朗普演讲中的系列叙事。结构主义理论家格雷马斯在其《结构语义学》一书中对叙事文本进行了句法学分析，提出每一个行为体在叙事中有一种特定的功能。在格雷玛斯的叙事理论里有六种行为者（actants），分别是主体（subject）、客体（object）、传送者（sender）、接收者（receiver）、协助者（helper）和反对者（opponent），同时有三个轴，分别是：欲望轴（the axis of desire）、权力轴（power）和知识轴（knowledge）。在特朗普的叙事中，欲望轴连接了主体与客体，前者是特朗普，后者是“让美国再次伟大”。权力轴连接了协助者和反对者，前者也是特朗普，后者则依次是中国、墨西哥、奥巴马和“伊斯兰国”等。知识轴连接传送者和接收者，前者依然是特朗普，后者则是美国。特朗普一人扮演了主体、传送者和协助者三种角色，他作为传送者告诉主体存在缺失，进而要求主体去修复缺失；主体特朗普既接受传送者的请求，同时自己又作为协助者为主体提供指导和支持。

特朗普首先把自己构建为主体自身的“传送者”：“We need a truly great leader now. We need a leader that wrote The Art of the Deal.”“传送者”告诉“主体”缺少什么，并要求主体修复这一点。“We need a leader that wrote The Art of the Deal”这句话既表明了这种缺失，也指出了唯一能修复这一缺失的人——特朗普（*The Art of The Deal* 这本书正是特朗普的自传）。“叙述者”特朗普进一步确认了由反对者（即墨西哥）造成的缺失：“So Mexico takes a company，a car company that was going to build in Tennessee，rips it out.”特朗普将贸易全球化描述为墨西哥对美国的暴力行为，而当所有人都认为交易已经结束（Everybody thought the deal was dead）的时候，商人特朗普宣称他可以挽救这一切。叙事主体特朗普“would call up the head of Ford”，“charge you a 35 percent tax”，对“every car and every truck and every part manufactured in this plant that comes across the border”征税。

在这个“福特”叙事里，特朗普的“协助者”是他自己的谈判技巧，是他对交易艺术的了解。当特朗普说“the head of Ford will call me back”，意味着美国与墨西哥的贸易“缺失”得到了修复。特朗普想象式地引用了福特总裁的话：“Mr. President，we've decided to move the plant back to the United States，and we're not going to build it in Mexico.”在这样一种叙事中，特朗普是对抗反对者墨西哥的“主体”“传送者”和“协助者”，而最终美国将取得胜利，因而欲望轴上的客体即“让美国再次伟大”实现了。特朗普在最后还不忘重复强调反对者被主体彻底击败：“They have no choice. They have no choice."

特朗普通过他的竞选演讲首先阐明了"美国"的一系列未满足的需求，其中之一是需要一个"jobs President"，即为美国人民带来工作机会的总统。他进一步将这些需求汇总为"让美国再次伟大"的总需求。这是一个"空能指"，既代表了美国所失去的，也代表了美国将再次获得的。他还通过把这些未满足的需求接合成等价链，通过确认自己既是一个美国人、又是美国人民的代表和中介，最终把美国"人民"建构起来。在特朗普的竞选话语所构建的世界里无需理智，而且也没有提到"全球化"和"新自由主义"（这些正是当代资本主义世界的经典理念）。他的叙事重点是将国际层面的"他者"视为美国的反对者，而他自己则试图代表美国去击败他们，他在叙述自己的能力时直接将自己与美国人民联系在一起。通过这整个演讲叙事，特朗普实际上一开始就为自己的总统竞选构建起一种民粹主义逻辑。

不少人会把特朗普划分到右翼民粹主义的阵营，从便于理解的角度来看，这种划分无可厚非。当代美国的右翼民粹主义正是通过右翼保守派吸纳了进步的民粹修辞而产生的："保守派发现，民粹主义的语言宝库是他们反对中央集权运动的有力武器。在政府内部和更广泛的文化中组织起来的狡黠精英们正迫使美国人民进入一个会摧毁他们生计和价值观的死板体系中。"[①] 之前与建制派和精英勾结在一起的保守右派，现在可以将自己从这些身份中分离出来，转而拥抱旧左派的反建制和反精英修辞。因此，特朗普在其总统竞选活动中阐明了一系列美国人民未满足的需求，尤其是对就业的关注。特朗普把注意力集中在代表大企业利益的精英阶层（如福特叙事里的福特公司）上，他们对抗的是那些需要工作的美国人民，后者在形式上是生产者，但现在却成了渴望成为生产者的人民（上文提到，"生产主义"是美国民粹主义的一大特征）。特朗普的右翼民粹主义的关键在于那个未满足的需求是"a truly great leader"，美国和美国人民需要一个真正伟大的领导者，而这个领导者不是别人，就是特朗普自己。

在特朗普的民粹主义话语里，两种未被满足的需求——"对就业的需求"和"对一位真正伟大总统的需求"——链接了起来。这些需求是"让美国再次伟大"的首要需求。"激进右翼民粹主义"主要有三个关键概念：反建制主义、

① KAZIN M. The Populist Persuasion: An American History [M]. New York: Basic Books, 1995: 167.

威权主义和本土主义，右翼民粹主义特别钟意那些个人权力能够体现人民意志的威权人物。我们在特朗普身上很清楚地看到了这一点。在特朗普的民粹主义话语里，他本人作为“未满足的需求”接合了美国人民对就业和安全的民粹需求，为的是“让美国再次伟大”。

人们在面对此类民粹主义话语时很容易受诱惑，但另一方面，我们对此类民粹主义话语的批判原则也很容易在马克思主义唯物史观的解释框架里确立起来。首先，民粹主义话语是一种主体与对象相统一的精神生产活动。正如马克思恩格斯所言：“语言和意识具有同样长久的历史；语言是一种实践的、既为别人存在并仅仅因此也为我自己而存在的、现实的意识。语言也和意识一样，只是由于需要，由于和他人交往的迫切需要才产生的。”① 其次，要分析民粹主义话语不能仅仅停留在话语层面，而应该沉入“从事实际活动的人”及其“现实生活过程”，民粹主义话语是“这一生活过程在意识形态上的反射和反响”②。这就解释了为什么民粹主义话语可以使听众产生共鸣，它在一定程度上反映了人的现实生活状态。话语自身作为思维的产物没有历史、没有发展，而从事物质生产的人们在改变自身现实的同时才发展了话语。最后，关于意识的空话只有通过社会关系的革命性变革才能真正终止。在马克思恩格斯看来，“描述人们实践活动和实际发展过程的真正的实证科学”会生产出“真正的知识”来代替“关于意识的空话”③。仅仅把民粹主义话语斥为空话、套话，是没有多大实际效力的，只有实际地变革产生这套话语的现实的社会关系，才能真正消解民粹主义话语的力量。

第三节　新冠疫情危机中的民粹主义

当一个社会陷入危机，民粹主义很可能随之泛起，这几乎已经成为一个共

① 马克思，恩格斯．德意志意识形态［M］//马克思，恩格斯．马克思恩格斯文集：第1卷．北京：人民出版社，2009：533.

② 马克思，恩格斯．德意志意识形态［M］//马克思，恩格斯．马克思恩格斯文集：第1卷．北京：人民出版社，2009：525.

③ 马克思，恩格斯．德意志意识形态［M］//马克思，恩格斯．马克思恩格斯文集：第1卷．北京：人民出版社，2009：526.

识。历史上这样的“桥段”数不胜数，晚近以来的一次全球性危机是新冠疫情，它为我们研究危机与民粹主义问题提供了一个独特范本。诸多学者都赞同危机是民粹主义出现的先决条件。虽然新冠疫情对世界各国的影响不尽相同，但在许多国家，这场大流行是二战以来最严重的卫生危机，其后果必然是经济危机。“危机（crisis）”是一个在社会科学领域有着悠久历史的术语。马克思、葛兰西、哈贝马斯等经典理论家从不同的角度认为，危机是削弱国家权威、提供变革机会的关键点。危机不仅是一种客观现象，它还需要被主观地认为是这样，并且被社会政治行动者推到时代的最前列。

根据科林·海伊（Colin Hay）的说法，虽然“危机”概念在社会政治思想中无处不在，但它仍然是理论家的智囊中最难以捉摸、最不精确、最不明确的概念之一①。在以往文献中，“危机”被用来命名一种相互不相容的条件、过程和属性。例如，危机通常被认为是暂时的，但它们也可能是永久性的；危机是对事件自然进程的一次性偏离，但也可能是周期性的；通常情况下，针对危机有解决方案，但危机本身也可能是无法解决的。海伊通过对危机的客观和主观部分进行区分来解决这一差距。一方面，人们可以通过干预客观部分去有意地解决矛盾。另一方面，同样的矛盾既可以在主观上判定，也可以在公开场合不被承认。这两个组成部分的结合导致了一种类型学，在这种类型学中，危机只是可能存在的系统性矛盾和反应的不同类型之一。当在政治、文化或意识形态领域普遍认为存在突出的系统性矛盾，那么，“危机”就成了实施果断干预和结构性变革的时刻。

一、危机与民粹主义

新冠疫情使世界各国都陷入了国家卫生系统和世界卫生组织都无法预测或控制风险的特殊危机局面，医学技术一时间无法有效地或理性地应对疫情。这场危机的性质与经济危机或政治危机的一般解决方案并不相符。

首先，我们需要理清关于危机和民粹主义的文献，以便更好地理解危机在民粹主义兴起中的作用，以及民粹主义者在危机兴起中的作用。研究这一关系的学者一般分为两类，一类认为危机的存在与民粹主义的兴起存在直接联系，

---

① HAY C. Crisis and the Structural Transformation of the State: Interrogating the Process of Change[J]. British Journal of Politics and International Relations, 1999, 1(2): 317.

另一类则不太确定这两个过程之间存在因果联系。

就第一类而言，拉克劳是最早将民粹主义的兴起与危机联系起来的一个学者。根据拉克劳的说法："民粹主义的出现在历史上与占主导地位的意识形态话语危机有关，而这反过来又是更普遍的社会危机的一部分。"① 也就是说，如果没有政治危机，民粹主义就不可能出现。前者是后者的必要前提，特别是代表制危机能够让民粹主义者脱颖而出并取得成功，这种特殊的政治危机是任何民粹主义动员的根源所在。当前欧洲民粹主义的崛起与政治代表制的长期衰落趋势直接相关，后者为民粹式抗议提供了越来越多的机会。而拉美孱弱的政治制度和代表制危机则引发了该地区不同类型的民粹主义动员，其中包括自上而下的全民公投动员（如委内瑞拉的查韦斯）和自下而上的参与性动员（如玻利维亚的莫拉莱斯）。如果说代表制危机是民粹主义兴起的基本条件，那么经济危机就是其促进条件。总之，某种政治和经济危机是民粹主义出现的必要前提和主要解释。

第二类解释则更为谨慎。作为意识形态方法的倡导者，穆德（Cas Mudde）指出，"危机"概念使用得过于模糊，没有太多的启发价值。虽然欧洲极右民粹主义者的选举成功与危机的某些经验指标（如经济不稳定、失业或政治不满）之间的相关性似乎证实了这种联系，但是危机概念本身在理论化层面的不足使得这个解释并不完全可靠②。此外，正如考特瓦瑟（Cristóbal R. Kaltwasser）所言，这种联系更加适用于自由主义对待民粹主义的基本态度，它将民粹主义视为一种"病理"，是"针对民主政治故障的反应"，但是这一态度并不具有普适性③。因此，危机与民粹主义的相关性更为微妙，危机可能是一个促进因素，但它不一定是民粹主义兴起的先决条件。

在大多数关于危机和民粹主义的文献里，"危机"一词的使用往往都不加批判地指向不同类型的具体失败。民粹主义的成功通常被解释为外部危机（如经济、金融、政治、移民、传统价值观等危机）的结果。因此，这个术语被简单

---

① LACLAU E. Politics and Ideology in Marxist Theory[M]. London: New Left Books. 1977:175.

② MUDDE C. Populist Radical Right Parties in Europe[M]. Cambridge: Cambridge University Press, 2007:205.

③ KALTWASSER C R. The Ambivalence of Populism: Threat and Corrective for Democracy[J]. Democratization, 2012, 19(2):186.

地用来描述某种失败、混乱或崩溃。然而，这些失败并不必然导致危机。可见，关键不仅在于概念本身。民粹主义政党必须与他们当前的政治和文化领域相联系。不可否认，代表制危机或民主制危机是民粹主义出现乃至成功执政的主要原因。然而，危机自身是一种具有不同阶段或不同层次的动态过程。在这个过程中，民粹主义也可能会积极促成系统性矛盾的出现，从而导致实际的危机。从这个角度来看，民粹主义者不能被简单地认为是应对外部危机的行动者，而是成为积极“展现（perform）”和传播危机意识的行动者。根据墨菲特（Benjamin Moffitt）的说法，正是这种危机的展现为民粹主义者提供了“一种有效的方式来分裂‘人民’，并通过将自己表现为主权人民的声音来合法地强化领导权”①。因此，民粹主义者可以干预这些所谓的失败、混乱或崩溃，从而确保这些矛盾被公民们清楚地感知到，并推动整个体系走向危机时刻。

二、新冠疫情的“政治化”

上述这个过程通常被称为“政治化（politicization）”。这是所有政治行动者和民粹主义者共同参与的过程，即将一些偶然的、富有争议的主题作为政治抗争的对象，创造一种危机感，并“利用这种危机感为他们的信息注入一种紧迫感和重要性”②。民粹主义者正是利用这一制度性矛盾，并通过将与之有关的广泛或狭隘的问题政治化，以实际的和象征的方式放大这些矛盾。这显然得益于如今这个容易极端化和全球化的时代。

当矛盾是某种由政治体系内部因素决定的内生矛盾时，事情通常就是这样运作的。但当矛盾是某种由外部冲击决定的外生矛盾时，其政治化就更为复杂，因为责任的归因并不总是可能的。对于那些由意外原因或自然灾害所导致的情况尤其如此。这些现象缺乏目的，很难被政治化，因为它们是超出人类控制的偶然事件。正因其无法控制，所以没有人可以被指责。而为了使之发展成一场政治危机，这类事件必然被那些别有用心之人所利用。新冠疫情危机完全符合这一解释。疫情的起源事先没有政治目的或直接责任，这当然是一场自然危机。

---

① MOFFITT B. How to Perform Crisis: A Model for Understanding the Key Role of Crisis in Contemporary Populism[J]. Government and Opposition, 2015, 50(2): 195.

② TAGGART P. Populism and Representative Politics in Contemporary Europe[J]. Journal of Political Ideologies, 2004, 9(3): 275.

然而，这场危机的特殊性需要进一步考察，从而帮助我们理解民粹主义如何将这样一个自然危机问题政治化，并可能从中受益。我们不难看到，从疫情暴发以来，尽管将疫情“去政治化”的努力从未停止，但是不少国家的政府试图将问题推入人类意图的领域，以便将其政治化。

长期以来，“政治化”始终是政治学研究中的一个关键概念。在欧洲的社会和政治理论传统里，这个术语意味着一个既定的现象或问题进入政治领域的过程，成为争论的目标和冲突的中心，从而形成一个可供选择和争议的开放空间。在美国的行为主义和经验主义政治科学传统里，这个术语的所指更为狭义，即给定现象或问题的能见度突然增加，吸引公众的兴趣，并引发动员。“去政治化”则反其道而行，将既定现象或问题从政治领域中移除，或是让公民对政治和参与的兴趣减少，公共领域的空心化，以及旨在挫败潜在反对派的权力活动。

一个非政治的私人问题如何转化为一个具有政治性的公共问题？这意味着要在政治领域的共同分歧或冲突中构建问题，或者更困难地将问题作为一个新的分歧。这个过程一般会经历三个环节：“命名（naming）、指责（blaming）和声明（claiming）”[①]。“命名”指的是将私人或公共情况定义为不公平的、需要政治解决的行为，因为它会对个人或集体造成损害或伤害；“指责”是指一个或多个社会或政治行为者对某一问题负有责任的行为；最后，“声明”表示提出并支持解决问题的行动。

如果将“政治化”与“命名”“指责”和“声明”三种行为结合起来，那么后者将构成一个分析问题如何政治化的框架，也即是说，一个要被政治化的问题应该经过这三个阶段。在问题出现的阶段，“命名”行为将既定问题带入政治领域，并使政治当事者在危机解决过程中获得合法参与者的地位；之后在对抗阶段，问题的责任归属和所有权是通过“指责”行为确定的；最后，在治理阶段，“声明”行为是针对具体问题的解决方案。这些也是民粹主义传统所遵循的政治进程步骤，目的是引发和实施一场危机，从而获得自身合法性：通过识别失败和提高危机级别来“命名”危机，“指责”那些利用媒体侵害人民利益的责任人，最后“声明”新的解决方案。

民粹主义者不得不像所有其他政治当事者一样面对新冠疫情危机，在通常

① FELSTINER W, ABEL R, SARAT A. The Emergence and Transformation of Disputes: Naming, Blaming, Claiming[J]. Law & Society Review, 1980, 15(3/4): 631-654.

的政治竞争框架之外调整自己的话语，以适应这种前所未有的情况。

在新冠危机的第一个月，疫情并没有成为欧洲国家政治对抗的主题。然而大概从2020年2月底开始，“新冠”成为压倒一切的主题，几乎挤掉了欧盟和其他国家政治议程上的所有问题。公众和政界的普遍意见是一致的，即迫切需要采取行动保护人民免受这场疫病大流行的影响。

那么，民粹主义者如何调整他们的话语以适应新冠疫情危机？在“命名”阶段，一开始几乎所有的政治当事者（无论是民粹主义的或是其他的当权者与反对派）都迅速地将问题最小化为一种流感或来自中国的疾病，同时承认卫生紧急状态的严重性，承认新冠疫情是一项所有国家和政府都需要面对和解决的科学挑战。值得注意的是，由于迫切需要找到应对措施，因此“指责”和“声明”是相伴而来的。

民粹主义者在对抗和治理阶段，因为不能把对国民的呼吁作为原创性和有效的论点，所以反倒强调了反精英主义和排外主义这两个核心要素。欧洲国家对欧盟精英反应迟缓和不协调的批评有不同的形式，比如英国独立党领袖的法拉奇（Nigel Farage）将这场疫情危机视为英国脱欧的绝佳机会；疫情严重的意大利担心欧洲的紧缩措施，因而指责欧洲稳定机制（ESM）限制该国的经济自主权；法国政府则因为应对疫情准备不足而受到了政界和媒体的指责；英国、法国、德国、波兰、匈牙利、捷克、西班牙等国纷纷要求关闭边境、组织移民来降低疫情从国外蔓延进来的风险。

欧洲的右翼和左翼民粹主义政党以不同的方式应对新冠疫情危机。一方面，右翼民粹主义确定了新的冲突，即不断强调民族主义和“本主主义”，不仅反对欧盟，也反对欧盟的其他成员国。可见右翼民粹主义和泛欧怀疑主义正在相互加强。另一方面，左翼民粹主义政党则在危机期间着力谴责国家医疗体系的无能，以及多年来欧盟新自由主义给本国带来的灾难性后果。

这一流行病的起源事先没有政治目的，也没有直接责任。与以往的欧洲危机（如金融危机和移民危机）不同，此次危机的起因是偶然的，这导致政治化的过程更加复杂。各国政府试图将危机作为一项非政治和科学的任务来管理，将问题从蓄意领域转向自然领域。公众自然意识到了这一问题，因此，整个欧洲的舆论都强烈要求政府决策的透明、公开和理性。

欧洲各国政府基本采取了类似的卫生政策决定，当然，在应对方面存在一些差异：在疫情早期，鲍里斯·约翰逊（Boris Johnson）声称支持英国的群体免疫，西班牙、意大利和法国经历了严格的封锁，而德国、捷克、波兰、匈牙利等国采取了较轻的行动限制和控制。然而，这些差异更多是程度上的差异，而不是所采取措施的性质。卫生紧急情况一直是国家的最高优先事项，允许采取特殊的临时措施（如紧急状态）。在武汉疫情暴发和欧洲疫情出现几周后，人们意识到世界卫生组织和欧洲疾病预防控制中心的警告必须得到重视。因此，每个政府都任命了一个科学和医学委员会，在做出任何重要的决定时都要依靠它。同样，危机的欧洲化也意味着各国之间的政策决定时间表相当类似。由于疫情在意大利比其他地方早几周到来，意大利向其他欧洲国家展示了如何采取行动，使它们能够相应地制定自己的卫生政策解决方案。然而，尽管危机欧洲化了，但在欧盟层面上的反应却没有协调一致。

一般而言，危机是民粹主义政党在政治辩论和危机处理中保持高度两极化的机会，但新冠疫情危机却营造了一个完全不同的新背景。这场外部危机的突发性给民粹主义者带来了不同的结果，这取决于他们是当权还是在野。总的来说，执政的民粹主义政党利用这一关键形势来培养和巩固他们的政治中心地位和合法性。如意大利的“五星运动”、西班牙的“Podemos”、波兰的“法律与公正党（PiS)”、匈牙利的“青年民主战士联盟”、捷克的“ANO2011”运动党认为，这是一个机会，显示他们即使在疫病大流行期间也有能力照顾“人民”。执政的民粹主义者的策略与正常情况下采取的策略相反，他们被迫处理一个没有争议的问题，试图减少围绕它的两极分化。

而对于在野的民粹主义政党来说，它们在疫情危机期间使用的策略无疑是复杂的。由于危机已经渗透到公共和私人生活的方方面面，因此再谈“表现和传播危机感”已经没有意义。民粹主义反对党的主要战略是坚持全国必须克服卫生健康危机。在这种情况下，如果再出现分裂和两极分化的反对意见，那么很可能损害民粹主义政党的形象和声誉。这就解释了为什么民粹主义反对党普遍支持紧急措施，因为只有在疫情得到缓解的情况下，民粹主义政党才能够重新回到他们所熟悉的反精英、反移民议题上来。

总之，在新冠疫情期间，我们很难找出一种单一的民粹主义模式。欧美的民粹主义者似乎并没有从这场危机中获益，同样也没有遭受重大损失，执政的民粹主义政党保持着或略微提高了其中心地位和公众支持率，而反对党的地位也保持稳定或者略微恶化。

三、失控的危机与民粹主义的未来

一般而言，“危机”既是“危”也是“机”。当系统性矛盾被政治所利用并被公众所知晓，那么危机就发生了。我们通常认为民粹主义者从危机中获益，他们作为危机的促进者发挥着积极的作用，在社会和政治层面将形势推向危机。民粹主义的成功通常被解释为外部危机（如经济、金融、政治、移民、传统价值观等危机）的结果，民粹主义者针对具体的社会政治问题提出质疑，利用问题本身的模棱两可，提出了清晰而受欢迎的政策解决方案。然而，这种民粹主义的一般模式在应对新冠疫情危机时似乎不起作用。如前所述，这场危机的特殊性以及在几乎所有欧洲国家乃至全世界国家和地区执行类似的政策解决办法，实际上在很大程度上阻碍了民粹主义者在政治领域获得中心地位和公众舆论的支持。所有的民粹主义当事者都扮演了一个系统矛盾解决者的角色。但是，由于他们无法利用（或者只能有限地利用）新冠疫情问题，因此，我们所能了解到的民粹主义只能将他们的行动集中在危机中出现的新问题上，例如欧盟在管理卫生问题和经济复苏计划方面的无能，欧洲各个国家之间的利益冲突，以及尚未解决的移民入境问题，等等。

让现实更糟的是，与提出应对新冠疫情危机的解决方案相比，对新问题的不断抱怨更有利于民粹主义者，后者在不遗余力地推动一个永久的危机周期，这是他们为了获得政治中心地位和选民支持而充分利用危机的内在逻辑。

这样一个危机周期包含如下四个环节：首先，民粹主义者触发新矛盾，使其公之于众；既而，公众普遍意识到矛盾的存在、政策的失败以及来自外部的冲击；然后，民粹主义者把矛盾推向危机；最后是危机的爆发和矛盾的克服。周而复始。第一和第三环节，是民粹主义者从危机中获得最大利益的时刻，而第四环节则是找到削弱问题的解决方案或两方阵营相妥协。

然而，新冠疫情的冲击是一个意外，民粹主义者突然发现自己处于第四环节。此时，危机已经爆发，必须找到解决办法。这对民粹主义者来说是最糟糕的情况，因为公众认为问题是真实存在的，或他们直接经历了这些问题，所以必须迅速采取政治应对措施。我们可以看到，在疫情暴发的初期阶段，党派争端和两极分化会让位于以民族团结为名义的政治合作。然而，一旦紧急状态结束，民粹主义者又开始实施永久危机的战略，助长新问题的出现。后者在疫情的刺激下，比平常时候来得更为猛烈。换句话说，民粹主义在这场危机中得到了最大限度的滋养。

在这一意义上，危机并不一定有利于民粹主义，相反，是民粹主义在有意地推动一种永久的危机循环，这种循环包括围绕稳定的或正在出现的政治矛盾不断寻求危机的“所有权”。新冠疫情危机的独特之处在于，民粹主义者还无法实现这种所有权。随着病毒的变异和疫情的不断反复，危机开始变得“常态化”，各国政府不得不在经济社会发展和疫情防控之间摇摆。这可能为反对党提供更大的机会。然而，这场危机涉及的因素是如此之多，第二波第三波乃至第N波疫情的严峻程度、对经济发展的持续影响、疫苗的研发和使用等都决定了当下不可能描绘出可靠的未来情景。然而可以肯定的是，一场政治挑战势必会在执政党和反对党之间展开，前者面临着健康危机带来的风险，后者可能会利用疫情引发的大量不满情绪来大做文章。因此，执政的和反对的民粹主义政党将面临相反的挑战，这决定着后疫情时代欧洲民粹主义的特征。另一方面，公众的注意力也会继续被民粹主义话语所吸引，从而忽视了危机中最根本的问题是首先保证人民的生存，也即是对新冠病毒的免疫。但是在大多数人看来，为了应对疫情而必须采取的封控措施才是对生存的最大阻碍。当人们陷入这样一种矛盾时，这场新冠疫情危机就绝不可能在短时间内结束，而民粹主义的未来更成为了一个未知数。

本章小结

现代政治领域是民粹主义起作用的重要场所，民粹主义被普遍认为是对民主政治的挑战。民粹主义与民主政治是共生的，民粹主义既是一面镜子，照出了民主政治的缺陷；又是一种症候，表现了民主政治的问题；更是一片阴影，反映了民粹之于民主的如影随形状态。民粹主义话语将不同人群的需求连接起来，西方世界的人们容易迷失在民粹主义话语里，沦为政治竞选和博弈的工具。将危机政治化是现代西方政治斗争的惯用伎俩，并以此激化民粹主义。经历全球新冠疫情危机的失控，民粹主义的未来更加充满了不确定性。

第四章　近现代中国的民粹主义

上一章主要讨论现代政治领域中的民粹主义，这些讨论基本是立足于西方世界的。如果要将现有的民粹主义研究再推进一些，那就必然需要涉及中国的民粹主义问题，或者说涉及中国的学者如何讨论民粹主义问题。因此，本章先厘清了中西方在对“民粹主义”理解上存在的差异，继而从知识分子与人民的关系着手，揭示中国对民粹主义要素处理何以具有与其它国家和地区不同的效果，最后思考近现代中国在从革命到治理的发展过程中应对民粹主义的思维变化。

第一节　理解“民粹主义”的中西差异

“民粹主义”作为一个译词，目前还没有收录进最新版的《现代汉语词典(第7版)》①。可见我们对民粹主义的理解还存在一定的不确定性，这也意味着把诞生于域外的populism未经批判地拿来使用或许过早。对民粹主义的深入讨论需要把握中西语境下的理解异同，进而划定民粹主义的使用范围与使用方式，避免不合时宜、不合语境的滥用或误用。

《新牛津英汉双解大词典（第2版）》② 对populist有三个解释。第一个解释：a member or adherent of a political party seeking to represent the interests of ordinary people。它指的是代表普通人利益的政党的一员，如美国的“人民

① 中国社会科学院语言研究所词典编辑室编．现代汉语词典（第7版）［M］．北京：商务印书馆，2016．本章对汉字或汉语词汇的解释皆引自此书此版，后面的引用不另注页码。

② 新牛津英汉双解大词典（第2版）［M］．上海：上海外语教育出版社，2013．本章中对英文术语的解释皆引自此书此版，不另注页码。

党”。这里的“普通人”，指的是没有具体的或独特特征的人，这些人是平常的、司空见惯的、不以为意的。第二个解释：a person who holds，or who is concerned with，the views of ordinary people，指持有普通人观点的人，或者关心普通人观点的人。第三个解释：or relating to a populist or populists，指的是和民粹主义相关的，如我们所谓“民粹主义者”“民粹主义的”等。

populism 是 populist 的名词形式。可见，populism 有既定的西方语境，其对应的中文译词有“民粹主义”“平民主义”“大众主义”等，当前使用频率最高的是“民粹主义”。如此翻译无可厚非。但是就理解而言，“民粹主义”这一译法的确有违汉字的本意。《说文解字》[①] 里对“粹”有如下解释：“粹，不杂也。”刘逵引班固云：“不变曰醇，不杂曰粹。”段注：“粹本是精米之称，引申为凡纯美之称。”我们从这一解释出发不难看出问题所在：“民”之“精华”，也可谓“精华”之“民”，会是消极、负面的东西吗？矛盾的是，如今坊间对“民粹主义”的理解恰恰是这样。那么我们不得不处理这么一个问题：应当站在怎样的立场来看待“民”之“粹”？在我的理解里，当前对“民粹主义”的理解普遍存在贬义实际上不甚恰当。难道“民”与“粹”的合成竟是一个贬义词？如今看来，强行扭转这层意思已经不太实际，但我仍然希望通过中西理解的比较，尽可能地澄清我们在使用和研究“民粹主义”时应当着重留意的差异和限度。下面将对五组与“民粹主义”直接相关的概念进行中西意义的对比。

一、people 与“人民”

people 的含义非常丰富。至少有如下几个含义：第一，“human beings in general or considered collectively”，也即是一般而言的“人”或“人类”。第二，“the people. the citizens of a country，especially when considered in relation to those who govern them”，前面加上定冠词 the，指某一国家的国民。第三，“the people. those without special rank or position in society；the populace”，指在一个社会中没有特殊等级或地位的平民，也即是我们所谓“老百姓”。第四，“one's people. the supporters or employees of a person in a position of power or authority”，对某一拥有权力权威的支持者们。这个意思其实与民粹主

① 说文解字注［M］.（汉）许慎，撰.（清）段玉裁，注. 许惟贤，整理. 南京：凤凰出版社，2015. 本章中对汉字古义的解释皆引自此书此版，不另注页码。

义的“人民”最为贴近。第五，“peoples. the men，women，and children of a particular nation，community，or ethnic group”，复数形式的“人民”，指的是某一特定民族、共同体或族群的男女老少，这个意思也可翻译为“民族”。

从上述意思中可以看到，people含义之丰富使得它的具体使用多元且多变，这本身就非常契合populism的模糊属性，民粹主义者往往热衷于建构自己的“people”概念。但是需要注意的是，反过来却是不成立的，即不能将所有建构“人民”的话语都视为民粹主义（者）的话语。

在中文语境里，“民”或“人民”的含义同样丰富，但是其变动和不确定性相较people要稳定不少。在《说文解字》里，“民”与“氓”是相关的：“民，众萌也。从古文之象，凡民之属皆从民。”“萌”指的是“懵懵无知儿”。但后世的注里都提到，“民”与“萌”是不同的。“氓，民也。”《诗经》有云：“氓之蚩蚩。”《左传》《方言》都说：“氓，民也。”《孟子》：“则天下之民，皆悦而愿为之氓矣。”段注：“盖自他归往之民则谓之氓。”这是民与氓的小差异。氓又指流民、野民。这类似于现代字义，如“流氓”，一般是指不务正业、经常寻衅闹事、文化素质较低的人，也指那些对他人不尊重、对他人有语言攻击或行为攻击的人。这种理解似乎与民粹主义的负面理解相关。但是现代汉语和古代汉语其实是有差异的。根据《现代汉语词典（第7版)》，“民”至少有如下几种解释：第一，人民，如国泰民安、为民除害；第二，指某种人，如藏民、回民、居民、灾民等；第三，指民间的，如民歌民谣；第四，指非军人、非军事的，如民航、民用等。而我们现在经常使用的“人民”一词，指的是“以劳动群众为主体的社会基本成员”。

通过对比可以发现，现代汉语中的“人民”有其确定所指，这与民粹主义语境中的people有所不同。

二、popular与“俗”

populism和popular的关系也很密切。popular一般有如下几种解释：第一，“liked，admired，or enjoyed by many people or by a particular person or group”，当我们说一个东西popular，指的是它被大多数人、被某一特别的人或群体所喜欢、爱戴、感兴趣。第二，形容文化活动或文化产品，“intended for or suited to the taste，understanding，or means of the general public rather than specialists or intellectuals”，这些活动或产品迎合一般公众，而非迎合专

家、知识分子的品位、理解或方式。第三，“(of a belief or attitude) held by the majority of the general public”，指大多数一般公众所持有的信念或态度。第四，“(of political activity) of or carried on by the people as a whole rather than restricted to politicians or political parties”，指作为一个整体的人民所发起的政治活动，而不是局限在政治家或政党所发起的政治活动。

Popular 翻译过来可以理解为通俗的、流行的、大众的。《说文解字》：“俗，习也。”段玉裁注：“凡相效谓之习。《周礼·大宰》：‘礼俗以驭其民。’注：‘礼俗昏姻丧纪，旧所行也。’《大司徒》：‘以俗教安。’注：‘俗谓土地所生习也。’《曲礼》：‘入国而问俗。’注：‘俗谓常所行与所恶也。’《汉地理志》曰：‘凡民函五常之性，其刚柔缓急，音声不同，系水土之风气，故谓之风；好恶取舍，动静无常，随君上之情欲，谓之俗。’”经常做的事，或者经常所厌恶做的事，都是“俗”。可见，“俗”并没有严格意义上的褒贬之分，而是随使用的具体语境而异。

现代汉语的“俗”有四种解释：第一，风俗；第二，大众的、普遍流行的；第三，庸俗；第四，指没出家的人（以区别于出家的佛教徒等）。与“俗”“俗化”相关的汉语词是“通俗”“流行”。“通俗”指浅显易懂，适合一般人的水平和需要，而“流行”指广泛传布、盛行，比如“流行歌曲”，指在一定时期内受到普遍欢迎、广泛传唱的歌曲。可见，我们所理解的“流行”是“在一定时期内”的流行。民粹主义也是如此，它是在一定时期内出现的问题和现象，至于这个“一定时期”究竟是长是短，则应当视当地的具体情况而定。不过有一点可以肯定，那就是如果一个社会相对稳定和有序，那它不可能一直处于民粹状态。

三、public 和“公众”

如上所述，我们不妨暂且把某种事物变得 popular 的过程理解为“大众化(popularize)”，指让某种东西受到普遍喜爱的过程。popularize 的解释如下：“make (something technical, scientific, or academic) accessible or interesting to the general public by presenting it in a readily understandable form”，指以一种容易理解的形式，让某种技术的、科学的、学术的东西适用于一般公众，让一般公众感兴趣。

在这里出现了一个相关词，public，即“公众”。public 与群体心理学所讨论的 group 有所区分，group 既可以指“a number of people or things that are located close together or are considered or classed together”，即在位置上靠近，或者可以以类而聚的一群人或物，我们可以译为“组”“群”或“类”，group 也可以指“anumber of people that work together or share certain beliefs”，一起工作，或分享某一特定信念的一群人，我们可以译为“集体”或“团体”。

而作为形容词的 public 的含义要比 group 丰富，它的意思包括：第一，“concerning the people as a whole”，用来形容与作为整体的人民有关的事物；第二，“open to or shared by all the people of an area or country”，指向某一地区或国家的所有人开放或共享的事物，也即“公用的”事物。第三，“provided by the state rather than an independent，commercial company”，指由某一国家提供，而非由私人营利公司提供的事物。第四，“involved in the affairs of the community，especially in government or entertainment”，指参与社区事务，尤其是在政府或娱乐业。名词形式的“the public”则指：“ordinary people in general；the community”，一般意义上的普通人，共同体，以及“a section of the community having a particular interest or connection”，指有某方面特定利益、兴趣或联系的共同体的一部分，这其实是与民粹主义最为贴近的意思。

中文里的“公众”指的是“社会上大多数的人，大众”。可见，“公众”更多指向在“人数”上的集合，而 public 的聚合性更强，它实际上是共同体的一“部分（section）”，指一种有着某种特定利益、兴趣或联系的集合体。在这一组对比里，public 的含义要比“公众”的含义更广更深。

四、mass 与“众”

英文 mass 的含义主要有以下三种：第一，“a coherent，typically large body of matter with no definite shape”，指没有确切形状的一大团，关键是，这团东西是 coherent，也即合乎逻辑、有条有理、清楚易懂、前后一致。第二，“a large number of people or objects crowed together”，指聚集在一起的一大群人或对象。第三，带有定冠词的“the masses”，指的是“the ordinary people”，即普通人。因而这个词的意思与 people 很相近，甚至比 people 更为形象。

《说文解字》里的“众”指“三人，众立也。会意。”《国语》：“人三为众。”“众”强调的是聚集、集会。而“会”的意思是“合”。《礼经》中说：“器之盖曰会，为其上下相合也。”可见，人们之所以“会”在一起，必然因为具有某种相“合”之处。所谓“合”，自然就有人数的增长。在第七版《现代汉语词典》里，“大众”指群众、民众，而“大众化”则指变得跟广大群众一致，适合广大群众需要。

我们通常会把 mass 或 the masses 译为“群众”，细究之下，虽然已经约定俗成，但是其实并不完全准确。如果把“群众”一词再拆分为“群”和“众”，那么 mass 对应的是“众”，而“群”则对应另一个英文词 crowd。

五、crowd 与“群”

自法国社会心理学家勒庞（Gustave Le Bon）的名作 Crowd 被国人译为《乌合之众》引介到国内之后，“乌合之众”就成为群体心理，甚至成为民粹主义的代名词。crowd 的直译是“群”。这一组中西概念，是与坊间所理解的“民粹主义”最为贴近的。

《牛津词典》对 crowd 有四种解释：第一，“a large number of people gathered together，typically in a disorganized or unruly way”，指以无组织的、不守规矩的方式聚集起来的一大帮人。第二，“an audience，especially one at a sporting event”，指观众，特别是竞技事件的观众，这一层意思可以衍生为“吃瓜群众”。第三，一种非正式的、往往是贬义的（informal，often derogatory）用法，“a group of people who are linked by a common interest or activity”，指由某一共同的利益或活动链接起来的人群，这其实接近“民粹主义”之“民”的含义。第四，“the mass or multitude of people，especially those considered to be drearily ordinary or anonymous”，指人民的大多数，尤其指那些沉默的、匿名的普通人。

《说文解字》里，“群，辈也。(段玉裁注：“朋也，类也，此辈之通训也。”)我们都熟悉“物以类聚”，可见之所以为“群”，关键也在“类似”。现代汉语里的“群”有如下五个意思：第一，聚在一起的人或物；第二，众多的人；第三，成群的；第四，量词，用于成群的人或东西；第五，指在微信、QQ 等即时通信平台上可以多人交流的小组。“群”的组词有“群体”，它可以指：由许多在生理上发生联系的同种生物个体组成的整体，如动物中的海绵、珊瑚和植物中的某些藻类，也可以泛指：本质上有共同点的个体组成的整体。“群”的组词还有使用频率非常高的“群众”，它的意思有：一、泛指人民大众；二、指没有加入共产党、共青团组织的人；三、指不担任领导职务的人。

应当说，“群”和crowd之间有很大的相关性。它们之间的关键区别除了“党员—群众”这一特有的联系之外，还在于“群”是一个中性偏褒义的词，而英文crowd则含有非正式的、贬抑的意味。所以，我们并不能简单地用“群”来理解民粹主义的低级形态——“乌合之众”。

上述“咬文嚼字”并非“钻牛角尖”，我们至少可以从这些中西含义的比较中得出如下几个前提性的论点：

第一，正如国外学界对populism的界定充满了不确定一样，“民粹”或“民粹主义”在现代汉语的语境里也是不确定的。通常对于学术研究而言，概念之不确定可谓大忌。然而民粹主义研究或许是一个例外，确定的概念反倒束缚了民粹主义的张力，或者退一步说，其实根本无法用一个明确的界定来涵盖民粹主义自产生至今的诸多变体。如果一直锁定在定义上，那么我们只能陷入民粹主义的“冠名”问题，即某种事件、现象或事物能否冠以“民粹主义”之名，而不是去观察民粹主义之所以会发生的客观的社会背景和条件，去深入主体人群的社会关系和社会情绪，等等。

第二，我们需要努力摆脱对民粹主义的贬义理解。因为从中文来看，“粹”并非一个贬义词。民众聚集起来是有理由的，其背后也有理性的一面。不要过早地、一味地把聚集起来的“群”压制下去或疏散开来。聚集是“社会（化）的人类”的本性。因此，深入研究民粹主义还需要看到“民”为什么“聚”？这种“聚”将导致怎样的结果？到底是“民”的问题，还是“社会”本身的问题？

第三，民粹主义不是非理性的、愚蠢的一群人在“搞事情”。人们之所以会向民粹靠拢，归根到底是因为总会存在某种未被满足的需求。这些需求由相关的利益、兴趣或联系而链接起来。这些需求不一定非要“相同”，然而用古汉语“会”的意思来看，这些需求势必要“相合”，因为只有相合才能形成认同，才能聚集成群。所以，我们首先要跳出一种“民粹＝乌合之众（crowd）”的理解，而后要建立起一种“民粹与public”的关联，即正视个人表达与公共诉求之间的张力。

第四，警惕“民粹主义”的滥用。因为民粹主义现象有时间和空间的限定，它总是在一定时期一定区域里发生的，这种“一定”表面上是自然时间和地理空间的，但实质上是人为设定和介入的。一个持续民粹的社会注定是一种无序状态。

第五，“民粹主义”背后永远有一群“普通人”。我们往往关注的是那些在使用民粹主义话语的魅力领袖，因而自觉不自觉地被他（或她）所吸引（正如我们在讨论美国民粹主义时三句话不离“特朗普”，在讨论拉美民粹主义时言必称“查韦斯”）。但如果没有“普通人”的存在，那么民粹主义是不可能成为时代问题的。民粹主义话语之所以会吸引普通人，既是因为话语本身的修辞，也是因为普通人能够从中找到共鸣。

第六，民粹主义不是单纯的“人数”集合，这些人之所以会集合，是因为他们本质上是共享了某种信念和利益的共同体的一“部分”。对于这些“部分”，在“平常”时候是不以为意的。我们可以说，民粹主义产生的基础一直存在，只是因为没有被触发，所以反倒成为一种“反常”。那么问题是，从“平常”到“反常”再回归“平常”的过程，民粹主义内部究竟发生了什么变化，以至于成为被批评甚至厌弃的现象？进一步思考，民粹主义真的违背了人性吗？用既有的道德规范能否有效地规制民粹主义？如果说民粹主义内含了一种价值秩序的颠覆或翻转，那么古代中国所谓“民贵君轻”思想何以被解释为“民本”思想，而非“民粹”思想？

通过以上论点的简要梳理，我想要强调的不仅是中文对 populism 的翻译问题，更是一种理解问题。在某种意义上，中国人对民粹主义并没有天生的厌恶，反而有某种亲近。自古以来，中国之“民”都拥戴“（明）君”。“民”虽是基础，但“君”依然是治理民众的那个人。这一思想的出发点不是“民”而是“君”。“君”的治理当以“民”为本。那么，在这样一个传统里，“民粹”将在哪里出现？“王侯将相，宁有种乎”颇有民粹的意味。因而在中文语境里，始终存在一种“民本”与“民粹”的张力。如果“君”不能以“民”为本，那么很可能这个朝代就被民粹式起义所推翻。近代中国辛亥革命的意义就在于打破了改朝换代的周期性，革命之后代替“清”的不再是另一个朝代，代替清帝的也不再是另一个皇帝。然而，辛亥革命之后的建制工作却没有完成。众所周知，中国共产党领导下的中国革命道路是农村包围城市、武装夺取政权，这条道路使用了民粹主义策略，如以反帝反封建的口号来鼓动广大农民的革命情绪。关键之处在于，革命成功之后的建制不是王朝帝国，而是“人民共和国”。这意味着中国革命的民粹主义要素自觉地走向在制度内的消化，让人民通过全国人民代表大会制度参与到国家和社会的建设发展之中，这种转化是创造性的，也是世界其他国家或地区的民粹主义运动难以复制的。

自新中国成立走到今天，国人大体已经把与民粹主义相关的东西自觉地加以拒绝，觉得有些隔膜。当下中国所谓的“民粹主义”总体上不足以动摇国之根基，但是对于治理者而言，民粹主义仍然是一种挑战。面对这一挑战可能不在于即时地应对，而在于民粹主义短暂的时效性会使得它成为一个隐患。众所周知，“隐疾”的治疗其实是最为棘手的。因而面对民粹主义问题，中国社会总是会选择以一种相对平缓的方式来自愈和重建。

第二节　知识分子与人民

知识分子与人民的关系问题是民粹主义研究的一个重要部分。比如，19世纪在俄国民粹主义诞生之时，俄国知识分子与俄国农民的关系就格外密切。而且古往今来，激进的社会变革与人民群众的自觉意识与参与总是分不开的。但是，知识分子与人民的关系虽说是诸多思想家理论家致力探讨的问题，却一直没有标准答案或固定答案。在一般的理解里，知识分子与人民是相互对立的，人民的“反智”反对的恰恰是知识分子，而知识分子与人民的脱离也几近成为一种常态。我们可以进一步思考的是：向来如此是否就具有天然的合理性？对于知识分子与人民关系的处理在多大程度上影响了历史发展进程？因此，有必要开辟一节内容专门讨论知识分子与人民，理清知识分子在民粹主义运动中的角色与功能，以及思考如何解决知识分子与人民之间的区隔。

一、俄国知识分子与俄国民粹主义

俄国知识分子可谓是忧国忧民。俄国著名思想家别尔嘉耶夫曾指出：“俄罗斯的知识分子是完全特殊的、只存在于俄罗斯的精神和社会之中的构成物。”①俄国知识分子的特殊性注定了这一群体与俄国的民粹主义具有本质关联。葛兰西曾这样判断道：“由一些精力旺盛、有事业心、有教养、最为活跃的社会成员组成的精英分子移居国外，吸收了西方最先进国家的文化与历史经验，却没有丧失其自身民族最根本的特征，也就是说没有断绝与其人民之间感情的纽带和历史的联系。结束了智识的学徒期之后，这些精英回到自己的国家，越过历史

① 别尔嘉耶夫. 俄罗斯思想：十九世纪末至二十世纪出俄罗斯思想的主要问题［M］. 雷永生，邱守娟，译. 北京：生活·读书·新知三联书店，1995：25.

的发展进程，强迫人民早日觉醒。这类精英分子与引进的德国人（如彼得大帝所引进的德国人）之间的差别在于其本质上的民族—大众性。这种特性不可能为俄国人民消极的惰性所吸收，因为它本身就是俄国对其历史惰性有力的回应。”[①]

一般而言，俄国民粹派的思想先导可以追溯到赫尔岑、车尔尼雪夫斯基等知识分子那里。俄国知识分子的群体特征之一在于普遍怀有“强烈的自省与自责意识”，“一方面他们为俄国的严重落后和下层人民的困苦境地而悲哀，一方面又为自己的渺小和无力而自责”[②]。一些知识分子通过自我反省而改正自己以前不切实际的想法和主张，转向实际的行动。19 世纪 70 年代正是俄国民粹主义占据优势之时，俄国知识分子“为了尽自己的义务、赎自己的罪过而走向人民，深入到人民中去”[③]。起初这些俄国知识分子的目的并不是为了发动革命运动，而是为了和俄国农民打成一片，教育他们，改善他们的经济地位。只是在政府开始迫害带有文化性质的民粹主义运动之后，民粹主义运动才具有了革命性质。然而没过多久，俄国知识分子就对俄国农民的革命性感到失望。正如别尔嘉耶夫指出：“在人民中，对君主专制制度的宗教神圣性的古老信仰还是强有力的，人民对地主和官僚的仇恨更甚于对沙皇的仇恨。人民很难接受与他们的宗教信仰相背离的知识分子的教育。所有这些都使民粹主义遭到打击，并促使他们转向政治斗争和恐怖活动。”[④]

从俄国知识分子与俄国农民之间的复杂且又不甚相容的情况可以看到，他们对知识分子与农民关系的处理是成问题的。不可否认，俄国知识分子忧国忧民，这一群体普遍怀有一种使命感，通过审视俄国历史和借鉴西欧历史来思考俄国的现代化之路。因而在爱国主义和民族忧患意识方面，我们无法指责俄国知识分子。因为在这方面，俄国知识分子的经历与事迹是可贵且令人动容的。

---

① 葛兰西．狱中札记［M］．曹雷雨，姜丽，张跣，译．郑州：河南大学出版社，2014：22.

② 张建华，等．红色风暴之谜：破解从俄国到苏联的神话［M］．北京：中国城市出版社，2003：144.

③ 别尔嘉耶夫．俄罗斯思想：十九世纪末至二十世纪出俄罗斯思想的主要问题［M］．雷永生，邱守娟，译．北京：生活·读书·新知三联书店，1995：112.

④ 别尔嘉耶夫．俄罗斯思想：十九世纪末至二十世纪出俄罗斯思想的主要问题［M］．雷永生，邱守娟，译．北京：生活·读书·新知三联书店，1995：117-118.

但是另一方面，俄国知识分子强烈的反叛精神也使其在看待事物和分析问题时容易极端化。比如早期他们普遍执着于对俄国未来发展的空想，之后又有了“到民间去”的一百八十度转弯，再往后走向政治暗杀甚至搞恐怖活动，这些都是俄国知识分子在寻找某一条救国道路未果之后，转而采取其他极端选择的表现。可想而知，在这样的背景下，知识分子与人民的关系是非常紧张的，这只能是一种利用与被利用的关系。本质上看，俄国知识分子并没有真正深入俄国人民，俄国人民自然也没有真正接纳俄国知识分子及其所谓的进步思想。俄国知识分子低估了俄国农民对沙皇的信仰力量，在这样一种关系中，俄国知识分子与俄国人民的距离只能越来越远。

“农民中的失望导致了俄国马克思主义的诞生。”① 别尔嘉耶夫的这一说法不免过于笼统，却也不无道理。在那个动荡的年代，俄国民粹派的社会革命道路经实践检验是走不通的，那么自然就会选择其它可能的道路。而对于俄国的马克思主义而言，知识分子与农民的关系问题同样是一个必须要解决的问题。对这一问题的解决经过了一段时间的摸索，直到列宁革命先锋政党思想的出现，才给出了一个在一定时段内令人满意的答案，至少他团结起革命的主体力量，取得了十月革命的伟大胜利。

我们在分析革命政党与它所领导的人民群众的关系之前，仍有必要回顾无产阶级与革命理论家之间的关系。这不仅直接决定了列宁的历史出场，也决定了在马克思主义的历史中，理论与实践关系的处理是否得当，会直接影响历史的发展进程。

二、无产阶级与理论家

马克思在 1843 年意识到，无产阶级只有在受到社会主义和共产主义理论家的政治教育之后才会复活：“哲学把无产阶级当做自己的物质武器，同样，无产阶级也把哲学当做自己的精神武器；思想的闪电一旦彻底击中这块素朴的人民园地，德国人就会解放成为人。”② 因此，社会主义理论家和共产主义理论家区

① 别尔嘉耶夫．俄罗斯思想：十九世纪末至二十世纪出俄罗斯思想的主要问题［M］．雷永生，邱守娟，译．北京：生活·读书·新知三联书店，1995：118.

② 马克思．《黑格尔法哲学批判》导言［M］//马克思，恩格斯．马克思恩格斯文集：第 1 卷．北京：人民出版社，2009：17-18.

别于无产阶级的是他们所处的时代位置，因为他们比无产阶级更早地掌握了无产阶级存在的真相。如果说黑格尔式的哲学家出现在事件之后，为了得出普遍的结论而绕过历史和人，那么马克思解读历史的目的是预测未来。换句话说，马克思主义的理论主张对时间和历史的流逝有一种洞察力，因为它建立在人民和一般物质现实的土壤之上，因而可以拒绝形而上学的思辨，同时要求知道历史注定的未来是什么。所以，把人类的经济关系作为人类历史和发展的基础，并不能阻止社会主义和共产主义理论家对于未来的想象。

在理论家教育下的无产阶级逐渐认识到，他（她）遭遇的状况不是偶然的、不可避免的，可取的，而恰恰是人类不应当经历的。因此，无产阶级作为一个无意识的主体、纯粹的物质开始了新的生命，开始获得更广阔和长远的视野，并在这个过程中扬弃他（她）自己和创造他（她）的社会。换句话说，在他（她）的存在和意识中，无产阶级从没有发现任何他（她）要保留的东西："单个无产者的个性和强加于他的生活条件即劳动之间的矛盾，对无产者本身是显而易见的，特别是因为他从早年起就成了牺牲品，因为他在本阶级的范围内没有机会获得使他转为另一个阶级的各种条件。……无产者，为了实现自己的个性，就应当消灭他们迄今面临的生存条件，消灭这个同时也是整个迄今为止的社会的生存条件，即消灭劳动。因此，他们也就同社会的各个人迄今借以表现为一个整体的那种形式即同国家处于直接的对立中，他们应当推翻国家，使自己的个性得以实现。"①

这里的问题在于，如何找到一种方法，既将社会主义和共产主义理论家与无产阶级区分开，又将他们联系起来。应当说，马克思本人更关心理论家是什么，而不是理论家来自哪里。因此，社会主义和共产主义理论家的历史，与其说是追溯他们的位置，不如说是追溯他们从空想家到革命者的演变过程："正如经济学家是资产阶级的学术代表一样，社会主义者和共产主义者是无产者阶级的理论家。在无产阶级尚未发展到足以确立为一个阶级，因而无产阶级同资产阶级的斗争尚未带政治性以前，在生产力在资产阶级本身的怀抱里尚未发展到足以使人看到解放无产阶级和建立新社会必备的物质条件以前，这些理论家不过是一些空想主义者，他们为了满足被压迫阶级的需要，想出各种各样的体系

---

① 马克思，恩格斯．德意志意识形态［M］//马克思，恩格斯．马克思恩格斯文集：第1卷．北京：人民出版社，2009：572-573.

并且力求探寻一种革新的科学。但是随着历史的演进以及无产阶级斗争的日益明显，他们就不再需要在自己头脑里找寻科学了；他们只要注意眼前发生的事情，并且把这些事情表达出来就行了。"①

对于马克思来说，理论家/知识分子如何获得先进的洞察力这个问题可以相对简单地回答：他（她）通过积极参与工人阶级的斗争而获得了这种能力，这将他（她）的内省分析转变成了他（她）所看到的一切的"表达"。值得注意的是，马克思并没有得出这样的结论：即历史和阶级斗争发展可能会使理论家在实际过渡到共产主义之前就被淘汰。相反，通过保留"理论家"的概念，马克思有效地将理论家的终结推迟到资本主义失败之后，从而保留了理论家和工人阶级之间的区别。思想家、理论家比人民群众具有更敏锐地观察事物的能力。马克思认为，这种观察的技巧如果要在物质世界中发挥作用，就必须把它用于解放工人阶级。知识分子有没有用，完全依赖于他们与工人阶级的结盟和承诺。

之后的葛兰西继承并发展了马克思关于无产阶级与理论家的判断。对葛兰西来说，知识分子与他们在社会中的特定社会阶层密切相关。因此，当我们思考究竟是什么将知识分子与其他人区分开来时，葛兰西建议我们应该关注他们在社会中的位置："要接受'知识分子'这一术语，其'最大'限度是什么呢？我们能否找到一个统一的标准用以平等地描述知识分子所有各不相同的活动，同时在本质上区别于其他社会集团的活动呢？在我看来，最普遍的方法上的错误便是在知识分子活动的本质上去寻求区别的标准，而非从关系体系的整体中去寻找，这些活动（以及体现这些活动的知识分子团体）正是以此在社会关系的总体中占有一席之地的。……因此，我们可以说所有的人都是知识分子，但并非所有的人在社会中都具有知识分子的职能。"② 葛兰西将知识分子与其特定的阶级背景联系起来，避免了知识分子在社会和政治结构中拥有过度的自主性。在葛兰西的理解里，知识分子是阶级关系发展的产物，表达了特定阶级的意识和利益。

正如马克思所言，资本主义制度下阶级分化的二元性，确保了革命的未来

---

① 马克思. 哲学的贫困 [M] //马克思，恩格斯. 马克思恩格斯文集：第 1 卷. 北京：人民出版社，2009：616.

② 葛兰西. 狱中札记 [M]. 曹雷雨，姜丽，张跣，译. 郑州：河南大学出版社，2014：5-6.

只能是寻求推翻整个阶级制度。共产主义作为对资本主义社会和政治秩序的否定，是两个历史发展的产物：资本主义的发展史和人类的进步史。然而，这两种语境与其说是对立的历史潮流，不如说是知识分子注定要以批判分析的形式汇聚在一起的历史潮流，从而使知识分子形成对世界历史的高阶意识，以及促使其它的社会积极参与世界历史的进程。

马克思和后来的葛兰西对革命知识分子的信心都源于他们的信念，即革命知识分子在历史上第一次成功地弥合了理论知识和物质世界之间的鸿沟。因此，这个知识分子可以被委托去解释世界和改变世界。当马克思第一次用巴黎实际的工人阶级代替无产阶级时，他为自己开辟了一条道路。正是这种最初的观察，既确保了工人阶级作为异化的主体，又确认了激进理论家的地位，他成功地弥合了哲学和政治激进主义之间的距离。马克思肯定了资本主义社会现有的知识分子等级制度，但他认为知识分子可以（也应该）与工人阶级结盟，并通过结盟开启人类历史的下一个进步阶段。

遗憾的是，马克思在有生之年并没有等到这个进步阶段的来临。从这一点来看，俄国革命的历史意义就在这里，它不仅开启了无产阶级当家作主的历史，也创造性地为解决知识分子与人民的关系提供了一种革命先锋政党的领导方案。

三、革命先锋队与人民群众

俄国十月革命的成功背后是革命先锋队（即革命党）与人民群众的有机结合。在俄国革命者谢尔盖（Victor Serge）看来，1917 年的布尔什维克是“群众的自觉工具”：“十月革命几乎是无产阶级政党的完美典范。尽管武装分子可能相对较少，但他们与民众生活在一起。漫长而考验人心的岁月给了它优秀的活动家和真正的领导者，他们的并行思维在集体行动中得到了加强。”①

谢尔盖是俄国革命的“见证者”，虽然他批评了这场革命，但是又满怀激情地解释这场革命。在他看来，革命先锋党是由工人阶级组成的革命有机体的大脑。“在党内，激进分子群众和领导的关系可以比作工人群众和党的关系。党是工人阶级的神经系统，是工人阶级的大脑。在党的组织中，领导人和核心成员也发挥着大脑和神经系统的作用。无论普通党员有多高的政治觉悟，也不可能

① SERGE V. Year One of The Russian Revolution[M]. London: Bookmarks and Pluto Press, 1992:59.

从整体上了解情况。无论这些同志的个人价值如何，他们必然缺乏信息、联络、训练和革命的理论和专业准备，除非他们是经过长期斗争和工作选拔与考验的核心党员，是接触党的机器，习惯于集体思想和集体工作的党员。"① 党内知识分子具有观察未来全部意义和理解未来发展原则的综合能力："无产阶级的阶级意识在有组织的工人阶级先锋队的领导人身上得到最高的表现。作为人格，他们之所以伟大，只是因为他们是群众的化身。从这个意义上说，只有他们才是巨人——无名的巨人。在表达群众意识方面，他们表现出一种美德，对无产阶级来说，这种美德是绝对必要的。"②

马克思主义理论否定无产阶级作为资本主义的政治角色和主体，也即是说，在共产主义之前的关键过渡时期，无产阶级不仅会摧毁资本主义，也会逐步地摧毁自己，以确保自己进化成一个真正的人类主体。当然，这个理论的潜在矛盾是，一方面把群众作为未来社会的基础，另一方面又坚持认为他们需要领导和指导，以使这个基础在资本主义制度之下是没有问题的，因为无产阶级还没有准备好承担其历史使命。

为此，列宁在 1906 年表达了他的信心，认为马克思主义具有独特的能力，能够适应工人阶级斗争不断变化的历史和经济背景，并且强调了阶级斗争与群众相结合的重要性。"游击"这一当时的俄国革命斗争手段引起了列宁对党和工人群众关系的兴趣。他在《游击战争》一文里谈道："马克思主义同一切原始形式的社会主义不同，它不把运动限于某一种固定的斗争形式。它承认各种各样的斗争形式，并且不是'臆造'这些形式，而只是对运动进程中自然而然产生的革命阶级的斗争形式加以概括、组织，并使其带有自觉性。……因此，马克思主义决不拒绝任何斗争形式。马克思主义决不局限于只是在当前可能的和已有的斗争形式，它认为，随着当前社会局势的变化，必然会出现新的、为这个时期的活动家所不知道的斗争形式。马克思主义在这方面可以说是向群众的实践学习的，决不奢望用书斋里的'分类学家'臆造的斗争形式来教导群众。"③

---

① SERGE V. Year One of The Russian Revolution[M]. London: Bookmarks and Pluto Press, 1992: 57-58.

② SERGE V. Year One of The Russian Revolution[M]. London: Bookmarks and Pluto Press, 1992: 58.

③ 列宁. 游击战争［M］//列宁. 列宁全集：第 14 卷. 北京：人民出版社，1988：1-2.

列宁对于游击斗争的基本判断是："游击斗争是群众运动事实上已经达到起义地步，以及国内战争中两'大战役'间的一段较长的间隔时期内不可避免的一种斗争形式。"①

面对舆论对俄国游击活动的指责，列宁认为："使风纪败坏的，不是游击战争，而是游击行动缺乏组织性，缺乏秩序，缺乏党性。"因而，社会民主党的任务在于："建立能够在这些大战役中也能够尽量在这些小冲突中最大限度地领导群众的组织。在阶级斗争已经尖锐到发生国内战争这个时代，社会民主党的任务就是不仅应当参加这场国内战争，而且应当在这场国内战争中起领导作用。社会民主党应当培养和训练自己的组织，使它们能够真正成为交战的一方，不错过任何一个打击敌人力量的机会。"②

这一任务的困难不用多说。但是，"正如在国内战争进程中全体人民都在斗争中重新受到教育和进行学习一样，我们的各级组织也应当受到教育，应当根据实际经验进行改造，以适应这个任务"③。这是列宁对先锋政党提出的要求。他认为先锋队是表达群众真正利益的工具。马克思主义之所以是实践的理论，正是因为它的理论是由群众的经验决定的，而历史本身就是群众演变为推翻资本主义制度的代理人的过程。马克思主义与工人斗争决不是对立的，因为马克思主义本质上是工人的利益和斗争的自觉表现。而布尔什维克党本身则是工人和革命先锋之间这种融合的体现，他们把理论和实践结合在一起。

应当说，俄国的布尔什维克党在妥善处理知识分子与群众的关系上率先作出了示范。但是日后的发展众所周知，苏联的历史在这个问题上呈现一个高开低走的架势，其教训是深刻且惨痛的。最后我们把目标转向中国。

四、知识分子与群众

在中国革命时期，毛泽东对于知识分子和群众关系有着清晰的认识，并且从历史的发展来看，这一认识很大程度上决定了中国革命最终走向胜利。

首先，毛泽东充分肯定知识分子对于中国革命的重要性。如他在 1939 年 12 月的《大量吸收知识分子》一文中认为："在长期的和残酷的民族解放战争

① 列宁．游击战争［M］//列宁．列宁全集：第 14 卷．北京：人民出版社，1988：7.

② 列宁．游击战争［M］//列宁．列宁全集：第 14 卷．北京：人民出版社，1988：11.

③ 列宁．游击战争［M］//列宁．列宁全集：第 14 卷．北京：人民出版社，1988：11.

中，在建立新中国的伟大斗争中，共产党必须善于吸收知识分子，才能组织伟大的抗战力量，组织千百万农民群众，发展革命的文化运动和发展革命的统一战线。没有知识分子的参加，革命的胜利是不可能的。”① 他指出了党内对于知识分子的误解或偏见：“许多军队中的干部，还没有注意到知识分子的重要性，还存着恐惧知识分子甚至排斥知识分子的心理。许多我们办的学校，还不敢放手地大量地招收青年学生。许多地方党部，还不愿意吸收知识分子入党。这种现象的发生，是由于不懂得知识分子对于革命事业的重要性，不懂得殖民地半殖民地国家的知识分子和资本主义国家的知识分子的区别，不懂得为地主资产阶级服务的知识分子和为工农阶级服务的知识分子的区别，不懂得资产阶级政党正在拼命地同我们争夺知识分子，日本帝国主义也在利用各种方法收买和麻醉中国知识分子的严重性，尤其不懂得我们的党和军队已经造成了中坚骨干，有了掌握知识分子的能力这种有利的条件。”②

当然，毛泽东并没有一味地抬高知识分子，尤其是他在知识分子与群众之间进行考量与权衡时指出了知识分子对于群众必须采取一种谦虚和学习的态度。1941 年 3 月，毛泽东在《农村调查》的序言里写道：“必须明白：群众是真正的英雄，而我们自己则往往是幼稚可笑的，不了解这一点，就不能得到起码的知识。”③

知识分子的一个致命弱点就是脱离实际。英国学者保罗·约翰逊在其著作《知识分子》中认为，某些大知识分子不光是在日常小事上，而且在重大的社会问题上，也可能脱离实际，但又不容易被人们发觉，他们是思想领域的探索者，他们的思维方式常常以自我为中心，把自己的思想成果绝对化，自以为是真理的发现者而一意孤行，而且他们是公众的精神领袖，他们的弱点会影响到社会，被人们所盲从，这将带来严重的后果，甚至是空前的灾难④。

1956 年 9 月，毛泽东在总结中国共产党的一些历史经验时，再度谈到知识

① 毛泽东．大量吸收知识分子［M］//毛泽东．毛泽东选集：第 2 卷，北京：人民出版社，1991：618.

② 毛泽东．大量吸收知识分子［M］//毛泽东．毛泽东选集：第 2 卷，北京：人民出版社，1991：618-619.

③ 毛泽东．农村调查［M］//毛泽东．毛泽东选集：第 3 卷，北京：人民出版社，1991：790.

④ 约翰逊．知识分子［M］．杨正润，等译．南京：江苏人民出版社，1999：8-9.

分子与群众（尤其与农民）之间的关系该如何处理："照我看来，封建主义严重的国家里，无产阶级政党要到农村中去找农民。知识分子下乡找农民，如果态度不好，就不能取得农民的信任。城市的知识分子对农村事物、农民心理不大了解，解决农民问题总是不那么恰当。根据我们的经验，要经过很长的时期，真正和他们打成一片，使他们相信我们是为他们的好处而斗争，才能取得胜利。绝不能认为农民一下子就会相信我们。切记不要以为我们帮助一下农民，农民就会相信我们。农民是无产阶级最主要的同盟军。我们党开始也是不懂得农民工作的重要性，把城市工作放在第一位，农村工作放在第二位。……我们党做农民工作，开头没有成功。知识分子有一点气味，就是知识分子气。有这种气味，就不愿到农村中去，轻视农村。农民也看不惯知识分子。我们党当时也还没有找到了解农村的方法。后来再去，找到了了解农村的方法，分析了农村各阶级，了解了农民的革命要求。"①

实际上，毛泽东本人在知识分子与群众之间并没有偏袒任何一方。对于中国革命而言，唯有在知识分子与群众之间形成有机的联合，革命才有真正胜利的可能。而主动性在知识分子一边，也即是说，知识分子应主动接近群众、深入群众。这是中国共产党群众路线一以贯之的。这也就解释了，当知识分子与群众的关系始终处在一种合情合理的状态，那么民粹主义就不可能失去控制，而是始终可能以一种适度的民粹化状态，来推进历史往前走。可见，在中国的语境里理解民粹主义，并不能完全照搬西方对民粹主义的理解。中国共产党以及党内的知识分子群体始终是代表中国最广大人民群众的利益和意志的。

在对"民粹主义"概念的诸多界定里，"反精英"已成为一个公认的特征。在很大程度上，知识分子就是社会的精英，他们会在社会的各行各业发挥着重要的作用。民粹主义的反精英特征本质上是知识分子与人民群体的矛盾。一旦在这一关系上处理不当，那么民粹主义的破坏性将远远大于建设性。将过去的民粹主义与现在的民粹主义作对比，实际上不合时宜，他们只是共享了"民粹主义"这一共同的标签，但具体的内容却可能截然不同。民粹主义现象的出现离不开知识分子或精英的参与，无论其初衷指向何处，知识分子始终担当了人民群众的指导者或领导者角色。但问题的关键在于，知识分子与人民的结合究竟是形式上的还是实质上的？如果以这一问题为参照，那么当今世界所发生的

---

①　毛泽东．我们党的一些历史经验［M］//毛泽东．毛泽东文集：第7卷．北京：人民出版社，1999：132.

民粹主义运动几乎都只表现为形式上的结合，而实质上的结合唯有通过一个真正代表人民利益的政党为中介才能实现。在这一意义上，实现之后的民粹主义其实并不能称为民粹主义了，这个标签失去了其存在的合法性基础。

这是我们在思考民粹主义问题必须坚守的一个原则，即中国语境中的民粹主义和西方语境中的民粹主义之间，始终存在着质的区别。而社会舆论往往容易混为一谈，甚至不乏用西方知识系统的民粹主义话语渗透到中国人民的日常生活之中。所以，大多数国人对民粹主义的理解可能并不是切合中国实际的理解。尤其网络上所谓的意见领袖之所以能煽动国人的支持和舆论，他所倚仗的正是这种西方民粹主义话语的先入为主。当然，即便如此，网络的群体性事件也很难掀起大风大浪。

第三节　从革命到治理：中国应对民粹主义的思维转化

近现代中国与民粹主义的关系问题值得探讨。如果只是从农民革命这个意义上的民粹主义出发，那么民粹主义在中国历史悠久。凡过去的农民起义都可以划归到民粹主义一类。但我们需要思考的是：为什么中国革命，尤其是中国共产党领导的革命要选择农民革命运动作为一种必要的手段？农村包围城市、武装夺取政权的中国革命道路是不是（或者说在多大程度上是）一条民粹主义道路？民粹主义在中国革命中发挥作用的边界在哪里？革命胜利之后，民粹主义经历了怎样的命运？当下中国的民粹主义是如何表现的？诸如此类的问题都需要正视，因为这有助于理清我们对民粹主义，特别是对近现代中国与民粹主义关系的理解。

一、近代中国革命者眼中的农民问题

农民问题在中国革命时期的重要性不言而喻。在辛亥革命之后不久，虽然革命的果实被窃取，但革命的理念依然承续下来。比如，孙中山曾把农民问题纳入其社会革命的理念之中。他首先认识到中国革命与西方其它国家的革命之间存在根本不同。中国革命者意图振兴的中国，不是一个足以和西方各国并驾齐驱的国家。因为西方国家虽然富足、先进和文明，但是“这些国家国内贫富间的悬殊仍极明显”，它们实现的只是政治革命，而“如果不进行社会革命，则

大多数人依然得不到生活的快乐和幸福。现在所谓幸福只是少数几个资本家才能享受的"①。孙中山指出了西方国家虽然表面光鲜、内部却深陷弊病的根源，他坦言道："种族革命和政权革命不难，但社会革命则大不易。只有从事伟大事业的人民才能实现社会革命。"② 言外之意，在中国实现社会革命相对较容易，是因为中国还没有发展到如英美那种高度文明和发达工业的地步，因而"有可能预防资本主义制度的进攻"。"在资本主义国家里对既得利益是紧抱不放的，打破这种利益是困难的。在中国既无资本家，也没有既得利益，因而进行这种革命就比较容易。"③也正是从"防止资本主义"这一点出发，列宁曾对孙中山的这篇几经转译的小文撰写了评论文章。

列宁在1912年的《中国的民主主义与民粹主义》一文里指出了孙中山的思想和纲领中的民主主义和民粹主义，认为两种主义之间必然存在着矛盾。孙中山意识到，只有民主主义的高涨，才能激发劳动群众的意志，才能使中国人民摆脱奴隶地位而获得真正的解放。但是这种民主主义又与民粹主义的因素结合在一起，也即是列宁所谓"社会主义空想、同使中国避免走资本主义道路即防止资本主义的愿望"以及"宣传和实行激进的土地改革的计划"④。

中国的民主派对社会主义的同情产生了主观社会主义，但是鉴于客观条件，辛亥革命后的中国仍然是一个落后的、农业的、半封建的国家状态，压迫和剥削人民的历史独特形式是封建制度。因而，主观社会主义的思想和纲领事实上只是消灭封建剥削的纲领。列宁认为，这就是孙中山民粹主义的实质所在。从学理上看，孙中山社会革命思想中的民粹主义是反动的空想，因为中国城市的发展将对这种民粹主义思想造成挑战："中国社会关系的辩证法就在于：中国的民主主义者真挚地同情欧洲的社会主义，把它改造成为反动的理论，并根据这种'防止'资本主义的反动理论制定纯粹资本主义的、十足资本主义的土地

---

① 孙中山．中国革命的社会意义［M］//孙中山．孙中山全集：第2卷．北京：中华书局，1982：325.

② 孙中山．中国革命的社会意义［M］//孙中山．孙中山全集：第2卷．北京：中华书局，1982：325.

③ 孙中山．中国革命的社会意义［M］//孙中山．孙中山全集：第2卷．北京：中华书局，1982：325.

④ 列宁．中国的民主主义和民粹主义［M］//列宁．列宁选集：第2卷．北京：人民出版社，1995：293.

纲领!”[①] 以孙中山为代表的革命的资产阶级民主派，正在发挥农民群众在政治改革和土地改革方面的高度主动性、坚定性和果断精神，从中寻找“振兴”中国的道路。这种手段无所谓正确与否，而是取决于目的。

列宁一方面中肯地批判了孙中山社会革命思想中“防止资本主义”的反动性和空想性成分，另一方面，他寄希望于中国无产阶级的成长，寄希望于中国社会民主工党的建立，并且仿照马克思对待黑格尔辩证法合理内核的方式，指出：“这个党在批判孙中山的小资产阶级空想和反动观点时，大概会细心地挑选出他的政治纲领和土地纲领中的革命民主主义内核，并加以保护和发展。”[②] 身在俄国的列宁在评判中国革命时，不可避免地会与俄国本土的历史与实际进行比照，因而俄国民粹派就成为他看待孙中山思想中民粹主义要素的参照。他正确地指出了妄图防止资本主义的空想，但他也忽略了农民阶级对于中国革命的意义。作为“手段”的农民革命运动不会因“目的”的不同而消失，关键在于以怎样的目的来用好这一手段。

另一位意识到农民问题重要性的中国革命者是瞿秋白。在中国共产党早期领导群体里，在无产阶级革命家的群体里，瞿秋白作为受过列宁主义和共产国际亲炙的革命知识分子，也曾关注中国的农民问题。瞿秋白对农民问题的讨论主要集中在大革命时期以及大革命失败之后。1926 年 8 月，瞿秋白写下《国民革命中之农民问题》，他在文中认为：“打倒帝国主义的意义应该是解除农民的苦痛，缴卸帝国主义的武装，压制买办与地主。”[③]

中国的农民是中国经济生命的主体，如果农民仍然受着压迫，那么中国的工业一定无从发展。可见，当时的中国社会尚不具备从封建社会到资本主义社会的条件，而且社会中的阶级对立也是特殊的：“一方面是工农阶级，一方面是封建的余孽地主，和殖民地半殖民地上畸形的资产阶级，帝国主义的掮客——买办阶级。”[④] 帝国主义及军阀在中国之所以能够生存，是因为有地主和买办阶

① 列宁. 中国的民主主义和民粹主义 [M] //列宁. 列宁选集：第 2 卷. 北京：人民出版社，1995：294.

② 列宁. 中国的民主主义和民粹主义 [M] //列宁. 列宁选集：第 2 卷. 北京：人民出版社，1995：295.

③ 瞿秋白. 国民革命中之农民问题 [M] //瞿秋白. 瞿秋白选集. 北京：人民出版社，1985：297.

④ 瞿秋白. 国民革命中之农民问题 [M] //瞿秋白. 瞿秋白选集. 北京：人民出版社，1985：299.

级做他们的经济的、政治的命脉。

瞿秋白认为："以前中国革命史是农民革命史。"但是每次农民革命成功之后，政权都旁落他人。瞿秋白总结了四点原因：第一，没有良好的组织；第二，没有民权主义的实力，因而掌权者再度成为皇帝；第三，农民很少团结，迷信、宗教的力量只能短暂地维系散漫的农民；第四，没有强力的革命阶级（如中国无产阶级）作为农民革命的领袖。今时不同往日。"无产阶级已形成一种力量，农民可与工人联合奋斗，农民得到这支生力军的辅助，形势当然不同，不像以前那样的原始暴动而为有组织的斗争了。农民也已经知道在革命的行程中，无论什么时候，他们必需要有团结与组织，并且知道要得胜利必定要与工人联合。"① 工人阶级的成长与农民阶级的意识成熟，共同助力革命力量的团结。"中国的国民革命是各阶级的，工人、农民、城市中的小商人（有时大商人也来参加），以及革命的知识分子、小资产阶级各阶级的人们都需要这样的革命，这一个革命工作必定要解决农民问题，解决了农民的一切苦痛才能说是国民革命成功。"② 从这篇文章里，瞿秋白从中国实际出发看到了农民问题的重要性，在共产党与国民党的政党联合行将瓦解、大革命即将失败、中国共产党危在旦夕之前，指出了未来革命的方向。

近代中国的思想情况是极其复杂的。当旧制度和旧秩序分崩离析，新制度和新秩序仍处在试验中，各种"主义"在近代中国的历史舞台上"你方唱罢我登场"。任何可能的探索都是必要的，任何不曾有过或不曾成功过的结合都是可能的。当然我们也应当注意到，许多探索大都停留在理论上，而在实践层面真正把农民问题与马克思主义有机结合起来的是毛泽东。

二、作为革命主体的农民阶级

毛泽东在 1925 年所写的《中国社会各阶级的分析》乃是《毛泽东选集》的开篇之作。他清楚地意识到，革命的首要问题是敌友问题，要搞清楚谁是我们的朋友，谁是我们的敌人。团结朋友、攻击敌人，才是革命最终胜利的保证。

① 瞿秋白．国民革命中之农民问题［M］//瞿秋白．瞿秋白选集．北京：人民出版社，1985：305.

② 瞿秋白．国民革命中之农民问题［M］//瞿秋白．瞿秋白选集．北京：人民出版社，1985：305.

在这一阶级分析里，毛泽东得出的结论是："工业无产阶级是我们革命的领导力量。一切半无产阶级、小资产阶级，是我们最接近的朋友。"① 其中，他把绝大部分半自耕农和贫农都划归到半无产阶级里，因而农民（贫下中农）是工人阶级需要团结的朋友，这就为毛泽东之后分析农民运动奠定了基调。

写于 1927 年 3 月的《湖南农民运动考察报告》也是研究农民运动和农民阶级问题的经典文献。它超出了一般意义上的发动农民运动的意义，为中国革命的具体战略提供了指导性的纲领。当时面对的局势是，中国革命的领导团体对农民问题认识不清晰，反对农民运动的议论甚嚣尘上。毛泽东指出，革命的党派和同志面对农民运动无非有三种选择："站在他们的前头领导他们""站在他们的后头指手画脚地批评他们"以及"站在他们的对面反对他们"②。对此，毛泽东的态度其实很明显，中国共产党应该选择第一个，即领导农民运动和农村革命。

毛泽东对农民运动和农村革命的评价非常高，他认为，农村的革命是"农民阶级推翻封建地主阶级的权力的革命"③，这是国民革命的真正目标。如果没有农村的革命，那么国民革命本身就是失败的，历史证明，辛亥革命也确实失败了。"孙中山先生致力国民革命凡四十年，所要做而没有做到的事，农民在几个月内做到了。这是四十年乃至几千年未曾成就过的奇勋。"④ 对待农村革命的态度是立场问题，唯有拥护农村的变动才是真正革命的立场。这就为中国共产党领导中国革命运动的未来走向指出了一条明路，同时也是一条符合中国具体国情的道路。

毛泽东对中国革命的农民问题的讨论没有纠结于是否要防止或跨越资本主义阶段，而是认为，农民阶级是革命的主体力量，是工人阶级一定要团结的力量。而且中国共产党的领导角色始终不能变更，农民运动是革命活动需要加以

---

① 毛泽东．湖南农民运动考察报告［M］//毛泽东．毛泽东选集：第 1 卷，北京：人民出版社，1991：9.

② 毛泽东．湖南农民运动考察报告［M］//毛泽东．毛泽东选集：第 1 卷，北京：人民出版社，1991：13.

③ 毛泽东．湖南农民运动考察报告［M］//毛泽东．毛泽东选集：第 1 卷，北京：人民出版社，1991：17.

④ 毛泽东．湖南农民运动考察报告［M］//毛泽东．毛泽东选集：第 1 卷，北京：人民出版社，1991：15-16.

利用的手段，所以不能仅把革命的目的停留在农民革命上。这体现了以毛泽东为代表的中国共产党人在应对中国本土的民粹主义要素时的战略智慧。不可否认，俄国革命形成了俄国自身的经验，中国革命自然也形成了中国自身的经验，经验与经验之间可以相互借鉴，但不是绝对相通的，而是“一定要把马克思列宁主义的普遍真理和本国的具体情况这两个方面结合起来”①。

在革命时期，中国共产党让民粹主义发挥了最大的效力。但是在建设时期，则务必将民粹主义压到最小。“建制”与“民粹”向来不和，况且新中国并不具备那种可以把民粹主义利用和抵消在党派斗争中的条件。所以，一旦民粹主义失控，那么后果将难以设想。在不同的社会历史时段，我们应该采用不同的策略去应对民粹主义。但问题是，农民民粹主义因素作为中国革命时期的重要手段，在革命成功之后应当完成创造性的转换。如果说，民粹主义要素的失控是一个战略性的决策失误，那么这个失误的承担者不是某个人，而是作为整体的中国共产党在具体的社会历史环境下失去了对民粹主义要素的掌控。也即是邓小平所说：“讲错误，不应该只讲毛泽东同志，中央许多负责同志都有错误。……不要造成一种印象，别的人都正确，只有一个人犯错误。这不符合事实。中央犯错误，不是一个人负责，是集体负责。”②

总之，我们不否认这种民粹主义要素的失控对新中国的建设与发展造成了难以估量的损失，但我们也不应因此而否认对民粹主义要素的掌控在近代中国革命时期是何等的重要。在这一意义上，将“民粹主义”或“民粹主义者”作为一个标签贴在中国革命或中国革命者的身上，是不妥的。为了人民解放和民族复兴的目的，中国共产党领导的新民主主义革命，正是借助于民粹主义要素发挥的巨大作用，才能走向最终的胜利。

三、社会民粹化及其文明意义

在国内为数不多的几本民粹主义研究著作里，政治学者林红教授的《民粹主义——概念、理论与实证》应当是最早的一本。该著作最后一节讨论的问题

① 毛泽东．我们党的一些历史经验［M］//毛泽东．毛泽东文集：第7卷，北京：人民出版社，1999：133.

② 邓小平．对起草《关于建国以来党的若干历史问题的决议》的意见［M］//邓小平．邓小平文选：第2卷．北京：人民出版社，1994：296.

是“民粹主义对于当代中国政治研究的意义”，分别从四方面展开：首先是肯定20世纪早期的民粹主义伴随着马克思主义的传播而在中国政治中产生过广泛和正面的影响，其次是澄清民粹主义的概念对于理解民粹主义与毛泽东思想的关系有重要意义，再次是民粹主义可以为我们理解和解释台湾地区的政治形态提供分析工具和范式，最后是民粹主义对于分析当前中国社会转型中产生的一些问题具有重要意义①。其实，前面的研究在一定程度上涉及了前两个方面，第三个方面即对于台湾民粹政治的研究暂时不在本书的计划里，但最后一方面是需要进行理论总结和提升的，也是接下来主要讨论的问题。

研究现当代中国与民粹主义的关系问题有一个前提性的态度或立场，即中国到底有没有民粹主义？这也是几乎所有人都会发出疑问的一点。我以为，问题的关键不在于“有没有”，而在于“是不是”。如果我们只是用“民粹主义”来对中国社会政治的一些现象（特别是非理性的、带有民众情绪的群体性现象）进行概括和界定，那么这是不严谨的。比较柔性的处理办法或许有两种：一种是中国社会政治的一些现象中有民粹主义因素或民粹主义色彩，但不能简单称之为“民粹主义”；另一种则是尽可能地少谈“主义”多谈“问题”，那么这就涉及到概念的微调——从“民粹主义”到“民粹化”。“民粹化”是一个过程，是诸多个体因某些相近的需求而聚合起来的过程，其结果并不一定导致所谓的民粹主义，而更多表现为一种问题或症候，以及表现为一种社会成员自我心态的表达。它本身具有很大的弹性和很强的韧性，而且会引发各种意料之中或之外的效应。

前文已谈到，如果将“民粹”一词拆分开来理解，那么，“民”在中文语境里是一个偏褒义的词，而“粹”即纯而不杂，它甚至意味着一种精华。所以，从中文字义上看，“民粹”乃是“民”之“精华”。实际上，19世纪俄国的民粹派正是视沙俄农民为精华。至于在美国土地上生长的populism，直接意思应是“平民主义”，它是一种旨在聚集平民的观念或意识形态，体现了平民参与政治公共生活的意愿。在欧洲，因为臭名昭著的纳粹主义和种族主义而使得民粹化的动员方式被贬义处理。如今欧洲所谓“新民粹主义”，实际是保守主义被民粹主义寄生，正如法国当代哲学家朗西埃（Jacques Rancière）所说，在欧洲，

---

① 林红．民粹主义——概念、理论与实证［M］．北京：中央编译出版社，2007：295-301.

“民粹主义是找不到的”①。因此，我们看待“民粹”大可不必预先带入“理性/非理性”或“正常/病态”的二分和极化视角。民粹化乃是一种平民自身的、或是针对平民的社会运作方式，其中包含的价值排序（即“平民”优先于“精英”）也只是一种平民歧见或阵营对抗的具体体现。

如果说，民粹化由于不同地域具有不同的历史、文化和经济情况，因而出现了各种变体，这使得我们在面对这些情况时通常比较纠结：一方面，如果从普遍性着手，那么势必会从现有的民粹化现象中找到异质要素；另一方面，如果从特殊性着手，那么各种民粹化类型几乎都可以自成一体，而且不仅限于当地的分析，还可以用来分析其它地域。如此一来，理论思维似乎总是赶不上社会民粹化的脚步。但是不管从普遍的还是从特殊的视角看，“民粹化”是每一种民粹主义类型都具有的过程。对于当下的中国而言，显而易见的棘手问题是社会“民粹化”更加暴露和泛滥，对国家治理乃至全球治理带来不小的挑战，让未来的发展充满更多的不确定性。主要可以从以下几方面概括中国的社会民粹化症候：

首先，民粹化反映了大众“抱团”的社会心态。一般而言，社会心态是社会中诸多个体心态的集合。作为一个社会化的个体，对加入群体的追求几乎是本能的，否则就容易陷入类似自闭的社会“脱域”状态。民粹化实际上是志同道合者们的集聚效应，他们共同地认同某一目标、某一要求、某一观念，不管这些目标、要求和观念究竟是内生的还是外在附加的，而且这些东西甚至都不需要相似，只需要相关、相邻或相近即可。比如，新冠疫情就为我们提供了一个研究社会心态变化的绝佳案例。当人们在预感到危机和危险时，以及当人们因为这些危机和危险而产生不安、焦虑乃至愤怒时，我们内心都希望“抱团”。数字时代更是为民粹化的“抱团”心态提供了极大便利，它让个体的集群变得容易起来。不需要自己主动寻找，智能系统就会把群体推荐过来。人们可以通过智能设备找到适合自己的交流平台，哪怕是追剧时的弹幕也能在一定程度上缓解因孤独和隔离而带来的焦虑和恐慌。

当然，把社会民粹化仅仅定格在情绪上是不够的。“所谓社会情绪的民粹化，主要是指社会情绪具有了反对精英的、非理性的民粹主义的特质，诸如仇

① RANCIERE J. The Populism that is Not to Be Found[M]//What Is A People?, New York: Columbia University Press, 2016: 101-106.

官（政治精英）、仇富（经济精英）、仇专家（知识精英）等心态。”① 如此界定自然有一定道理，但“情绪”与“心态”还是有必要作进一步区分。情绪是对一系列主观认知经验的通称，是人对客观事物的态度体验以及相应的行为反应。心态也即心理状态，它具有明显的直接现实性，是身处现实面对现实所产生的直接反应。是个体在一定情境下各种心理活动的复合表现，是心理活动的综合反映。和情绪的变化相比，心态具有相对稳定性，即在或长或短的时间内保持不变，因而恐怕不能笼统地以非理性来标识心态的特征。所以在这一意义上，民粹化不应当只是情绪意义上的运作，而更可能是社会成员针对一定对象（甚至无所指）作出的自身心态反应，他们渴望通过“抱团”的方式来寻找认同和积聚力量。那么换个角度看，民粹化作为社会心态的集合反映，反倒更方便治理者去应对，而不至于面对单个诉求来分散回应。

其次，民粹化反映了人类的一种生存状态。当人类的生存问题指向某一具体的对象，那么解决起来是相对容易的。与之不同的是，普遍存在的、无从下手的生存困境才是最棘手的。民粹化即是这样一种生存状态，处于这种状态之中的人们与其说是“生存”，不如说是“幸存（survive)”。大多数人都不曾察觉到，自身生活的韧性已经被民粹化大幅度削减，当人们习惯于“抱团”，个体在短时间内必然会无法适应社会运行方式的突然转变。经历过新冠疫情，人们发现生命是如此脆弱，在疫灾中幸存下来又是如此艰难和幸运。矛盾的是，幸存反过来进一步加深了民粹化，各种带节奏的阴谋论调吸引了不少受众，社交媒体不断强化大众对阴谋论的记忆，某些在平常看来不足为奇的小事也被推上热搜成为事件。事情一旦事件化，背后一定少不了民粹化。民粹化不再是一种偶然的现象，它已经成为现代人类生存的常态。

最后，如果民粹化成为一种社交常态，那么这才是真正的危机。传统意义上的社会民粹化需要一定的场所和空间，如示威游行等集会活动。数字智能技术使人类社会的日常交往突破了时间与空间的限制，这使得可以在任何时候任何地方通过互联网运作民粹化，而且线上的召集比线下的集会更有效，甚至这个过程中都无需“人”的参与，只需要通过设定好的机器语言（如发帖机器），以某一刺激性的、吸引眼球的观点（甚至标题）来煽动民众。这里面可以不需

① 郝宇青．社会情绪民粹化：形成机理及其消解［J］．人民论坛·学术前沿，2019（17）：87．

要口头说话的修辞，只需要简单的图文并茂。

众所周知，经典的群体心理学是如此界定群体特征的：“冲动、急躁、缺乏理性、没有判断力和批判精神、夸大感情等等。”① 对“群体”的贬义处理一直是一种主流做法：“群体永远漫游在无意识的领地，会随时听命于一切暗示，表现出对理性的影响无动于衷的生物所特有的激情，它们失去了一切批判能力，除了极端轻信外再无别的可能。”② 然而我们需要看到，仅把民粹化斥为个体或群体的愚蠢并不能解决问题。群体实际是有意识的，尤其那些具有民粹化经验的群体有其特定的价值取向，其成员也具有自身套路化的认知规范。问题的关键不在于群体在遭遇民粹化时候的意识有无，而在于是否自觉到民粹化作为一种社交常态将对整个社会造成怎样的影响，尤其是当民粹化与其它思潮的合流（也即是民粹主义与其他强力意识形态相结合的时候）又将造成怎样的社会演变，这是更值得我们警惕和深思的问题。

接下来我们将从更高层次去思考社会民粹化的文明意义。所谓“文明（civilization)”，既指一种过程，即个人、群体、社会组织、政治制度和与人类相关的一切走向教化（civilized）的过程，也指这一过程带来的结果。文明作为一种社会结构形式，其中包括特定的社会交往形式及其反思③。在这一意义上，民粹化构成了现代文明的特征，也影响了当前乃至未来的文明叙事，可以从如下几方面把握。

其一，基于“群”的社会性整合。如今的社会生活里充斥着各种“群”，这些“群”的存在，意味着一种社会性的整合方式在发生作用。一般而言，“社会性（sociality)”一直被视为人类生存的一个基本条件。在19世纪诞生并成型的社会学学科，讨论的即是现代社会中人的社会性问题（“社会学”的旧译名即为“群学”）。马克思在《关于费尔巴哈的提纲》里也提到“社会（化）的人类”，将之作为“新唯物主义的立脚点”④。社会性的一个重要特征是个体的群化，因而“群”的形成也是民粹化的前提。现代社会的“个体”走向“群”是一种泛

① 勒庞. 乌合之众［M］. 冯克利，译. 北京：中央编译出版社，2015：12.

② 勒庞. 乌合之众［M］. 冯克利，译. 北京：中央编译出版社，2015：16.

③ 马兹利什. 文明及其内涵［M］. 汪辉，译. 刘文明，校. 北京：商务印书馆，2017：26-27.

④ 马克思. 关于费尔巴哈的提纲［M］//马克思，恩格斯. 马克思恩格斯文集：第1卷. 北京：人民出版社，2009：502.

化现象，同时也是一个值得思考的难题。因为对于市场经济原则所造就的原子化个人而言，群化是必要的却又是困难的。群化意味着让身处不同境况、不同条件和不同阶层的人集合起来，但如此集合何以可能？民粹化就是一种快速有效的手段。民粹化的逻辑就是找到那些属于不同个体的“等价”观念，用一些概念、范畴将这些等价的观念串联起来，从而实现群体的（身份）认同。串联起来的个体至少在一定时段内是一个社会性的整体，当然也可能在未来的某一时段断开，从而再去寻找新的串联可能。

其二，“众声喧哗”与无力的主体性。众声喧哗是数字时代的社交特征，个体表达和公共讨论比之网络空间刚兴起之时要繁荣得多。任何人都可以在社交平台上发表言论，甚至言论的背后究竟是不是人也不再重要，这种特征似乎预示了人的主体性得到最大限度的发挥。实际并非如此。请看如下一段引文：

“［网络］有一个很奇特的地方……在这一点上它很像图画。画家的作品放在你面前就好像活的一样，但若你向它们提问，那么它们会板着庄严的脸孔，一言不发。［网络上的］文字也一样，你可以把这些文字当作有知觉的，但若你向它们讨教，要它们把文中所说的意思再说明白一些，那么它们只能用老一套来回答你。一件事情一旦［发布在网上］，无论写成什么样，就到处流传，传到能看懂它的人手里，也传到看不懂它的人手里，还传到与它无关的人手里。它不知该如何对好人说话，也不知该如何对坏人说话。”①

这段引文原本不是关于“网络”的，而是关于“写作（writing)”的，来自柏拉图的《菲德罗篇》，我只不过用方括号里的文字对原引文中的 writing 作了替换。新技术的产生往往伴随着声称技术丧失人性的强烈抗议，柏拉图概括了这些抗议的核心，认为“写作”将文字冻结成一种不可改变的媒介，而不是在语境中说话、回应和倾听的有血有肉的人，从而剥夺了文字的灵魂。如今的数字智能技术产生了无肉身的言语。一旦思想观念和人本身分离，前者就进入了危险的领域。脱离实体的言语也就脱离了它的语境，这也意味着线上言论可以被任意的解构、重释和误用。

在这个过程里，人的主体性并没有消失，而是日趋无力。真正有功能的主体性体现在自身的改变和社会及社会关系的创造和改变，然而智能时代正在慢

① 柏拉图．菲德罗篇［M］//柏拉图．柏拉图全集：第 2 卷．王晓朝，译．北京：人民出版社，2003：198-199.

慢消耗人们这方面的热情。低成本、无代价的言论充斥着网络，暴力以无形的方式从网络空间渗出，侵蚀着现实生活。比如，"社会性死亡"的背后就有民粹化逻辑，"吃瓜群众"沉溺于对某一社会热点的痛恨，而罔顾那些被热点所包裹的主体。在没有隐私可言的环境中，人们如履薄冰地生活着。如此一来，本就没有多少反思意愿的个体会更加拥抱民粹化。主体性的无力可能不会改变生活现实，但已经改变了文明叙事。

其三，"后真相"时代的文明叙事。现代社会的技术进步一直在影响着社会互动和社会进程，让现代社会变得更加复杂、更难以理解。鉴于如今信息散布的速度，在缺乏循证解释的情况下，舆论排挤了客观事实。所谓"后真相(post-truth)"即是对当代社会政治这种特定状况的描述，它意味着表象优先于客观，因此情感的和主观的解释与评价遮蔽了事物的本质，也遮蔽了真相。特别令人担忧的是，因为普遍存在的各种假设和对社会政治进程毫无根据的解释所造成的影响，不仅导致社会成员经常通过误判而不是通过客观的镜头来观察社会现实，而且使他们在面对迫切需要和风险挑战时保持一种自保式的沉默与遗忘。如果人类将以虚无、后真相等术语来书写未来文明的历史，那么这将意味着什么？

首先，"后"文化作为现代性的（病态）变体，已经完成了对现代社会的解构。哲学社会科学论域的后现代主义与解构主义具有同源性，在否定了"结构"之后，试图用离散的（也即话语的）方式去重构现代社会，但结果就是把民粹化发展为现代社会的常态。其次，"虚无"成为文明史的主流，我们不禁警惕：当马克思所说的"人类社会的史前史时期"①（这显然是以"物"的实体形式，而非以"无"的形式出现的历史）结束，未来的历史将迈入"无"的历史吗？最后，"后真相"与"民粹化"具有天然的亲缘性，"后真相化"的实质是民粹化，网络世界"后真相化"的实质是网络民粹化。如今看来，恐怕不仅是"网络世界"，后真相化已经从网络世界延伸到真实世界，但其中的实质没有变，依然是民粹化。后真相影响了人类文明的发展进程，民粹化所起到的推波助澜作用不可小觑。

晚近以来，基于中国社会现实的"新文明类型"讨论成为面向未来的重要

---

① 马克思.《政治经济学批判》序言［M］//马克思，恩格斯. 马克思恩格斯文集：第2卷. 北京：人民出版社，2009：592.

课题。就我们所谈论的主题而言，“新文明”没有（也无法）脱离技术，对新文明的探寻与展望尤其不能忽视中国社会的民粹化趋势或隐患。民粹化是现代性的产物，也是牵制新文明类型开启的显著症候。进一步看，新文明类型意味着更大范围的社会启蒙，我们可以说启蒙走向了反面，但或许更应该看到，这可能是启蒙的另一种形式，即启蒙的普遍化、大众化、下层化乃至底层化。这个过程肯定不尽如人意，甚至超出近代经典启蒙范式之外，也让治理者颇为头疼。然而，社会各个层级的人员有意愿参与公共生活，并非一件坏事，问题在于，该以一种怎样的形式或心态去参与公共生活。在这一意义上，如何将民粹化吸收、消化并尽可能地转化为一种推动文明进步的力量，而非催生新的无序状态的力量，将是新文明论题应当着重考虑的维度。未来需要化解民粹化与新文明类型的内在张力，以平和且最好是积极的心态去应对当代中国的社会民粹化及其可能带来的社会政治影响。

本章小结

近现代中国与民粹主义的关系问题是复杂的，却又是我们在研究民粹主义时必须回应的。“民粹主义”作为一个译词，在理解方面存在中西差异，我们对它的使用需要谨慎。与西方世界民粹主义的反智主义特征不同，中国尤其中国共产党对知识分子和人民关系的理解是科学且合乎情理的。中国的革命之所以可以成功，关键在于合理地利用了民粹主义因素，激活了农民阶级参与革命进程。在革命胜利之后，中国对民粹主义的处理思路发生了从革命到治理的转换。现代中国的社会民粹化问题应当引起重视，既需要肯定社会民粹化的文明意义，也要警惕社会民粹化的常态化趋势。中国式现代化道路或人类文明新形态的发展需要妥善处理社会民粹化问题。

第五章　民粹主义的哲学基础

行文至此，我并没有针对这些民粹主义现象或问题提出具体的应对策略。实际上，仅仅针对具体的民粹主义问题提供对策并不是特别困难，因为只要牢牢地抓住民主化及其完善这一要点，那么总是可以在一定程度上消解民粹主义及其负面影响。然而问题是，这样的对策终究治标不治本。既然要从根本上把握民粹主义，那么就有必要做从具体到抽象的分析工作，在更高的层面去洞察民粹主义所产生和活动着的时代背景，此即是对民粹主义进行哲学反思的目的。本章认为，民粹主义是现时代精神状况的表现，它是一种集群的手段，并且是群众时代表达不满的手段，真实地反映了现时代的人类生活秩序已然发生的各种危机。作为一种精神层面变革，它既需要实现主体性的自我确证，也需要培养足够的存在论自觉，从而为现代人走出民粹主义指点迷津。

第一节　群体理论的历史发展

当我们在谈论民粹主义时，必然会想到勒庞的《乌合之众》。之所以会产生如此的理论联想，是因为民粹主义与群体理论的关联太过紧密，但读过《乌合之众》的人大体都会感受到勒庞对“群体（crowd）”的偏见。如果按照勒庞的思路，那么免不了落入贬低、谴责乃至诋毁民粹主义的陷阱。而且勒庞的光芒太过耀眼，以至于让群体理论发展史上的其它“珠玉”黯然失色。但如果要真正理解民粹主义与群体理论的关联，就必须审视群体理论的历史演进。拉克劳在这一方面向我们展示了他的成果。他在《论民粹主义的理性》一书中，专门开辟一章来批判地分析群体理论的演进史。勒庞之所以持有对群体的偏见，是因为他的思想基于两个主导着早期群体理论的重要假设：其一，对社会组织的理性形式与群体的病态现象的二元区分；其二，理性与非理性的对立分别对应着个人与群体的对立。我们回顾群体理论发展的目的在于阐明上述两个假设是如何通过理论自身的发展而逐渐被否定的。换个角度看，这其实又是群体理论从开始时的“反民粹主义”倾向逐渐向论证民粹主义合理性靠近的过程，尽管这可能并非群体理论家的本意。本节系统剖析这一发展历程，以期获得对群体理论和民粹主义更为合理的认识。

一、法国大革命的群体恐怖

虽然“民粹主义”术语是随着19世纪中后期俄国的民粹派运动以及美国的“人民党”运动而产生，但若要溯其源头，“民粹主义”的某些要素在法国大革命时期就已初露端倪。19世纪法国著名历史学家伊波利特·泰纳（Hippolyte Taine）著有鸿篇巨作《现代法国的起源》[①]。严格来说，泰纳不能算作群体理论家，但他所提出的一系列观点被之后的群体理论家所采纳。泰纳研究法国大革命历史的特点在于他在书写革命恐怖上的深厚造诣。大革命的恐怖最深刻地体现在暴民的暴行上，这种暴行即是最粗糙和最原始的群体行为。

泰纳描绘了一幅大革命时期法国社会不断衰弱的图景。首先是绝对主义摧毁了法国传统社会结构的中间团体，即个体与国家之间的中介被取缔了。接着是启蒙运动的巨大影响，有关社会重建的乌托邦设想摧毁了社会的限制，这导致之后的法国大革命失去控制、畅行无阻。而且当第三等级无法控制革命时，领导权很快便滑落到第四等级即城市暴民手中。泰纳认为，这些暴民才是大革命进程的真正推动者[②]。

可见，随着领导权的逐渐旁落，任何群体组织都可能堕落为“乌合之众”。在此，泰纳提出了为后来群体理论家所肯定的观点：个体是理性的，而一旦个体加入群体中，那么他将失去理性。泰纳喜欢把群体行为与生命的低等形式（如动植物）做比较。当然，引人注目的还是那个时代普遍存在的看法，即女性与群体行为的相关性。这一看法的背后是生物进化论，如男性的精神力比女性发展得更为完全，因为女性的头盖骨容量比男性的小，因此她们的脑力也自然不如男性。这种不同的生理结构使得女性更容易陷入精神错乱，更无法控制其本能冲动。在此不难发现，群体理论的生理学印记非常明显。如今看来，这种生物学意义的类比非常不合理，但在历史上却又是群体理论的一种分析手段。

---

① 泰勒．现代法国的起源（全五册）[M]．长春：吉林出版集团有限责任公司，2014．

② LACLAU E. On Populist Reason[M]. London: Verso, 2005: 32-33.

正如巴罗斯（Susanna Barrows）对群体理论分析工具的总结："从催眠理论中，他们把刺激机制接合到群体特征中；从进化原理中，他们建构了人类文明的层级；从医学中，他们借用了病态心理学的模型，以及对群体行为的最为常见的比喻：就像十九世纪晚期的法国人所描述的那样，群体类似于酗酒者或女人。"① 当然，上述分析工具并未在泰纳那里表现出来。如"暗示（Suggestion）"这一催眠理论的关键术语对于泰纳而言还不具备特殊的意义，一方面是由于催眠理论的发展还未完善，另一方面受制于泰纳本人所秉持的观点，即领袖并不具有克里斯马式的魅力，而只有那些在社会中陷入疯狂状态的糟粕，才能操纵集聚起来的群众。在此，我们可以清楚地辨认出当代意义上的克里斯马式民粹主义和最原初的群体行为之间的区别。尽管如此，群体理论中的一些关键要素还是可以在泰纳的文字中找到。诸如：作为精神传播规律的结果，暴民被人群中罪恶的那部分人所控制；无政府状态是群体行动的必然结果，因为后者包含了一种指向自然状态的逆转，在这一状态中，只有野蛮的本能盛行；酗酒与群体行动关系紧密，暴乱通常在酗酒式的狂欢中结束，等等。

从泰纳的讨论中不难看到早期群体理论的病理学情结，即过分依赖在"正常"与"病态"之间作出清楚的划分。不过随着群体理论的发展，尤其是法国催眠理论与意大利犯罪学的发展，这一划分逐渐模糊起来。

二、群体理论的病理学情结

催眠理论的争论源自萨尔佩替耶（Salpêtrière）学派与南希（Nancy）学派的争论。尽管萨尔佩替耶学派的创始人沙尔科（Jean-Martin Charcot）后来与南希学派的创始人伯恩海姆（Hippolyte Bernheim）共同组建了新南希学派，但两派之间始终争执不休。沙尔科认为，催眠的现象只能作用于精神病患者身上，而伯恩海姆则认为，催眠现象的发生与"暗示"有关，因此无论精神病患者还是正常人都可以进入催眠状态。群体理论吸收了催眠理论的成果，但也仅仅是成果而已。因为有趣的是，他们选择了沙尔科学派歇斯底里的病理模型，但在术语上却使用南希学派的"暗示"而不是"催眠"。可见，群体理论家并不关注催眠学派之间的理论差异，而只在乎作为整体的催眠理论的成果。至此，

---

① BARROWS S. Distorting Mirrors: Visions of the Crowd in Late Nineteenth Century France[M]. New Haven: Yale University Press, 1981: 43.

群体理论的病理学分析框架被建构起来。

与法国催眠理论相对应的是意大利的犯罪学研究。唯科学至上的风气使得犯罪学以解剖大脑的手段，去研究犯罪者何以会成为犯罪者。意大利犯罪学研究成果迭出。龙勃罗梭（Cesare Lombroso）在 1876 年出版的《犯罪人》（*L'Uomo deliquente*）中阐释了犯罪的返祖现象，即人类可能通过遗传的方式将犯罪基因延续下来。之后他将这一理论扩展到法国大革命的暴民犯罪研究中。19 世纪 80 年代初，西盖勒（Scipio Sighele）出版《犯罪的群众》（*La Folla deliquente*），提出天生犯罪人和偶然犯罪人的理论。总体说来，他对群体行为作了折衷的解释，并在人们参与群体行动的传统原因（如道德传染、社会模仿和催眠暗示等）之外，加入了原初的情绪取向和可量化因素。此外，西盖勒的导师恩里科·菲利（Enrico Ferri）还总结了五种犯罪类型：天生犯罪、精神失常犯罪、习惯性犯罪、意外犯罪和激情犯罪等①。不过犯罪学的盛景不长，在 1885 年和 1889 年两届犯罪人类学国际会议上，意大利犯罪学派解释群体行为的“解剖学—生物学”模式受到法国学者的猛烈抨击。到了 19 世纪 90 年代之后，犯罪学的生物学解释明显衰落，尽管在意大利国内还有影响，且在法西斯的开始阶段还成功影响了意大利的刑法改革，但它的国际影响力一直在衰退。这很大程度上是因为病理学分析框架的瓦解。19 世纪末，沙尔科和伯恩海姆之间争论的胜者是南希学派，病理学这一群体理论的传统根基也随之崩塌了。这意味着群体行为和群体社会需要更加积极的刻画，而不应再受制于那些关于“社会解体”的话语。

不可否认，19 世纪的群体理论对于我们理解现代社会做出许多独创贡献，诸如文字与图像的关系、情感对理性的支配、暗示、对领袖的认同等都是群体行为的真实特征。但是因为群体理论家普遍的反群体偏见，以及以绝对二元的形式建构话语（如“个体/群体”“理性/非理性”“正常/病态”等），所以使得群体理论本身日渐式微。正当群体理论江河日下之际，实现理论突破的是奥地利精神分析学家弗洛伊德（Sigmund Freud）。不过在进入弗洛伊德之前，拉克劳还提到了两个人物——塔尔德和麦独孤。在一定意义上，他们的理论助推了这一突破的到来。

---

① LACLAU E. On Populist Reason[M]. London: Verso, 2005: 38.

三、“公众”时代与群体的组织化

“在病理学传统式微之后，群体理论的发展大体呈现了三种变化：其一，群体类型愈发差异化；其二，从乌合之众的特征转向更为持续的群体组织的特征；其三，转向那些吸纳了个体特征的群体研究。”① 前两种变化突出体现在19世纪法国社会学家塔尔德（Gabriel Tarde）自己的思想变化中。

在塔尔德1890年出版的《模仿律》② 一书中，“模仿”仍然受制于“暗示”。此时他所描述群体行为与之前群体理论家笔下的并无二致：群体不可能理性地思考，群体与奴隶和女人类似，无论哪一种集合都是对个体的贬低，等等。但他的思想在之后发生了变化。在1893年发表的《群体与犯罪派别》（*Les foules et les sects criminelles*）一文中，他把不成熟的、暂时的、无形的群体称为“乌合之众（crowd）”，而把有组织的、层级式的、持续有序的群体称为“自治体（corporation）”。虽然乌合之众与自治体处于两个极端，但群体事件总是乌合之众和自治体共同作用的结果。没有自治体，乌合之众便失去了理智的方向，其结果不过是暴民的暴乱；而如果没有群体性事件的传播，自治体的社会影响必然是有限的。使乌合之众和自治体如此结合的关键在于传播机制，“暗示”效应只有在传播者是能动的且受众是积极的情况下，才可能得到巩固。

从勒庞的群体理论到塔尔德的群体理论发生了关键转变，这一转变具体表现为两种“暗示”形式之间的地位变化：即包括领袖在内的群体成员之间的“相互暗示”，逐渐取代了群体成员单方面受领袖的暗示。塔尔德的这一转变得益于他对文明发展的关注，因为文明的发展进程使社会愈发差异化，同时也让群体问题愈发复杂，所以他开始有意地频繁使用带有“相互（inter-）”前缀的词。他认为，如果集合团体的社会影响被视为某种暗示的形式，那么分散团体的社会影响则应当被视为某种“交往”的形式。这使得他逐渐摆脱勒庞的“群体”影响。这种摆脱在1898年的论文《公众与群体》（*Le public et la foules*）中体现得更为明显，他在文中提出“公众（public）”概念。文章开头提道：“群体心理学业已创立；如今是时候创立公众心理学了，它是纯粹的精神集合，是

① LACLAU E. On Populist Reason[M]. London: Verso, 2005: 40.

② 塔尔德. 模仿律［M］. 何道宽，译. 北京：中国人民大学出版社，2008.

一种与物质分离的、在精神上完全一致的个体的传播。”① 显然，这一意义上的“公众”在古代社会和中世纪社会都不存在。16 世纪印刷业的产生是公众出现的前提，经过法国大革命时期新闻业的推波助澜，再到 20 世纪交通通讯业的蓬勃发展，民族的乃至国际的“公众”才得以真正形成。在塔尔德看来，群体属于过去，而公众属于现在和未来：“我不再赞同那位伟大作者（即勒庞）的观点，即我们的时代是‘群体的时代’。这是与之不同的‘公众的时代’。”②

既然塔尔德提出了一个新的概念“公众”，那么它与“群体”的区别也需要阐释清楚：一个人可以是许多“公众”的一员，但只能属于一个“群体”；尽管“公众”可能降格为“群体”，但产生于“公众”的“群体”比那些与“公众”相对立的“群体”要文明得多；“公众”间的冲突要比“群体”间的冲突温和不少；“公众”较少受到自然因素（如种族）的影响；长远看来，“公众”的宣传比“群体”的宣传更为持久和深刻；在“群体”里很容易区分出爱与恨，但在“公众”里却没那么容易，因为“公众”只是简单地指向某一个理念，并不带有过多情绪，但是对于“公众”而言，怨恨的作用依然很明显，而且被不断地利用：“为公众发现或创造一个新的、大的怨恨对象，是占据新闻头条的屡试不爽的手段。”③ 不过在拉克劳看来，“公众”概念的出现并没有增加新的社会实体，而是仅仅改变了现有的社会逻辑。所有的社会团体都在利用新闻媒体以获取自己的“公众”，表达自己的利益。社会团体的齐齐转型意味着社会的同质化逻辑不仅作用于“群体”中，而且作用于“公众”中。

如果说群体理论自病理学式微之后发生的前两个变化表现在塔尔德那里，那么第三个变化则体现在社会心理学的先驱麦独孤（William McDougall）那里。当群体理论家仍在执着于“个体/群体”的二元讨论时，麦独孤转而关注“群体/高度组织化群体”的区别。如果说无组织的群体拉低了个体，那么高度组织化群体则强化了个体。因为他认为一个群体的精神同质化程度愈高，这个群体就愈发稳固，而且集体生活的表达也愈发强烈。

如果说个体加入群体会失去理性，会丧失作为个体的诸特征，那是因为这一群体是无组织的，而当群体高度组织化之后，情况就大为不同了。为此，麦

① LACLAU E. On Populist Reason[M]. London: Verso, 2005: 44.

② LACLAU E. On Populist Reason[M]. London: Verso, 2005: 45.

③ LACLAU E. On Populist Reason[M]. London: Verso, 2005: 47.

独孤提出了将集体意识从无组织的人群提升至更高水平的五个条件：第一个也是根本的条件是，应该有某种暂时的连续性。这种联系既可能是内容上的，也可能是形式上的。如果一些人在群体中持续存在一段时间，就是内容上的；如果在群体内部存在着被个人担任的连续职务，那就是形式上的。第二个条件是，群体成员对该群体的性质、机构、作用、能力形成某些明确的认识，以便他可以由此发展与群体整体的情感联系。第三个条件是，该群体与其他群体发生相互作用。第四个条件是，群体成员的意识中有传统、习俗、习惯，决定这一群体与其它群体的关系。第五个条件，该群体有确定的内在结构和组织①。有组织的群体行为吸纳了其中个体的某些特性，按照弗洛伊德的说法，这一组织化的方式“避免了集体智力能力的降低”②。

麦独孤作了一个卢梭式的区分，即区分了一般（或集体）意志与所有个体的意志。共同的目的不足以构成集体的意志，因为其中缺少了对集体高度贯注的“认同”。对于麦独孤而言，群体得以统一的基础在于“认同”的共同对象，它使得群体的诸成员等同起来。类似地，在塔尔德那里，观念与激情的共享也存在于群体和公众中。在此，我们已触及“认同（identification)”这一最为关键的概念。

四、“认同”的力量

弗洛伊德在《群体心理学》中提到上述诸多人物及观点，但也讨论了一个甚为关键的术语，这一术语正是弗洛伊德对群体理论的突破所在，即“认同”。

弗洛伊德并不认为“暗示”有足够的解释力，他觉得之前的群体理论家们过多地关注如何描述个体在成为群体一部分的过程中所发生的那些变化（不论是进化还是退化)，而不是对社会联系的本质进行讨论。他提出社会联系的本质就是力比多（libido）联系。推动群体形成的是爱驱力（love drives)，但是显然用爱的原始内涵即性爱（sexual love）来解释群体行为并不十分贴切。因此，弗洛伊德区分了认同的三种主要形式：第一种是对父亲的认同，第二种是对爱

① MCDOUGALL W. The Group Mind[M]. Cambridge: Cambridge University Press, 1920:49-50.参见：弗洛伊德．群体心理学与自我的分析［M]．熊哲宏，等译//弗洛伊德文集（第6卷）：自我与本我．长春：长春出版社，2004：62-63.

② 弗洛伊德．群体心理学与自我的分析［M]．熊哲宏，等译//弗洛伊德文集（第6卷）：自我与本我．长春：长春出版社，2004：63.

之对象的认同，第三种可能“随着对与某些个别人（他不是性本能的对象）分享的共同性质产生任何新感觉而出现。这种共同性质愈是重要，这一部分的认同就可能变得愈成功，因而它可能代表新的联系的开端”①。在群体成员之间可以找到这类认同，而所谓“共同性质”则在于群体成员与领袖联系的性质。

弗洛伊德为群体的力比多构成提出了一个图式，这种群体有一个领袖，且未能通过麦独孤所谓的“组织化”而附带获得个体的特征。“这种原始群体是一些这样的个人：他们把完全相同的对象置于他们自我理想的位置上，结果在他们的自我中使他们自己彼此认同。”② 拉克劳从弗洛伊德的这一图式中得出两个关键性论断：第一，如果完全按照弗洛伊德的思路，那么认同作用将产生于被领导的个体之间，而不产生于他们与领导者之间。也就是说，领导者不再是同辈之首。第二，任何认同的基础都在于对领导者的共同的爱③。

我们从弗洛伊德的判断中可以看到现实社会存在的两种不同的社会集聚形式，即麦独孤的“组织化”与弗洛伊德的个体与领袖的力比多联系，这两种集聚形式总是结合起来发生作用。弗洛伊德在《群体心理学》的第十一章“自我的等级区分”里讨论了个体习性在群体中完全消失的“奇迹”。他认为这一奇迹“意味着个人放弃他的自我理想，用体现在领袖身上的群体理想代替它”④。紧接着他谈到：“这种奇迹不是在每一场合都同样地大。在许多个人身上，自我和自我理想的分离不是特别明显，二者仍然容易相合；自我常常保持它早期自恋性的自我满足。这种情况使得选择领袖非常有利。领袖常常只是需要具有特别显著和纯粹形式的典型个人特征，只是需要给人以强有力和更多力比多自由的印象。在这种情况下，人们对强有力首领的需要，常常就会向他妥协，给他赋予在其他情况下他也许无法要求的支配权。”⑤

---

① 弗洛伊德．群体心理学与自我的分析［M］．熊哲宏，等译//弗洛伊德文集（第6卷）：自我与本我．长春：长春出版社，2004：79.

② 弗洛伊德．群体心理学与自我的分析［M］．熊哲宏，等译//弗洛伊德文集（第6卷）：自我与本我．长春：长春出版社，2004：85.

③ LACLAU E. On Populist Reason[M]. London: Verso, 2005: 56.

④ 弗洛伊德．群体心理学与自我的分析［M］．熊哲宏，等译//弗洛伊德文集（第6卷）：自我与本我．长春：长春出版社，2004：95.

⑤ 弗洛伊德．群体心理学与自我的分析［M］．熊哲宏，等译//弗洛伊德文集（第6卷）：自我与本我．长春：长春出版社，2004：95.

弗洛伊德在此想要表达的意思恐怕不止于字面。简言之，每当这个对强有力领袖的需要对个体让步，只有在领袖表达了某种与他意欲领导的人们所共享的特征时，他才真正被群体所接受。这种结构的突变产生了三个重要的结果：其一，那些使群体成员之间的认同得以可能的“共同点”不再专门存在于对领袖的爱中，而在于领导者与被领导者所共享的某种积极的特征中，这使得克里斯马领袖的存在或许并不是必需的。其二，认同不只是在自我之间发生，因为自我与自我理想的分离还没有完成。这意味着，认同领导者的程度区分也是可能的。其三，如果一个领导者因为表达了与群体成员相同的特征而领导他们，那么，这个领导者将不再可能是一个专横自恋的统治者，而是肩负着对这个群体的责任。在这种情况下，尽管群体对领导权的需要依然存在，但远比那种自恋式的专制要民主得多。

从泰纳到弗洛伊德的群体理论演进路线上始终存在一个反复出现的主题，即社会同质化与社会差异化的关系。对于泰纳而言，社会同质化的代价是既有社会秩序的瓦解，也即社会组织的解体，法国大革命的恐怖是这种同质化的直接结果。但在之后的群体理论发展中，尽管同质与差异的对立依然存在，但其二元论的色彩愈发淡去。在塔尔德那里，虽然“公众”比“群体”更适合于当下社会，但它们都是基于类似的同质化逻辑之上。至于麦独孤，他一方面强调高度组织化的群体与乌合之众的区别，另一方面，他又通过“集体意志”表明，等同原则是高度组织化群体得以形成的前提。差异与同质不再互相对立，也即是说，社会同质是形成社会组织的前提。最后到弗洛伊德那里，这一主题围绕“认同”展开，社会和政治选择的多元性决定于自我与理想之间的距离。如果自我与理想相隔甚远，那么，认同发生在群体成员之间，领导者被放置在理想的位置上。这可以用来解释那些拥有魅力领袖的民粹主义运动，其典型代表就是拉美民粹主义，如阿根廷的庇隆主义（Peronism）、巴西的瓦尔加斯（Vargas）及其新国家（*Estado Novo*），以及后期委内瑞拉的查韦斯主义（Chavismo）等。而如果自我与理想相互靠近，那么，领导者将成为群体成员的选择对象，但他也将作为群体成员的一员参与到相互认同的进程中。这种情况中的领导者并不突出，但又不可否认其存在，如美国民粹主义和欧洲新民粹主义当属此类。再想象一下，如果自我与理想的区别不存在了，那么个体功能将完全转移到群体功能上。而所谓“完全一致的社会”的荒谬说法正是持有这种想象，它总是设想领导权的缺席，也即政治的衰落。

在以往的研究里，民粹主义不是被忽视，就是被降格为一种群体现象加以讨论，其中更是充斥着对“群体”“群众”乃至“人民”的道德谴责，而并未被当做一种构建社会政治联系的合法化路径加以具体分析。在泰纳那里，民粹主义与群体行动确实格格不入。但随后塔尔德、麦独孤讨论了更为组织化的群体，民粹主义与群体行为之间的差别明显减小了。最后，弗洛伊德所提供的理论虽然复杂，却又颇具前景，在那里，民粹主义与群体行为几乎作为可以相互替代的概念被讨论。也即是说，在合理理解群体行为的同时，民粹主义同样也能得到理性看待。所以说，回顾群体理论的发展对于民粹主义研究而言十分重要。它排除了对民粹主义的偏见，开启了理性认识民粹主义的大门。

第二节 群众时代的精神状况与秩序危机

我们从群体理论的演变出发还可以进一步思考：为何“群体”会成为社会科学研究的对象？是什么在促使学者从各种角度去研究群体的行为、心理等种种特性？研究民粹主义不仅是属于社会学、政治学等各种学科门类的分内之事，而且需要上升到哲学层面。这是关乎人之生存的关键，也是本研究与既有的国内外的民粹主义研究的区别所在。我们希望深入时代的本质，去探寻民粹主义何以会在现代社会和政治中反复出现。首先需要说明的是，将现时代命名为“群众时代”有如下考虑：其一，“群众”一词虽然概念模糊，但是一般而言，它指的是同时代人的一种聚合体，诸个体之所以聚合起来，是因为在某种特定的状况中，他们全都承受着某些共同的外在压力。其二，这种我们所能体验到的“群众”实际上是以“公众”或crowd形式存在的群众时代的短暂“表现”。而本质上，群众时代的“群众”乃是现代社会秩序中的聚合体，这种多数人的意志和特性对事物或状况的发展和走向具有决定性的作用。

一、群众时代的精神状况

德国哲学家雅斯贝尔斯（Karl Jaspers）是西方现代存在主义哲学思潮的先驱人物。其代表作《时代的精神状况》（又名《现时代中的人》）写于1930年，彼时正是德国的国家社会主义起势之时，群众的狂热达到前所未有的程度。在这样的时代背景下，雅斯贝尔斯意识到人类状况的问题愈发紧迫，他焦虑地思考我们的精神世界所面临的危险。雅斯贝尔斯在九十多年前所写下的文字，依然可以为我们审视当下社会提供一定的启示。尽管我们说现代社会在不断地向前发展，但是一些基本的特征仍然没有变化，而且其中暗藏着危机。

现代社会的技术发展日新月异，在技术统治的时代，本应主导技术的人类反倒成为依附于技术的存在。人类生活必需品的生产有赖于技术手段的革新。在这个意义上，“个人被融入了功能之中，存在被客观化了”①，其直接后果就是人性的普遍降格。原本具有创造性和可能性的生命体，被技术降格为功能化的肉体生命，降格为追求平庸甚至低俗享乐的存在。雅斯贝尔斯把现代社会比喻为一架机器，而如沙粒一样被搅和在一起的人们都成为这架机器的一部分。人们自然可以在机器中占据一席之地，但失去个体自我已经成为现代人的普遍特征，如此生存的人们无法成为历史实体的组成部分。个人无足轻重，因为当一般水平的执行功能成为衡量一个人一生成就的标准时，那么任意一个人都不是必不可少的。不具有个性的人随时都可能被其它人所取代。

按照马克思对资本主义社会的批判，这些被贬低到物的水平上（甚至不如物）的人，已经失去了人性的实质。无论他在工作中是愉快还是不适，是努力还是倦怠，都不过是执行着日常任务而已。“他日复一日地活下去，惟一可以刺激他超出完成日常任务的范围的欲望，是占据在这架机器中可能达到的最好位置的欲望。”② 但事实上，现代社会这整个机器是由官僚集团所操纵，而官僚集团本身也是一架机器，使其运行的是一群被归结为机器零件的人。所有那些在更大的机器中工作的人都依赖于这架官僚机器。国家、城市、工业、商业和企业等都由官僚集团所控制。

悲观地看，如果任由这种平淡而乏味的时代继续发展下去，那么这个世界将成为一个完全吞没了人之作为个人的世界，其结果是人的自我灭绝。反过来看，由于人不再存在，那么这个机器本身也就不能继续存在下去，它走向了自我毁灭。现代社会作为客体能够给每个人指定功能，规定其工作、生产和消费的数量，但是，它不能产生出它自己的领导者。在这个意义上，现代社会的革新有赖于领导者力量的产生。就像雅斯贝尔斯所说：“即使这架机器要求的是没有创造性的工作，在关键时刻，却仍要有一些已通过把自己融进他们的世界里

① 雅斯贝斯. 时代的精神状况［M］. 王德峰，译. 上海：上海译文出版社，2003：50.

② 雅斯贝斯. 时代的精神状况［M］. 王德峰，译. 上海：上海译文出版社，2003：54.

而确立了地位的领袖们，没有他们，这架机器的工作就要萎缩。”① 这个领导者对于机器的平稳运行而言曾是一种威胁，但是到头来，他在机器的改造不可避免时将发挥必不可少的作用。如果我们承认群众的力量将为时代带来根本性的变革，那么我们将不得不承认，“群众权力只有在不时地有这个或那个个人让群众明白自己的真正需要并充当群众的代表的情况下才起作用”②。

我们在这里似乎已经触及民粹主义。魅力领袖的出现是时代所造就的，而群众权力要真正发挥作用，就必须通过这个魅力领袖的领导。而这些群众之所以会有变革的诉求，本质上是因为他们的个性已经被现代社会的技术统治磨平了棱角，本以为就这样功能性地度过一生，但是周遭环境的改变和压迫，激发他们意识到了自我生存的危机。因而，民粹主义固然是属于某个区域的特有现象，但是从时代的大背景来看，现代社会为民粹主义提供了生长的温床，只要某些因素已经足够成熟（这些因素在第一章中已经有所概括，但还不是全部，因为民粹主义自身也在发展和进化），那么民粹主义现象或运动的发生也就不足为奇了。

这些受民粹主义所吸引和诱惑的人，并非都是旁人看来“无脑”的乌合之众。他们在面对这个时代的合理化和普遍化过程时，或多或少已经产生了一种迫近的毁灭的意识，这是一种畏惧，即担心一切使生活具有价值的事物正在走向末日。他们担心机器的毁灭甚于担心自身的毁灭。按照雅斯贝尔斯的说法：“一种在其强度上也许是前所未有的对于生活的畏惧，是跟随着现代人的可怕阴影。”③ 既定的时代秩序并不能消除这种畏惧意识，技术无所不在的统治即便会摧毁作为实存的人，却从来也不能使人们免除对生活的畏惧。

我们不妨反过来思考，或许正是因为现时代剥夺了人们对生活的热爱，才导致了人们的畏惧意识得以滋生和蔓延。对生活的热爱被摧毁，其根源在于现代社会的秩序在不断被推向极限。实际上，这种极限无法产生任何东西，却能轻易地毁掉对人类生存本身而言不可缺少的东西。于是，在那些被剥夺了可能性和生存希望的个人身上，会产生诸多不满。这种不满恰恰是民粹主义得以真正活动的前提所在。他们无论怎样勤奋工作乃至过度工作，仍无法获得满足的

① 雅斯贝斯. 时代的精神状况［M］. 王德峰，译. 上海：上海译文出版社，2003：58.
② 雅斯贝斯. 时代的精神状况［M］. 王德峰，译. 上海：上海译文出版社，2003：58.
③ 雅斯贝斯. 时代的精神状况［M］. 王德峰，译. 上海：上海译文出版社，2003：65.

感觉，甚至于他们工作的机会也会被剥夺（这是特朗普时代的美国民粹主义来源之一，失业的美国人被特朗普的民粹话语所吸引）。

在这一极限化思维的主导下，雅斯贝尔斯列举了下述情形：“那只能作为个人的首创性的成果而存在的事物正转变为集体的事业，以图通过集体手段去达到某种朦胧设想的目标，并显然相信群众可以得到满足，仿佛群众构成了最高类型的人格。属于职业的种种理想隐退了。从事职业的人投身于特殊的目标、计划和组织。只要公共机构呈现完善的技术秩序，而在其中工作的人不能自由呼吸，那么，由此造成的荒芜便达于顶点。”①

时代秩序趋于绝对本就是一种假设的结果。试想，如果现代社会的人类生活可以安排得令人满意，那么就必须假设存在着一种稳定不变的秩序的可能性。然而，这种假想的稳定状况是不可能的，因为人类生活在根本上是不完善的，或者说是有待完善的，甚至在某种意义上是不能忍受的。可见，人类社会永远不可能实现那种彻底合目的的秩序，因为秩序本身已经被内部的种种对立所撕裂。

这种内部对立冲突的斗争结果就是，现代社会的秩序在漫长岁月中必然不平静地向前运动。我们不难发现国家与国家、党派与党派、阶级与阶级、基础与上层之间的斗争，而且会发现自身利益尽管在某一时刻增加了普遍利益，但在另一时刻却成为了阻碍。秩序井然的现代社会严格界定了原子化个人的功能、义务和权利，所有人都被视作完全可以互换的东西，这样它就压制了创造性，因为创造意味着对原有秩序的威胁。然而，这架机器既然缺乏创造性，那么它就无法调整自身以继续适应不断变化着的状况。在这种情况下，群众可能会联合起来反抗既定秩序。但是绝大多数人并不知道在反抗中必须要做什么以及为什么要这么做，同时也不知道应该把自身的意志指向何处，这时，就导致了种种群众运动虚弱无力的奇怪现象。

要想使群众的反抗取得理想中的效果，那么就少不了领导者的作用。这个领导者可以是某个小群体，某个党派，甚至是某一个人。他们或诉诸团结，或诉诸责任，他们呼吁群众必须认真地考虑实际，必须用一切可以运用的手段来反抗现状。最主要的一点在于，要让领导者来引导事件，因为只有他们才知道

① 雅斯贝斯．时代的精神状况［M］．王德峰，译．上海：上海译文出版社，2003：71.

在特定境况中什么才是最应该去做的。然而很多情况下，当他们发表那些充满诱惑的、激情澎湃的言辞时，内心深处可能也不知道他们需要的究竟是什么。

我们其实可以从现代历史的发展中看到，绝大多数反抗都是以失败告终。失败的原因后人可以总结许多，其中有一个比较关键的原因是，“群众”本身被误解了，或者说，“群众”仍然停留在最原始的意义上，它的历史能动性并没有发挥出来，而是仅仅被领导者当做工具来利用。“群众”在最原初的意义上指的是一定数量个人的集合，是以数量范畴来思考，它无法深入人性本质深处去思考。这就导致了“群众在任何可能的定义上都不可能是那使人如其所是的本质的承荷者”①。请注意，这里所说的“群众”与中国共产党的“人民群众”是不同的。后者已经超越了单纯的数量范畴，而赋予了人民群体社会与政治本性，也即让群众具有了历史性和个性。所以中国语境中的“人民群众”是特殊的，而一般意义的“群众”仍然难以摆脱这个词的原初意义。

“群众”的原初意义是矛盾的，一方面，每一个个体不仅是“群众”的单纯成员，但是另一方面，正因为这个个体作为一个可能的实存，因而他（她）对自身拥有不能让渡的存在权利，在原则上，他（她）不能以丧失作为一个人所具有的独立实存的权利为代价，而被融化到“群众”中去。所以，“群众”很容易变成民粹主义的惯用语，虽然现在“人民”已经取代了“群众”，显得更加文明和有组织，但实际上仍然是数量思维。民粹主义诉诸人民或群众，决定了它向支持者们许诺的不过是一项空洞和浮夸的事业，这是逃避自我、逃脱责任的表现，更不用谈实现真正的人的存在。可见，在时代的大背景下，现代社会的秩序已经产生了诸多危机。

二、群众时代的信任危机

群众时代的秩序危机首先体现为缺乏信任。如果说现代社会的人们现在仍然依靠着法律的强制，仍然服从着权力，仍然恪守着严格的规范，那只是出于物质利益的考虑，而非源于真正的信任。“当所有一切都归结为生活利益的目的性时，关于整体之实质内容的意识便消失了。”②

一般而言，民粹主义运动的反抗对象是当局者的权威，而这个权威过去曾

① 雅斯贝斯. 时代的精神状况［M］. 王德峰，译. 上海：上海译文出版社，2003：82.

② 雅斯贝斯. 时代的精神状况［M］. 王德峰，译. 上海：上海译文出版社，2003：90.

是通过当事者的互相信任而达到的互相联结的形式，它规范着社会和政治中的不确定因素。从19世纪开始，当局者的权威不断被"批判"的火焰所攻击。在马克思主义的语境里，批判本质上是一件积极的事，批判的意义是按照正确的准则作出判断和指导，它的真正任务是评判事实和指出真正实存的事物。但是批判的行为并不一定导向积极的结果，正如雅斯贝尔斯所说，批判的结果一方面导致"现代生活呈现玩世不恭的特征"，另一方面，使得人们"对义务的恪守以及自我牺牲的忠诚都已经消失"①。久而久之，人们习惯了以轻蔑的态度去看待社会上各种粗鄙和琐屑的现象，习惯了打着批判的旗号来用无内容的人道主义和苍白的理想主义为偶然性辩护。殊不知，仅仅运用意志是不可能在批判之后重建任何真正的权威的，这样做的结果极可能导向强权统治。当然，批判无疑是向更好的事物演变的先决条件，但是批判本身并不具有创造力。就像马克思的那句名言："批判的武器当然不能代替武器的批判"②，批判曾经是再生的力量，但是现在这种力量已经趋向消散甚至衰亡，它走向自身的反面，很容易导致由为所欲为的任意批判而引起的不稳定。

群众时代泛滥的批判自然体现在各种各样民粹主义的现象和运动里。原本因为产生了信任危机，所以这类批判的对象是权威和现状，而又因为批判并没有导向积极的结果，所以信任危机不但没有得到缓解，反而进一步加剧。信任危机最集中体现在现代社会的选举政治中。现代政治的历史始终为一个问题所困扰：人类是否能够实现充分的民主化？个体在参与政治事务的时候，能否接受他（她）作为公民有义务履行的一份责任，他（她）是否充分意识到自己正在做的事？而且在具体的决策环节，个人是否愿意承担起他的一份责任，把这看作是他日常生活的一部分？

众所周知，在现代西方选举政治的大环境里，绝大多数选民的投票并非出于建立在对政治具有充分意识和健全认识的基础上的信念，相反，他们无时无刻不受到谬论偏见和虚伪许诺的影响。选举结果不仅要看到支持率，还应看到弃权率。最后实际进行政治统治的是由少数人组成的官僚集团，又或是因某些特殊机遇而被推选到前台的个体。可见，无论最终的结果如何，群众通过最后

---

① 雅斯贝斯. 时代的精神状况［M］. 王德峰，译. 上海：上海译文出版社，2003：92.

② 马克思.《黑格尔法哲学批判》导言［M］//马克思，恩格斯. 马克思恩格斯文集：第1卷. 北京：人民出版社，2009：11.

投票的多数来作出某种决定，并承认多数决定的程序正义性。对此，雅斯贝尔斯点出了问题的实质所在："取得统治权的惟一道路看来就是在选举中为赢得多数而斗争，其手段是宣传、暗示、欺骗和提倡私人利益。"①

面对现代历史上那些通过选举胜利而上台执政的民粹主义党派，我们自然可以指责选民的不负责任，指责民粹主义党派在选举中为赢得多数选票而不择手段。这些表象很容易被世人捕捉到。但根本的问题在于，现代社会的政治秩序已经发生了难以应付的信任危机。在选民对权威普遍失去信任的情况下，我们如何能奢求他们在政治民主化的道路上可以更进一步？追求全民公投这种最纯粹的民主形式，其实恰恰显示了现代民主水准的倒退。

三、群众时代的教育降格

对于这种情况，我们常常会归咎于个体受教育程度的低下，其无法真正理解当代政治生活。当然，我们无法排除个体主动拒斥教育的情形，但是更深层的情形恐怕是，群众时代的教育的整体水平已经被降格了。正像雅斯贝尔斯所说："具有实质内容的教育正在瓦解而变成无休止的教学法实验，这个教育的解体所形成的是种种无关宏旨的可能性。"②

不可否认，无数的教育工作者在坚守自己的岗位，为了心中神圣的教育事业而努力奋斗，甚至比其它的职业群体都更加是一个自我牺牲的人。但是由于缺少一个整体的支撑，教育工作者们往往是软弱无力的，他们也在遭遇着各种不安，其中不仅有生活上的，也有自身追求上的。教育的内容、目标和方法不时地被修改着，原本人们希望通过教育而获得的自由退化成干瘪空洞的自由，教学试验也在不断更新着。这或许体现了现代人一方面对于教育的信心日渐消逝，另一方面又在焦虑地关注着教育。

群众时代的教育倾向于迎合普通人的需要，因而其基本的要求就是必须考虑普罗大众的理解力，哪怕要让一切浅薄的理解力都能接受那些通过教育所传授出去的知识。这一特征的初衷无疑是好的，它为的是普遍地改变人类的认知和理解水平。但是副作用也是明显的，即知识本身因为要契合上述的合理化过

---

① 雅斯贝斯．时代的精神状况［M］．王德峰，译．上海：上海译文出版社，2003：113.

② 雅斯贝斯．时代的精神状况［M］．王德峰，译．上海：上海译文出版社，2003：119.

程而被贫困化了，其直接后果就是所谓有教养人群的减少。有教养的人是如何塑造的？必然需要通过持续地思想和情感修养，而这些有教养的群体正是创造时代精神的主力军。

且不说群众的闲暇时间本就不多，他在日常生活中也并不允许有太多精神创造的可能。我们应当充分地理解实用性对于群众生活的独特价值。事实上，如果一个目标不实用，那么群众是不会花时间和精力去努力追求它的。所以，群众的这一特点使得他们可能并不会耐心地等待一件事情瓜熟蒂落。对于这些处在现代社会机器运行中的人群而言，决定一件事情价值大小的是这件事是否必然会为他们带来某种当下的满足，甚至群众的精神生活很大程度上也会屈从于那些转瞬即逝的享乐。

在这种情况下，知识的贫困化直接导致了词语的空洞贫乏。如今人们什么话都可以说，即便这些话全都空洞无物。词语的含意模糊不清，那最初使人与人之间得以沟通的真实意义被抛弃了，因而也就使人际间的相互理解成为不可能。我们不难发现，“话糙理不糙”成为现代社会的一种常态。其实民粹主义的话语往往是简单明了甚至粗俗的，人们不必加以思考即可懂得其中的意思。可以说，民粹主义不仅迎合了这个时代，而且迎合了这个时代的广大受众。

教育是一种精神活动，但是群众时代的教育已经被贬低为一种技术的能力，贬低为对最低限度的粗陋生活的精神表达。这种对教育的敌意与时代的技术化过程相联系，也与个人同历史传统的脱节过程相联系。人们迅速地厌倦了他们已经听说的东西，所以不停地猎奇求新，因为没有其他东西能够激发他们的想象。“凡是新奇的东西都被当作人们正在寻求的最重要的知识而备受欢迎，但随即又被放弃，因为人们所需要的都只是一时的轰动。”① 民粹主义话语包含那些所谓的“常识”，但是又以一种“语不惊人死不休”的形式表达出来，这恰好满足了那些渴求新奇的群众。民粹主义给人一种假象，似乎只有民粹主义才能让人充分意识到自己生活的时代是不断变化的。在这个历史已经无关紧要的时代，唯有新事物才能给人类带来希望，仿佛新事物因为其“新”而必定是有效用的。这背后的深层原因是，整体性的教育本身无法成型，而众人在某一时刻所共有的价值判断反倒成为了典型，为他人所追捧甚至颂扬。

---

① 雅斯贝斯. 时代的精神状况［M］. 王德峰，译. 上海：上海译文出版社，2003：137.

四、群众时代侈谈哲学

教育是人类精神活动的关键手段，哲学是人类精神活动的高阶内容。教育的庸俗化并没有实现“开民智”的目的，反而让人们满足于对庸俗知识的理解，更不用说对哲学燃起什么兴趣了。

一个伟大而文明的民族不能没有传世的哲学，但是在如今的群众时代谈论哲学已成为一件颇为奢侈的事情。一方面，并不是每一个人都适合谈论哲学，因为哲学的思考需要一定的素养；另一方面，哲学自身的状况已是岌岌可危：“其一，这个时代已经产生一大批缺乏信念的人，他们的全部特性来自生活机器。其二，宗教虽然通过那些教会组织而得到了很好的表达，但是看来仍缺乏能够同实际的现状相一致的创造性的表现力。其三，哲学在整整一个世纪的时间里似乎越来越成为单纯的理论学说和历史的事业，因而正愈益放弃其真正的作用。”①

首先，人类信念的普遍丧失可以说是技术时代的必然结果。科学技术发展取得的惊人进步，使人类能够在最大程度上支配自然，按照自己的意愿去任意地改造物质世界。这些进步虽然带来了人口的巨大增长，但是也带来无数人的精神萎靡，问题是我们甚至无法要求这些丧失了精神信念的人们为他们生活的现实负责。在这种情况下，哲学是否无用武之地了？我们还是要问，绝大多数人是否真正愿意在现代社会机器的作用下自行枯萎？马克思说：“自我异化的扬弃和自我异化走的是同一条道路。”② 现代人不得不沿之前进的唯一道路是同这个已经异化了的现代社会联系在一起的，换言之，即使我们受困于它，也必须奋斗以求自身的拯救。可见，个人即便没有了信念，却仍然是人，而不会变成一只牲畜，他仍然留存着其作为人类的能动性。正因为如此，现代社会的秩序危机也是由人类自己发现的。这意味着留存于人类心中的试图改变身外自然和自身自然的意志，依然具有潜在的活力。即便在没有信念的世界里，许多人也保持着获得信念的可能性，不过，这些人仍被抑制在极其微弱的状态中，因为

① 雅斯贝斯．时代的精神状况［M］．王德峰，译．上海：上海译文出版社，2003：162.

② 马克思．1844年经济学哲学手稿［M］//马克思，恩格斯．马克思恩格斯文集：第1卷．北京：人民出版社，2009：182.

没有历史传统可以依靠，所以每个人都不得不依靠他自己。民粹主义在这一意义上为现时代的人类提供了一种便捷的信念，它所提供的计划和组织给予了人们通过自己的活动去实现自身的希望。

其次，宗教作为历史基础已不再可能。在现代西方的各种民粹主义乱象里，宗教因素扮演了重要的角色，但是这个角色已经与人之存在的历史基础无关。因为现代社会的技术化和高度理性化所衍生出的确定性掩盖了原本真正的绝对精神，而宗教在历史上曾经担当着绝对精神的角色。时过境迁，“由教会和信条所支配的宗教还继续存在，但是在群众生活中，它无非是烦恼中的安慰或生活中的常规行为，几乎不再作为一种实际的生活力量而存在”①。马克思对宗教的批判更加直白：“宗教是人民的鸦片。”② 宗教不仅成为了阻碍人类实现真正解放的要素，而且被民粹主义所利用，成为集聚不满人群的辅助性因素。

最后，如今的哲学拓展了自己的研究领域，却疏离了自身崇高的任务。哲学曾经维系了一种关于存在的终极理性的意识，它曾经使宗教世俗化，它也曾确定无疑地实现了自由个人的独立。然而，大概是从 19 世纪下半叶开始，传统的哲学开始成为由大学的学派所从事的事业，这些学派不全是由富于哲人精神的个人所组成的共同体。“哲学已同自己的根源分离了，它作为关于一种从属现象的学说而对它曾使之可能的现实生活不再负有责任。”③ 它陷入了与科学的论争中，力图在各门科学面前证明自己存在的价值和理由，并且相信在认识论的名义下，哲学既能为自身也能为各门科学确立起有效性和价值。尽管哲学在表面上被赋予了现代性，但实际上哲学已经等同于哲学史。与其说当代的哲学是对本源问题的追问，不如说是对历史片段的迷恋。以学术形式所呈现的哲学，在内容上是理性主义的，它与个人的现实生活逐渐失去了关联。尽管如此，由于哲学严谨的思维传统，它仍然能够成为由各个哲学学派所从事的有用的事业，只是说这些学派为自身的思想标上了各式各样的名称，相互之间展开了激烈的论战，而逐渐忘却了对人类存在的追寻。

---

① 雅斯贝斯. 时代的精神状况 [M]. 王德峰，译. 上海：上海译文出版社，2003：163.

② 马克思.《黑格尔法哲学批判》导言 [M] //马克思，恩格斯. 马克思恩格斯文集：第 1 卷. 北京：人民出版社，2009：4.

③ 雅斯贝斯. 时代的精神状况 [M]. 王德峰，译. 上海：上海译文出版社，2003：165.

现代社会的哲学危机不能说是直接致命的，但却是影响深远的。“外在的炫示代替了真实的存在，多重性代替了统一性，喋喋不休的喧嚷代替了真正的知识的传播，经验代替了实存——一句话，是永无止境的重复仿效。”① 一个新的世界不可能通过既定秩序自身的修复而从这种危机当中产生出来，而是需要作为主体的人达到某种超越性的境界。我认为，其具体途径是在国家和精神等上层建筑层面做文章：一方面通过表现那指向整体的意志的国家来达到这种境界，在这种国家面前，群众时代的生活秩序只是手段；另一方面，人类要通过精神的创造来达到这种境界，因为经由精神的创造，他才开始意识到自身的存在。

第三节 国家、民族精神与自我确证

由于现时代在其秩序上的强制性和在精神活动上的不稳定性，使得群众不可能保持住对现存事物以及对自我持存的完善的理解。现代西方哲学为了应对此类危机，而产生了存在主义这一影响深远的思潮。面对危机日渐分裂群众的社会生活，西方哲学走向了作为整体性的国家和精神，并试图通过国家和精神的重塑来拯救现代人类。这一理路对于我们应对现代社会的民粹主义指出了一条明路，但也不可避免地需要涉及民族主义问题。此节主要讨论国家及其民族精神的现代性意义，以及自我确证对于现代人自觉抵御民粹主义诱惑的重要性。

一、国家的双重功能

首先需要明确的一点是，民粹主义所吸引和集聚起来的人群，他们不满的对象是当局政府，而不是国家。恰恰相反，这些人可能普遍具有强烈的国家主义情结。问题是，这种国家主义或者说现实中真实存在的国家并没有真正发挥它应该发挥的作用。也就是说，作为整体意志的国家并没有能够有效地帮助生活在这个国家的人们自我确证。

国家的存在本身是一个矛盾体。我们习惯于从外文语境到中文语境的理解，但这里对于“国家”的理解我们不妨反其道而行。对同一个中文词“国家”而

① 雅斯贝斯. 时代的精神状况［M］. 王德峰，译. 上海：上海译文出版社，2003：92.

言，有三个对译的英文词，分别是 state，country 和 nation。这三个词的所指各有侧重，其中：state 侧重于国家的政治性质，可以理解为暴力的国家机器；country 侧重于国家的地理性质，可以理解为划定了固定疆域界线的国家；nation 则侧重于国家的社会性质或人文性质，可以理解为操说着同一门语言的族群共同体。当我们说国家是一个矛盾体，指的是人们对国家的理解在很大程度上是按照上述三种含义而分裂的。

我们在考虑国家与群众的关系时可以比较清楚地看到内在于国家含义中的矛盾。一方面是我们较为熟悉的国家的暴力属性，这决定了它的一大功能在于有效地抵御群众秩序，防止群众对统治阶级的颠覆；另一方面是国家的建构属性，这决定了它对群众秩序的维护，因为群众秩序唯有凭借国家才能继续存在，而国家如果没有合适的群众秩序那么也只是一具空壳。可见，国家的具体内容应该包括：为国民自由地实现其多种多样的职业理想提供机会和保障，因为对于那些在社会官僚机器中单纯发挥功能作用的人而言，这些职业理想是很难实现的。国家的正常运转需要的是作为实体存在的人们，这些人通过精神的教化已经获得了参与到自身历史传统中去的力量。国家层面的所有合理计划都是为了改善国民群众的生活秩序及其功能，都是为了避免紊乱，都是为了公正、法治与和平。国家的社会意义就是推进这样的活动。反过来，“个人的历史意志只有通过认同他自己的特定国家才能实际地起作用”①。

国家如果只是暴力的盲目运用，那么就自然走向强权乃至极权的国家形态，这种形态的国家与国民群众是脱节的。真正的国家应该受益于种种精神行为的成功作用。对于个人来说，精神行为的前提他对国家权力现实的适应，即意识到个人的生存与这种权力的存在是密切关联的，在某种意义上，这个权力即是他自己的权力。

从历史上可以看到，国家的命运走向大体有两条原则上不同的道路：一条道路是国家可能堕落为无秩序的暴力，另一条道路则是国家可能高扬为以人性为目标去获取权力的意志。在前一条道路上，国家可能在原始而无精神内容的暴力中迷失方向，而在另一条道路上，如果现实的人拥有足够自觉的精神意志，那么国家终究会成为一种具有历史内容的属于国民的实质性权力。然而今天看

① 雅斯贝斯. 时代的精神状况 [M]. 王德峰，译. 上海：上海译文出版社，2003：106.

来，真正走在后一条道路上的国家并不多。

当人们普遍意识到国家活动本身的神圣性开始消解，那么也就开始了国家的祛魅过程，这一过程也是现代性的展开过程。现代国家观意味着国家是人的意志的表现，是每个个人都参与其中的一种普遍意志的表现。群众时代的人们摇摆于两极之间，其中一极是提供人类生活必需的社会机器，而另一极是不时被人类实际感受到的政治权力。现代人总是试图理解和认识政治权力，以便能够对之施加影响，继而改变自身的生活境遇。

事实上，能够在政治层面上进行思考已经表明人类发展到一个高阶标准。但这并不是人人都可以达到的水准。不难发现，总是会有一部分人决定避免参与政治事件的进程，这是放弃政治生活的一种选择。这种放弃的伤害性远不及下一种，即服从于一种盲目的政治意愿。这是绝大多数民粹主义者和被民粹主义话语所吸引的普通人的选择。他们的生活中充斥着得不到满足的需求，他们抱怨周遭环境。他们的生存动力时而来自仇恨，时而来自热情，而更主要地是来自权力意志的本能。虽然他们并不知道或者压根儿不想知道事实的真相是什么，以及他们真正的意愿是什么，但是这并不妨碍他们去谈论时事、去选择和行动。他们从一知半解的认识直接进入到没有节制的狂热。“这类大肆渲染的假想的参与，是某种所谓的政治知识和政治意愿的最普遍的表现。”[①] 讽刺的是，诸如此类的人群总是跌跌撞撞地行走在时代的舞台之上，且拥趸无数。他们尽管不能发现真实的道路，但是却善于制造麻烦、挑起事端。

民粹主义所造成的社会政治乱象表明国家对于群众而言处于一种略显尴尬的位置。群众意识到了国家暴力所强加的统一性，因而基于自身自由的诉求而发起反抗，但是反抗的对象是他们能够直接体验到的政府，而不是那个作为整体性存在的国家。这样一来，其结果就导向了一种较为便捷的手段，即民粹主义。根据历史的经验，通过民粹主义可以轻易地集结起大量群众的不满，以针对当局政府。但实际上许多不满的实质是漫无目标的多样性，最终都被假想地嫁接到同一个目标之上。我们或许可以就此指责群众的政治素养低下，但是面对整个过程和结果，当局者在很多时候都表现得无能为力。在这种情况下，国家自身的作用也是有限的，它无法自动地修复那些因民粹主义的冲击而带来创

① 雅斯贝斯. 时代的精神状况［M］. 王德峰，译. 上海：上海译文出版社，2003：103.

伤。国家权力并不能创造出任何东西，它所能做的是要么保护秩序，要么摧毁秩序。

其实，主动权仍然在群众手中。然而让人疑惑的是，那些政治行动所关心的作为集合体的国民群众，在今天却成为了问题。世界各地打着“nationalism”旗号的运动比以往任何时候都更加狭隘而不宽容。在这些运动中，“nation”仅仅是和曾经的理想型相联系的操着共同语言的存在。当 nation 被迫陷入一种不自由的自我意识的时候，它就无法在该词的真正含义上同“人民”或“群众”相一致了。不管是国家民族化了的人民，还是必须为其提供生活基本必需品的含义不明的群众之人民，都压抑了那原本同 nation 的本质相联系的个体自我。

国家试图通过教育来提高群众的政治素养。在上一节里我们谈到了时代的教育危机，教育领域的情况和政治国家领域的情况大体相同。教育依存于某种既超越它而又是它的源泉的东西，即依存于精神世界的生活。教育不能无中生有，也不能源于自身，而是只能传达那直接在人的行为中表现自身的生活。“教育是通过利用在精神层面上被创造出来的东西而兴旺发达的。”① 如果教育想要通过历史的连续性而培养出具有充分自我意识的人，那么就需要在科学而严谨的理论和实践中传达出精神的价值。这种精神就是我们接下来要讨论的民族精神。

二、民族精神的现代性意义

正像国家作为人的联盟能够被摧垮一样，民族精神也同样能够被摧垮。没有民族精神支撑的群众让我们的时代呈现如此面貌：“反叛；虚无主义的绝望：无数得不到发展的人陷于困惑；许多人放弃了有限的目的，抵制和谐的诱惑，但是却沿着错误的道路探索。”② 这使得许多现代人容易受到民粹主义的诱惑，认为可以借由民粹主义这种难以言说的组织形式来向当权者施压，从而实现自己的目的和需求。在这样的状态下，民族精神成为一个遥远的话题。

在民族精神的讨论里，黑格尔无疑留下了浓墨重彩的一笔。所以，此部分

① 雅斯贝斯. 时代的精神状况［M］. 王德峰，译. 上海：上海译文出版社，2003：128.

② 雅斯贝斯. 时代的精神状况［M］. 王德峰，译. 上海：上海译文出版社，2003：170.

我们仍然需要批判性地反思黑格尔的相关思想。德国当代哲学家哈贝马斯称黑格尔为“第一位意识到现代性问题的哲学家”①。黑格尔准确地观察到人类历史进入现代的诸多具体表现：个体自我意识的觉醒、政教分离及民族国家的崛起，还有最为重要的，在民族精神的作用下，按照法权概念把个体整合为国家，从而使个体参与政治生活，使真正的伦理生活成为可能，让“国家的活力”存在于每个国民中。

黑格尔对于民族精神的讨论是有争议的。比如，他在国家法哲学的世界历史部分从民族精神角度论证了殖民主义的合法性，认为：“文明民族可以把那些在国家的实体性环节处于落后的其他民族看作野蛮人（如游牧民对待狩猎民，以及农业民族对待前两者，等等），以一种不平等的权利意识看待他们，因而把他们的独立性当作某种形式的东西来看待和处理。”② 也就是说，像德意志乃至西欧这种在当时具有先进民族精神的国家和地区，对世界上其他一些在经济上落后的，甚至不具有相对成熟民族精神的国家和地区的侵略、征服和殖民，应被视为正当的、合法的，因为正是殖民主义把他们带入了世界历史。这些判断成为黑格尔支持殖民主义的论据，也成为后世诸多学者批判黑格尔欧洲中心主义的论据。

指责黑格尔的民族精神观念为欧洲中心论是很容易的，但是我们并不是要停留在字面上，而需要作整体的考量。首先，我们不否认黑格尔的世界史哲学具有欧洲中心主义的维度，然而可以怀疑的是，这一维度是否被解释者夸大了。黑格尔的世界史哲学确实充分肯定了现代欧洲的文化、政治成就，但是这种肯定并不仅仅是对欧洲既定历史发展的一种炫耀式表达。而是应当看到，黑格尔对历史现象的理论重构的最终目的是引起德意志乃至欧洲的公众对其作为历史当事者的伦理意识。

要进到这一层理解，我们就需要指明“精神”的定位：“国家本身各自独立，于是它们之间的关系只能是一种外部关系，所以在它们之上必须有一个第三者，作为联系它们的东西。这个第三者现在就是精神，它在世界历史中给自己以现实性并且是凌驾于独立国家之上的绝对裁判官。”③ 可见，“精神”对于

---

① 哈贝马斯. 现代性的哲学话语［M］. 曹卫东，等译. 南京：译林出版社，2004：51.

② 黑格尔. 法哲学原理［M］. 邓安庆，译. 北京：人民出版社，2016：477.

③ 黑格尔. 法哲学原理［M］. 邓安庆，译. 北京：人民出版社，2016：389.

我们理解国家民族之间的关系非常重要。在这一意义上，殖民主义的正当与否、合法与否并非黑格尔认为需要论证的问题，他的关注点始终放在因殖民而产生的世界历史意义上，也即被殖民的民族为争取国家民族间的相互承认而斗争的合法性，这种由殖民、征服而连接起来的战争和争端具有世界历史的意义。

黑格尔重视民族精神有其深刻的时代背景，即进入 19 世纪以后德意志民族面临的艰难处境。黑格尔于 1799—1802 年写作了一本关于德意志帝国宪制的未出版的小册子，其背景是欧洲第二次反法同盟的失败与解散。在拿破仑的铁蹄下，德意志已不再是一个国家。面对德意志这种“合法的无政府状态”，黑格尔认为：“不可以再把德国看作一个结合在一起的国家整体，而应看作是一群独立的、本质上是主权的国家。”① 当时德意志正处在新旧交替的历史时刻，但旧的东西还没有完全灭亡，新的东西也还没有能占据统治地位，现代与过去的矛盾跃然纸上：“时代进程，以及其中发展着的文明教养进程，已使过去那个时代的命运同现时代的生活互相一刀两断。那个时代的命运所安居的房屋，现在一代人的命运已不再加以忍受，它的存在对现在一代人的利益没有好处和必要，它所发生的作用同世界精神背道而驰。”② 如果德意志不想亡国，那就必须重新组织成一个国家。而对于黑格尔来说，政体即国家组织形式不是本质性的，重要的是“国家”概念：“一群人为共同保卫自己整个所有权而联合起来，这才能把自己叫做一个国家。这种联合不单有自卫的意图，反之它要用真正的防御来自卫，不管力量和所企求的成功会是怎样。”③

这种理念一直持续到之后的国家法哲学及世界史哲学里，黑格尔对民族精神的讨论再进到一个更高的层次，即“承认”。“作为国家的民族，其实体性的合理性和直接的现实性就是精神，因而是大地上的绝对权力。”这种绝对权力的直接体现就是主权独立，而主权独立的前提是获得其他国家的承认。承认不仅是形式上的，不仅因为它是一种国家的形态而承认它，还包含了内容，即国家民族要在事实上作为一个自在自为的存在，这取决于国家制度（constitution）和一般状况。因此，一个国家的合法性不仅在于内政，还“必须通过别国的承

① 黑格尔. 黑格尔政治著作选［M］. 薛华，译. 北京：中国法制出版社，2008：26.
② 黑格尔. 黑格尔政治著作选［M］. 薛华，译. 北京：中国法制出版社，2008：22.
③ 黑格尔. 黑格尔政治著作选［M］. 薛华，译. 北京：中国法制出版社，2008：28.

认才变得完整”。这种承认是相互的，想要得到别国的承认，就要“同样承认那些应该承认它的别国”，尊重别国的独立自主性①。

国与国之间的交往联系所依靠的是作为裁判官的“世界精神”，而各种民族精神又是从属于世界精神的：“在作为绝对普遍性、即世界精神的具体理念中，各种民族精神的具体理念具有它们的真理和规定，它们作为世界精神之现实化的执行者，作为其辉煌的见证与装饰而侍立在其王座的周围。”② 这里与其说是国家之间的关系，不如说是民族精神之间的关系。黑格尔在其世界史哲学的导论里对民族精神及其与世界精神的关系作了更丰富的阐释。

国民的想象被那些与国家有关的一切所占据，他们的意志就是这个国家的意志：“正是这种暂存的整体构成了一种存在，即民族精神。它属于每个国民，只要国家看起来还在发展，那么每个人都是这个国家民族的孩子，而且是它所处时代的孩子。……这个精神的实体就是他自己的，他就是民族精神的代表，他生在其中，活在其中。”③ 民族精神具有规定性，它规定了其他形式（如艺术、宗教和哲学）中的自我意识的基础和内容。而且：“民族精神在世界历史的进程里只是一个个体——因为世界历史表现了‘精神’在其最高形态里的神圣的、绝对的发展。在这一系列阶段里，精神获得了它的自我意识，也即它的真理。这些阶段的各种形态都是具有世界历史意义的民族精神——即规定了它们的伦理生活、它们的政府形式，它们的艺术、宗教和哲学。”④

虽然我们看到黑格尔向世人构建了一幅民族精神的未来图景，但是这一图景在马克思看来有其无法避免的缺憾。马克思承认黑格尔所谓的民族精神和世界精神“已经在群众身上有了自己的材料”，在黑格尔哲学中只是这些材料的相应表现。但是，观念论的哲学家“仅仅是创造历史的绝对精神在运动完成之后用来回顾既往以求意识到自身的一种工具”。“哲学家参与历史只限于他这种回顾既往的意识，因为现实的运动是由绝对精神无意识地完成的。所以，哲学家

① 黑格尔. 法哲学原理 [M]. 邓安庆，译. 北京：人民出版社，2016：468-469.

② 黑格尔. 法哲学原理 [M]. 邓安庆，译. 北京：人民出版社，2016：477.

③ HEGEL G W F. Introduction to The Philosophy of History[M]. Indianapolis: Hackett Publishing Company, 1988: 55.

④ HEGEL G W F. Introduction to The Philosophy of History[M]. Indianapolis: Hackett Publishing Company, 1988: 56.

是事后才上场的。”① 因此，“绝对精神只是事后才通过哲学家意识到自身是具有创造力的世界精神”，所以世界精神制造历史的行动“只是发生在哲学家的意识中、见解中、观念中，只是发生在思辨的想象中”②。可见，黑格尔哲学意义上的民族精神在根本上脱离了现实的历史，而且因为其具有“事后”特征，所以民族精神的呈现最终将依赖于哲学家们的观念总结。如此一来就让民族精神具有太强的主观性。一旦这种主观性没有受到制约，将会很容易降格为（狭隘的）民族主义，这显然是与民粹主义关联甚密的意识形态。

英国著名民族学家安东尼·史密斯（Anthony D. Smith）曾总结了“民族主义”的五种含义，分别是：民族的形成和发展过程，民族的归属情感或意识，民族的语言和象征，争取民族利益的社会和政治运动，普遍意义或特殊性的民族信仰和（或）民族意识形态③。其中使用得最为普遍也最为重要的是最后一种含义，于是“民族主义”这个术语一般指“一种为某一群体争取和维护自治、统一和认同的意识形态运动，该群体的部分成员认为有必要组成一个事实上的或潜在的‘民族’”④。在已有的民族主义研究中，民族主义还可以有更多的细分，比如，以价值好坏之分为依据的“公民民族主义”和“族裔民族主义”，以地域划分为依据的“西方民族主义”和“东方民族主义”，又或是依类型学而划分的“自由主义民族主义”“共产主义民族主义”“文化民族主义”，等等。如此分散的现状自然使得“民族主义”的界定和内涵多样化，更遑论在民族主义上达成共识。但是不论如何细分研究，民族主义终归是一种具有强大凝聚效力的意识形态，并且也是民粹主义非常容易依附的对象。

不少人认为，民族主义等同于民族精神，他们其实并没有理解民族精神的现代性意义。民族主义看似在团结国民方面取得了非常好的效果，但是民族主

① 马克思，恩格斯．神圣家族［M］//马克思，恩格斯．马克思恩格斯文集：第1卷．北京：人民出版社，2009：292．

② 马克思，恩格斯．神圣家族［M］//马克思，恩格斯．马克思恩格斯文集：第1卷．北京：人民出版社，2009：292．

③ 史密斯．民族主义：理论，意识形态，历史［M］．叶江，译．上海：上海人民出版社，2006：6．

④ 史密斯．民族主义：理论，意识形态，历史［M］．叶江，译．上海：上海人民出版社，2006：10．

义的理解是狭隘的。它没有达到民族精神意义上的世界高度。只是局限于各自民族的独立性。民粹主义者总是喜欢在其表达中夹杂民族主义的因素，原因在于可以通过依附民族主义这一强悍的意识形态，来实现自己向当局施压甚至取而代之的目的。在这个意义上，每一个民粹主义者或是有民粹主义倾向的个体，都是潜在的民族主义者或是认同民族主义原则。所以，当今欧洲的民粹主义几乎都具有地方保护主义的特色，都具有对其他民族人口的排斥性。尤其在欧洲难民危机的激化下，为欧洲无论是左翼还是右翼的民粹主义政党都提供了依附民族主义的绝佳机会。其实，为了本国人民幸存的这一目的本身无所谓好坏，这是民族主义内向性的体现，如果没有民族主义，那么民族独立在很大程度上也只能流于空谈。但这也是民族主义意识形态在当今世界饱受诟病的原因所在，因为它始终欠缺，或者说其本质决定了它很难兼容世界性的维度。从这点出发，民族主义只是做到了民族精神的国家意志一面，即让国民认同自己的国家和民族。而民族精神的承认以及与世界精神的关联，则是民族主义无法企及的高度。

现代国家或者是民族精神没有被合理地建构起来，或者说没有遵循一种相互的原则而建构起来，只是停留在民族主义阶段。一个国家的国民并没有在民族精神的指导下参与政治生活，这意味着黑格尔哲学意义上的民族精神在现实中仍然处于一种理想状态。这也决定了民粹主义只能附着在民族主义之上。然而，如果民族精神得以真正塑造形成，那么民粹主义也将无所凭依，因为民粹主义自身的弱势和格局尚不足以接受民族精神的世界性。民粹主义势必具有地域性，也唯有在一定的地域内，它才能挑起“我们”与“他们”的对立。一旦走出限定的地域而走向世界，民粹主义将无法发挥自己的优势，无法挑起人民的对抗激情。因为当整个世界的人们都是“我们”的时候，那么就再没有哪个对象会被设立为“敌人”。

严格来说，民族精神的教化不是一个存在论问题，而是一个认识论问题。它直接关系到人的自我确证。个体的自我意识和自我确证，只有通过认同他自己的特定民族精神才能实际地起作用。认同本质上是一个认识过程。

三、现代人主体性的自我确证

马克思在《1844 年经济学哲学手稿》里谈到现代性的六对矛盾和斗争，分别是：“人和自然界”“人和人”“存在和本质”“对象化和自我确证”“自由和必然”以及“个体和类”[①]。其中，“对象化和自我确证”是直接关乎人的生存，在理解上应该是一个认识论的问题。现代社会的对象化无疑是非常丰富的，但是作为其对立面的自我确证相对而言就薄弱很多。自我确证原本是人之主体性的实现，然而人的对象化占据了现代社会的主流，这主要体现在我们已经习惯于把人作为对象来加以认识。

人确实可以使自己成为认识的对象，而且我们也可以在当今的人文社会科学门类里发现这种对象性的研究。比如社会学、心理学、人类学等专业学科往往把人视为对象，各个学科围绕这个对象可以形成某种知识，这种知识可能使人们通过有意识的安排来改变这个对象。在这样的认识过程里，人们会把日常生活经验中被视为基础性的东西当作他的真实存在。这是一种观念论的认识路径，人在现象上的存在是他的意识，他把意识性的存在视为其本质规定。通过这种知识，人们确实知道了一些关于人的事情，但是并不知道人本身。人，作为一种具有自发性和能动性的创造者，不应当被当作单纯的结果来看待。

这种认识方式的意义在于，通过存在和意识的表面同一性来克服认识论的冲突。不得不说，这是与当下的群众时代相契合的认识方式，因为它使我们不自觉地相信一种理想状态，即个体可以在一种无张力的状态中获得完善的纯粹的生活。所有人都在这座不停运转的社会机器中各得其所，人作为类存在的生命力也会在经过有效的人工选择之后，实现身心健康的普遍化，于是所有人都将在一种完善的生活中得到满足。这种生活状况被认为既是必然的又是真实的。但是，这种认识方式仅仅表征了人的自然存在，而不关注人的社会存在和自我确证的维度，反倒把人的创造性当作某种可悲的、自我孤立的、病态的和夸张的东西。这种对象性的认识已经走到了它的瓶颈，民粹主义的出现实际上为它敲响了警钟。我们可以从民粹主义的各种杂乱诉求中看到，生活中的不满比比皆是，人们不再相信那虚无缥缈的完善的纯粹的理想生活。

其实，民粹主义并不全然是广大群众的无理取闹，它真实地表现了个体渴望实现自己身为主体性存在的功能与作用。尽管因为这种集群的方式，在一定程度上掩盖了这一点。因为一般而言，一旦个体转化为群体，那么在理性层面就会大打折扣。群众的目的是值得肯定的，但是在手段上做了错误的选择。民

---

① 马克思. 1844年经济学哲学手稿［M］//马克思，恩格斯. 马克思恩格斯文集：第1卷. 北京：人民出版社，2009：185.

粹主义并不能真正实现自我确证，它充其量只是“表现了”自我确证的需求，距离“实现”自我确证相去甚远。

为了应对和扭转这一现象，我们需要阐释另一种不同的认识路径，即主体性的认识。在这条道路上，人发现自己就是各种认识张力的主体。这些张力是生活中不可避免的极限状况的产物，它们由于个体自我确证的绝对要求而变得显著起来。“对人的社会的认识又不能由人之外的物种来认识，只能由人来认识。因此，认识社会，作为社会人对人的社会的认识，本质上是人对于自己的类存在和类活动的自我认识。”[①] 如果在认识活动中，人没有意识到自己的主体性，那么他就会发现自己在认识道路上处于悬置状态，因为对象性的认识过程并不需要人作为主体的参与。但也恰恰是在这种状态中，人可以经验到他对自我确证的渴望，他渴望确证自身在社会中的真实存在，虽然这种存在尚未实现。

这一主体性认识道路的意义在于超越性。机械而单纯的生活本身是一个谬误，而寻求完全摆脱认识张力的生活则是一种幻想。有这种幻想的人们错误地以为自己已经摆脱了认知极限状况，克服了时空的限制。实际上，包括人的认识在内的一切认识都是一种特定的视角，唯有借助这种视角，人才能发现他能够认识的范围。因此，在这一意义上，认识是受人支配的，人能够超越它。这个超越的过程不是一帆风顺的，因为认识总是受限于周遭环境。人通过思想所能做到的事情只是照亮自己的认识道路而已。

要想真正突破自身的认识界限，就需要把对象性认识结合到哲学思维中去。我们在这里再次触及现时代的哲学危机。个体在哲学思维中得以再现，这一再现不再是以自己作为对象的方式，而是通过自身的主体性认识。也即是说，在对象性认识中所忽视的和失去的东西，以一种新的形式再次呈现出来。

主体性认识的实现需要契机。只有在人对自己的生活感到不满乃至绝望的时刻，他才更可能把自己作为认识主体并看作一切的根源。如果他进一步认真地思索自身，那么他就再一次意识到自身以外的某种东西。也即是说，在这个世界中，他不仅重新把握住对象性，而且还不断贴近那曾处于悬置状态的自我确证。

应该说，现代人自我确证的崇高性就在于过一种哲学的生活。人类未来寓

---

① 欧阳康．社会认识论导论［M］．北京：中国社会科学出版社，2010：144．

于其哲学生活样式中，我们所谓的哲学生活并不具有强制性，即它不应被视为人类必须依循的指导，同时也不具有必然性，即它不是人类必须向之趋近的理想型。一般而言，哲学生活不是放之四海而皆准的，不同的个体将通过自我确证而加入其中。

第四节　民粹主义与宗教问题

"宗教是人民的鸦片"，马克思的这句话揭示了宗教与人民的密切关联。仅从字面上看，宗教对于人民而言是一种麻痹自我的药物，同时宗教的成瘾性也使人民对宗教产生了依赖。

宗教与民粹主义的关联在现代欧美的民粹主义中体现得尤其明显。以美国为例，我们常说美国的民粹主义与保守主义走得很近，不是没有道理的。特别是在二战之后，美国的保守主义历经了巴克利时代、里根时代、小布什时代直到特朗普时代，虽然几经变换，但是保守主义者一直笃信自由市场的至上地位，对国家干预和福利政策心怀戒备。而且尽管他们承认个人权利和个体选择，但又非常强调权威、传统和宗教的基础性作用，尤其注重推崇盎格鲁-撒克逊新教传统的文化价值，同情并力挺中下层白人群体的现实遭遇。保守主义为了所谓的复兴事业，利用民粹主义手段为其政治选举策略服务。美国的保守民粹主义（或称右翼民粹主义）的一个主要动机在于维护新教传统的正统性，特别是在这一正统性因为现代性的发展而受到冲击和挑战的时候。宗教问题是复杂的，但其中宗教激进主义与民粹主义的关系比较显著。

"'宗教激进主义'（Fundamentalism）一词最早是用来称呼20世纪的基督教清教主义运动的，这一运动强调严格地按照字面解释《圣经》，并以此作为教徒生活和教条的原则。按照这种比较宽泛的解释，有的西方研究者认为，在20世纪中，宗教激进主义实际上不同程度地在世界上每一种主要宗教中均出现过：基督教、犹太教、伊斯兰教、印度教、锡克教、佛教，甚至在儒家思想中也出现过宗教激进主义的倾向。"① 可见，宗教激进主义主要指某些宗教群体试图回

① 蔡佳禾．当代伊斯兰原教旨主义运动［M］．银川：宁夏人民出版社，2003：2.

归其原初的信仰的运动，或指严格遵守基本原理的立场。宗教激进主义者一般提倡对其宗教的基本经文或文献做字面的、传统的解释，并且相信从这些阐释中获得的教义应该被运用于社会、经济和政治生活的各个方面。宗教激进主义在很多情况下都是一个带有负面、消极色彩的概念。主要原因在于，宗教激进主义者在感到传统的，被人们理所当然地接受了的最高权威受到挑战时，对这种挑战毫不妥协，仍一再重申原信仰的权威性，对挑战和妥协予以坚决回击，一旦有必要，甚至用政治和军事手段进一步表明其态度。所以，宗教激进主义具有极强的保守性、对抗性、排他性和战斗性。这样的特征使其与我们如今观察到的民粹主义现象类似。接下来的讨论将围绕这一关系展开。

一、对现代性的反抗

首先我们需要明确，民粹主义与宗教激进主义是两种不同的意识形态。一般而言，民粹主义与政治有关，宗教激进主义与宗教有关。在现代社会里，政治和宗教是独立的社会体系，因而也是不同的活动，政治被认为是一种公开的活动，而宗教被认为是个人可以选择或拒绝的私人事务。既然二者是不同的意识形态，那么它们又是如何联系在一起的？本质上，宗教激进主义和民粹主义都是各自在逻辑上一致的信仰和价值体系。

民粹主义关注民主，即全体成年人参与政治进程的权利。然而，民粹主义者发明了一个抽象的概念即“真正的人民”，通过将一些公民排除在这一类别之外，否定了参与民主的本质。他们声称“真正的人民”正在被“精英”所剥削，“精英”包括那些声称代表全体选民及其各种利益和价值观的政客。他们的叙事是，“真正的人民”也被其他人（如移民或失业者）利用。民粹主义者试图将单一的信仰体系即“真正的人民”的意志强加给每个人，而拒绝多元化的自由民主，拒绝不同的信仰和价值观可以得到承认和代表。再看宗教激进主义，宗教的决定性特征是对超验的信仰，这种信仰已经通过各种方式向人类展现出来。宗教激进主义者声称，只有他们拥有先验的真正启示，所有其他的方法都是错误的。因此，他们的敌人既包括宗教内的“异教徒”，也包括宗教外的“世俗主义者”。换句话说，除了他们自己以外的所有人都可以是“敌人”。因此，根据宗教激进主义的世界观，冲突是“信徒”和“邪恶世界”之间的冲突。

当然，在一定意义上，“民粹主义”和“宗教激进主义”这两个类别只是贬义的标签，它们被创造出来也可能是为了维持其支持者的主导意识形态和权力。

民粹主义者和宗教激进主义者通常被视为与理性和主流相对的情绪化或极端者。但无论如何，那些被贴上“民粹主义者”和“宗教激进主义者”标签的人，确实对现代化及其制度怀有某种程度的敌意。由于民粹主义者和宗教激进主义者分别否认政治和宗教权威的合法性，他们可以通过挑衅、越界和粗鲁的方式来表达这种拒绝。这种交流是直接的，不仅体现在它的风格上，而且在说者和听众之间不存在中介。比如特朗普直接在推特上使用非正式的，通常带有攻击性的语言，绕过“虚假媒体”，向“美国人民”发推文。而宗教激进主义者则通过歧视社会少数群体的观点与行动，证明了他们所谓的“罪恶”。

显然，在描述和理解民粹主义和宗教激进主义的意识形态内容，以及发现它们当前突出地位的可能原因等方面，人们付出了大量努力，至少对“是什么”和“为什么”的问题已经被讨论得够多了。所以我们在此将主要尝试探索“怎么样”（或者说“如何”）问题。个人是如何成为民粹主义者或宗教激进主义者的？他们的支持又是如何得到维持和利用的？他们的坚持如何影响他们作为“人民”的？他们又是如何对其他群体和机构怀有敌意的？

为了回答这些问题，我们首先必须把民粹主义和宗教激进主义定义为反应性的社会运动，旨在改变或推翻不符合其理想的现代社会制度。但它们都在对什么作出反应呢？概括地说，是对现代性及其危机的反应。现代性的重要特征是分化，即从整个社会系统分离到不同功能系统的日益增长的过程。每一种都有自己的基本目标、价值观、语言和实践，每一种也都有自己的评判标准。政府、法律、科学、商业、宗教、艺术和媒体都是功能系统的例子。由于这种日益分化的结果，人们不得不在他们所处的社会系统中变得越来越专业化。然而，要使现代社会有效而公平地运转，分化必须与不同程度的补偿整合起来。比如，公民必须知道他们的政府在做什么；消费者需要确信他们购买的产品是安全的；病人也需要对他们的治疗有和医生同样的信心；政府需要意识到并参与到企业和科学家的活动中去，等等。

这种整合是必要的，因为现代公民很难自觉地拥有作出这些判断的知识。他们依靠科学和媒体来发现和提供信息，依靠立法来保护他们，依靠监管机制来确保这些法律得到遵守。因此，需要两种形式的信任：一种是信任那些负责提供信息和保护的系统，一种是信任在系统中的人。否则，疯狂的科学家和对权力狂热的独裁者很容易成为受欢迎的对象。如此一来，社会体系越分化，我们就越不可能了解他们，那么我们就越需要信任。因此，西方民主国家的人民必须了解“体制”是如何运作的。为了行使他们的民主权利，他们必须弄清楚政府目前运作得如何，为谁的利益服务。他们需要大量的中间人来帮助他们了解正在发生的事情。例如，他们选举的代表是否充分地代表了他们？谁在游说？目的又是什么？政府提出了什么长期战略？如果他们找不到可以信任的人，他们就得自己合作去寻找答案。

宗教也是如此。宗教信徒可能知道当地清真寺、教堂或犹太教堂的一些运作方式，尽管他们可能觉得自己对这些活动几乎没有影响。但他们不仅要信任当地的伊玛目、牧师或拉比，还要信任机构即他们的教派或运动。宗教机构很少像政府机构那样提供问责制或透明度，随着教派的增多乃至摆脱控制，这种信任变得更加难以实现。对上帝的信任可能会增长，但对宗教权威的信任却不会。而且虽然政教分离的主张已经出现了几个世纪之久，但是实际上的政治与宗教的关联绝不是那么轻易可以切断的。正如哈贝马斯所言：“原本有宗教含义的国家敌人作为宪法敌人重新出现——要么以政治意识形态的世俗化形象，要么以自由国家形象，要么是以宗教激进主义者的形象——它就是这样反对现代的生活方式。”①

现代性的分化和专业化意味着现代社会普遍接受的价值观，即在作决定时理性和证据的重要性以及专业知识的价值。凡是有助于可靠地实现每个不同社会制度的基本目标的东西，也都被赋予很高的价值，从而减少不确定性。科学、技术和经验的解释往往比超自然的或道德的解释更受重视。就此而言，民粹主义者和宗教激进主义者都积极地反对现代化。不同的现代制度已经接管了他们想象中的“真正宗教”或“真正人民”在过去时光中曾经拥有的权力。因此，他们不信任来自新兴专业的“专家”，也不信任旨在控制复杂现代社会体系的制度制衡。

总之，就民粹主义者和宗教激进主义者而言，现代社会体系和制度是人民统治或上帝统治的障碍。只有真正的英雄才能摧毁这些精英的建筑。他们相信，只有告密者才能说出政治的真相，只有来自上帝的先知才能看穿有组织的宗教。这两个群体都是英雄，受到爱国主义或上帝的鼓舞，而不像专家和官员那样只是为了自己。

---

① 哈贝马斯．在自然主义与宗教之间［M］．郁喆隽，译．上海：上海人民出版社，2013：215．

既然民粹主义和宗教激进主义都具有对现代性及其分化和复杂的敌意，那么他们想回到过去也就不足为奇了。民粹主义和宗教激进主义的主要驱动力是对现在和未来的恐惧和愤怒，以及对过去神话成真的渴望，因而他们都希望回到一个神话般的过去，比全球化的现代性更为纯粹、更为简单的过去。

二、塑造“敌人”：“我们”与“他们”

对于民粹主义者和宗教激进主义者来说，选择攻击哪一类人是非常重要的。敌人可以提供许多好处，一个合适的敌人会吸引更多的追随者，进而制造更多更强烈的冲突。那么，如何选择敌人就成为了关键所在。首先，也是最明显的，“他们”必须和“我们”不同。构成“我们”的特征提供了塑造“敌人”的机会。以美国的民粹主义为例，如果“我们”是“真正的、努力工作的、直率的美国人”，那么“我们”的“敌人”很可能是伪装成美国人的虚伪、懒惰和狡诈的人，比如墨西哥移民和华盛顿那些无能的、世界主义的官僚。当“我们”是“基督教欧洲人”，那么，“我们”看似合理的“敌人”就是穆斯林移民或索罗斯（George Soros）这样的世界主义犹太人。这足以引发冲突。实际上没有必要进一步污名化墨西哥人、穆斯林或犹太人，因为对这些类别的负面文化成见已经普遍存在。不过为了确定起见，特朗普在墨西哥人的刻板印象中加入了罪犯和强奸犯的特征，而欧尔班则称索罗斯是一个亿万富翁投机商，他不愿意保卫匈牙利的边境，而是愿意接纳移民。所以，民粹主义者要做的就是说出“我们”是谁，那么人们的脑海中就会很自然地浮现出关于“他们”的刻板印象。而当“我们”成功地引出这种刻板印象时，“我们”就可以公开地谈论“他们”，并且扩大“他们”所囊括的范围。

这种刻板印象是如何起作用的？它们的基本功能是简化社会关系。就像人们通常不需要思考一个物体是否是一张桌子一样，“他们”也不会有意把一个人认定为犹太人、罪犯、穆斯林或异教徒。然而刻板印象的存在会促使人们立即自动地、不假思索地把“他们”归到那个类别中。一旦“他们”被成功地分类，人们就会从刻板印象中了解到该如何看待和对待“他们”。以至于要推翻基于刻板印象的分类是非常困难的，因为所有后续的信息都有相应的解释。

刻板印象使人们能够立即进行社会互动，因为它允许人们对他人做出非常迅速的判断。刻板印象不一定是不利的，但它们确实会导致这样一种假设，即所有类别的成员都表现出刻板印象附加到该类别的特征。这些特征可能大多是积极的，而一旦划入二元对立的框架里，由此产生的刻板印象才可能是消极的。此外，刻板印象还为他人的行为提供了解释。比如个人的傲慢、贪婪和软弱等性格成为解释他们行为的原因。利用这一点可以为民粹主义和宗教激进主义的领导者和运动带来很大的优势。一旦他们指责他人及其不良动机和性格，就更容易产生和激发冲突。而且敌人可以被描绘成阴谋家，阴谋论反过来又鼓励迫害叙事，这有助于激励追随者，并将他们团结起来。这一过程触及了现代性的本质，即社会分化为科学、政府、宗教和法律等功能系统。它们排除了根据这些系统及其机构的目的、价值和规范来解释和证明行动和结果的可能性。对民粹主义来说，“他们”是“腐败精英”；对宗教激进主义来说，“他们”是“世俗世界”。在这两种情况下，现代性的制度和价值都遭到了诋毁，取而代之的是一种简单的冲突叙事：“我们”与“他们”，“好人”与“坏人”。现代社会为这个复杂多变的世界提供了各种各样的解释，但这些解释都被抛弃了，取而代之的是幼稚的道德判断：我们是好人，因为我们本就是这样的人；他们是坏人，因为他们本就是这样的人。

民粹主义者和宗教激进主义者都很谨慎地选择各自的敌人。二者在敌人原型的选择上具有排他性和差异性。虽然民粹主义者确实对他们愿意接纳哪些人进入“人民”的行列做出了一些限制，但是宗教激进主义者往往更排外。宗教激进主义的基督徒特别倾向于极端的分化，因为他们既是绝对主义者又是宗派主义者。在某种意义上，他们是绝对主义者，因为他们相信只有他们自己的信仰和实践才是正确的；他们是宗派主义者，因为他们相信自己通过神的话语与神产生了直接的联系，因此对神希望他的子民相信什么和做什么产生了许多不同的想法。造成的结果便是教派激增。宗教激进主义的犹太人和穆斯林在某种程度上差别较小，这可能是因为它们的权威更少地建立在个别信徒的个人虔诚上。

宗教激进主义教派极端分化的一个主要后果是，作为“敌人”的“他们”具有极大的包容性，可以说是除了“我们”以外的所有人。而民粹主义者往往不会详细地说明那些将“我们”与“他们”区分开来的信仰、价值和实践。相反，更加专注于“敌人”以及和敌人对抗的主角，即“我们（人民）”。两相对比之下，宗教激进主义具有非常强烈的排外性和差异性，然而他们的“敌人”却是无差别的、包容的。民粹主义在这一意义上不具备如此强烈的差异性，他们塑造的“敌人”更为具体。

宗教激进主义和民粹主义之间的这种差异的后果是显而易见的。一些宗教激进主义者害怕“世俗世界”引诱和腐化他们，试图与世界分离以保持自身的纯洁。还有一些则采用暴力手段。这两种宗教激进主义者在招募和留住信徒方面都有一些困难，其他大多数宗教激进主义者都会专注于寻求与他们所相信的上帝所揭示的意志相一致的生活。当他们介入政治时，主要是为了扭转他们认为是不虔诚的某些社会或道德领域的发展。他们在立法上取得的成功相对较少，但却成功地将他们最关心的问题留在了公众的视野中。宗教激进主义对现代性的反应是激烈且彻底的，对多样化的社会制度怀有敌意，因为这些制度允许不同的观点，因此也允许文化和道德的相对性。此外，他们认为，这种制度不是上帝的发明，而是上帝赋予人类代理者的身份与权力，事实上是万能的上帝决定了历史的进程。民粹主义者能够非常迅速地动员大量民众，并在影响政治和社会方面取得了相当大的成功。这意味着，民粹主义者在选择敌人以及如何向实际和潜在的追随者传达这一选择的方面，比宗教激进主义者更加老练和圆滑。

三、世俗世界的回应与挑战

民粹主义和宗教激进主义得势的一个原因在于，社会现实层面的确发生了危机。问题是，一旦此类危机得到缓解乃至遏制，那么民粹主义和宗教激进主义的处境将转入衰颓。

第一，成功乃失败之母。如果说宗教叙事的力量是宗教激进主义蓬勃发展的必要条件，那么这种力量的任何削弱或故事的可信性降低，都可能对他们造成灾难性的后果。如果人们难以接受自己宗派对上帝意志的定义，他们总是可以创建另一个宗派或组织。例如，ISIS 起源于基地组织的分裂。在外部观察者看来，叙事上的变化可能相对较小，但这足以激励一个新组织的诞生，使其有别于原组织。宗教激进主义将以另一种形式继续作为一种反对现代化的宗教反应而存在。但我们也注意到，没有任何一种宗教激进主义可以长期占据主导地位。正如 ISIS 目前的突出形象是由于其对世界的极端暴力方式，而不是由于其压倒性的权力和影响力，它终究只是现存的几个伊斯兰宗教激进主义组织之一。

然而民粹主义就不是这样了。随着民粹主义运动的演进，民粹主义者必须减少追随者的恐惧和愤怒，使人们感到他们正在向应许之地前进。在民粹主义的情况下，人们很少像宗教激进主义那样求助于神圣权威，民粹主义的承诺往往比宗教的末日情景更为具体，因为它们一般是在民主政治背景下作为政策目标表达的。将移民拒之门外的高墙、不受欧洲立法约束的自由、退出环境协议、恢复支持传统宗教和家庭价值观的教育课程等等都是有风险的政策与规划。这就是矛盾所在。民粹主义是对现代性的一种反应或反抗，它声称拒绝精英和专家，拒绝现代世界的专业社会体系。但现实情况却是，现代国家的生存必须依赖于现代社会制度。因此，民粹主义领导者如果想保留他们的任何权力，就必须获得并保持对这些体系的控制。新闻和媒体、法律和政治体系、教育和商业都必须被民粹主义的“我们”渗透，或者以其他方式加以控制，以便他们实施民粹主义纲领。

然而，这些现代制度不可或缺的一点是，如果民粹主义的项目无法实现其根本目标，它们就会使其停滞不前。如果法官发现无法执行司法，企业无法增加财富，媒体无法发现和传播真相，等等，那么他们就不会支持一位民粹主义领导者。更重要的是，他们还将利用自己机构的强大力量来压制挑战他们的民粹主义运动。因此，民粹主义者或许更适合“打正义之仗”，而不是在办公室行使权力。当他们的“常识性”解决方案失败时，他们会把失败归咎于“精英”或“国家”。他们的根本目的是制造冲突，因为就像宗教激进主义一样，他们是在与整个现代化机器作斗争，他们最软弱的时刻是他们似乎要获胜的时刻。

第二，当“他们”拒绝刻板印象。宗教激进主义者和民粹主义者都发出了塑造“他们”的明确信号，继而建立起“我们”与“他们”的对立。既然我们是“真实的”或“神圣的”，那么“他们”就是“虚假的”或“有罪的”。如果“他们”接受了“我们”强加给他们的身份，预期的冲突就必然会发生。然而“他们”也有拒绝的理由。接受一个带有贬义的身份会损害一个人的自尊、社会地位和声誉，因为忽视强加给他们的敌意和轻蔑的身份，就等于允许民粹主义者或宗教激进主义者在叙事中自由发挥。然而，主流机构对这种身份的威胁往往醒悟得太晚。到那时，“他们”已经面临一种既定的、普遍的反动叙事，很难破坏它。民粹主义者把自己描述为“我们”，真正的民主主义者、真正的人民，因此“他们”是人民的敌人。对于宗教激进主义者来说，“我们”坚持唯一真正的信仰，“他们”被定义为异教徒。但是，民粹主义者所谓的人民民主通常不是排他性的，而是可代表的；现代宗教也不是宗派的，而是可包容的。这些定义上的真理可以被重申，而对“他们”的塑造也可以被揭穿。结果是，“敌人”辩称自己是真正的民主人士，不是耍阴谋的精英，或者辩称自己是有包容性的信徒，不是世俗的叛教者。可见，民粹主义和宗教激进主义在为“他们”的身份选择特定的类别时，面临着具体的困难。“他们”最喜欢的选择是少数群体和现代机构，但这两者通常都有很好的抵抗能力，并且可以明确地反击：民粹主义者不是真正的人民，而是极权化的民族主义者；宗教激进主义者也不是真正的信徒，而是宗派分离主义者。

第三，当“我们”不再团结。前文讨论了“他们”或“敌人”的塑造问题，这一问题固然重要，但是其实真正对民粹主义或宗教激进主义造成实质性威胁的不是“他们”或“敌人”，而恰恰是“我们”。

首先，“我们”很难找到一种平衡，这种平衡指的是在所有社会因素的分化和融合之间找到某种恰当的平衡。如果太过差异化，那么“我们”就会变得非常奇怪和与众不同，很难吸引足够多的追随者。相反，如果与其他的社会体系有广泛的交流，那么“我们”就没有足够的不同，无法为人们提供一个有吸引力的替代选择。民粹主义和宗教激进主义都可能无法达到这种平衡，但原因是相反的。宗教激进主义往往过于分化，他们在本质上是如此的宗派主义，以至于他们专注于建立和强调自己与其他类似教派或宗教机构的区别。随着教派的增多，这些差异对潜在的新成员来说变得越来越不重要甚至无趣。另一方面，民粹主义通常没有足够的分化。有关身份的界限被广泛而模糊地划定，比如所谓真正的英国人、美国人或匈牙利人很难定义，因此，“我们”的身份原型很难具体说明或举例说明。它更多是一种反向定义，即“人民不是什么”，比如不是精英，不是政治家，不是专家，不是移民，不是少数族群，等等。不同的人都可以认同这种相对包容的类别。因此，在不同的追随者之间建立关系并动员他们采取行动可能是一项挑战。

其次，现代社会身份的多元复杂性。单一社会身份的这种主导作用在现代世界是很难建立和维持的。现代人在日常生活中会认同几种不同的社会制度，并与更多的社会制度进行交流。随着他们的社会状况的变化和每次社会接触的发生，不同的社会身份对他们来说变得突出，以便他们能够适当和有效地行动。可以说，在任何情况下，作为一个现代人都很难保持单一的主导身份或核心身份。

最后，当领导者失去魅力。当领导者被证明是“他们”中的一员而不是“我们”中的一员时，信徒们或追随者们会产生挫败感。比如，民粹主义的领导者可能会被认为是职业政治家，但他们声称自己不是；在假装鄙视精英的同时，又进入精英的社交圈；提倡爱国主义，但又有逃避兵役的历史；诋毁外邦人，却暗中与他们串通；在编造“人民真相”的同时指责“假媒体”。宗教激进主义领导人也可能无法保持一种典型，他们可能在公开谴责这个罪恶世界的不道德，但个人的私生活却混乱不堪；他们可能更热衷于寻求承认和声望，而不是谦卑地侍奉上帝。领导者并非不可取代，当社会、经济和政治环境有利时，似乎永远都不缺民粹主义和宗教激进主义的继承者。对于运动来说，重要的不是领导者本人及其能力，而是他们所代表的原型。如果原型受到冲击，那么作为追随者的“我们”也会受到冲击，而“我们”的身份如果瓦解了，民粹主义或宗教激进主义本身也可能会随之瓦解。

正所谓“细节决定成败”，民粹主义和宗教激进主义都害怕较真，或许他们的策略所需要的就是模糊性和不确定性。当民粹主义和宗教激进主义开始明确“敌人”或“他们”是谁的时候，问题就随之出现了。当民粹主义和宗教激进主义获得一些权力却无法恢复过去时，追随者的期望可能会落空；塑造出来的“敌人”会拒绝接受自己的角色身份，而自身的“我们”认同也可能因为受到各种威胁而不再团结。

第五节　存在论差异与全球民粹主义困局

本节试图在哲学批判的本体论或存在论层面，通过存在论差异这一海德格尔提出和思考的经典命题，来揭示民粹主义在西方出现的根源，以及解释为何民粹主义在中西方世界呈现不同的走向和命运。这可以看作是中国学者和研究者的地域自觉、抑或更深层的文明自觉的体现。

一、存在论差异及中西比较视野

存在论差异来自海德格尔对“存在”之存在与“存在者”之存在的区分。海德格尔提出存在论差异问题，意味着对数千年西方哲学传统的反思和超越，其中包括对美国文明模式这一脱胎于欧洲文明的变体的批判，继而面向非西方特别是东方文明传统开放。对民粹主义的哲学批判，尤其需要基于存在论差异意义上的文明比较来进一步深化。如今的西方新自由主义及其资本主义全球化已经不断突显和加深文明间的冲突及其存在论的对立。晚近以来，在美、英、欧陆国家等西方国家里不断涌现以民粹主义为表象的社会政治变局，强化了“本土”与“外来”的冲突式交往，实际上削弱了不同民族、文化乃至文明之间的对话。再加上新冠疫情的推波助澜，使得人类文明的互动发展停滞不前，而民粹主义现象的全球性蔓延也使得民粹主义被视为阻碍人类文明进步的拦路虎。民粹主义之所以在现代社会特别是西方社会频繁出现，有其存在论缘由。

众所周知，海德格尔的存在论差异具体而言是指“存在”的存在论与“存在者”的存在论之间的差异，核心问题是“存在”的存在论被“存在者”的存在论遮蔽了两千五百年。也即是说，诞生于古希腊文明的欧洲文明或西方文明进程，实际上是“存在”本身被“存在者”所遮蔽的历史。“存在者”的存在论表现为实体性的本体论，这里的“存在者”或个体是缺乏开放性的个体的自我指涉及其纯粹自我规定，它是不可再分的，而且是一切物之本体。“存在者”的存在论是关于个体自我的本体论，其带有与生俱来的自我同一性，成为西方自由主义传统的本体论根基。海德格尔试图通过从本体论转向生存论来破解“存在”被“存在者”遮蔽的问题，比如他的《存在与时间》着力于此在的基础存在论分析。如果将存在论差异的格局扩大到文明比较特别是中西比较的视域，那么存在论差异也可以成为我们深入民粹主义在西方的内在根基的一个切口。

海德格尔对存在论差异的思考与突破，本身针对的是西方传统，并且主要是针对西方传统的转化与开放。“存在者”的存在论即实体以及个体自我本体论无法向“存在”本身开放，它与生俱来地与“他者”有隔阂，难以向其他文化传统及其文明类型开放，甚至还会将后者妖魔化。以基于西方自我认同的普遍主义，堵塞了西方传统与其他文明交流的渠道。因而，我们也就不必奇怪海德格尔何以会发出关于“哲学终结”的判断：“纵观整个哲学史，柏拉图的思想以有所变化的形态始终起着决定性作用。形而上学就是柏拉图主义。尼采把他自己的哲学标示为颠倒了的柏拉图主义。随着这一已经由卡尔·马克思完成了的对形而上学的颠倒，哲学达到了最极端的可能性。哲学进入其终结阶段了。”① 古希腊以来的西方柏拉图主义哲学传统存在了两千五百年之久，其进入终结阶段则意味着西方文明传统的终结。面对这一终结，海德格尔认为现代哲学的任务既要对西方文明展开溯源式的“思”，又要关切非西方的人类轴心文明及其存

① 海德格尔. 面向思的事情［M］. 陈小文，孙周兴，译. 北京：商务印书馆，1999：70.

在历史。海德格尔所开启的生存论转向，即包含着对西方实体性的存在论的破解，以及促使东方非实体性的存在论的出场。

全球性的现代化进程似乎为破解哲学的终结提供了时代契机，但是实际上却因为西方与非西方之间的分界线变得愈发深刻和醒目，导致西方式的“存在者”存在论与全球现代化之间产生了短时间内难以解决的冲突。“存在者”的存在论在近代以来的西方自由主义传统中全面展开，成就了西方现代性及其社会政治形式，并特别表现在当下的美国模式中。而随着东方（尤指中国）要求以主体的方式进入世界历史进程，面对的首要难题便是西方式存在论的排斥。以往非西方不得不被动地接受西方所主导的全球现代化，但因为在这一过程中发生的变局，非西方已经直接参与并推进了全球现代化，改变了一贯以来单一的西方现代化格局。

西方与非西方的对立特别是西方与中国的对立，已然成为世界历史发展、人类文明发展过程中的突出症候。我们必须承认的是，当今的全球现代化仍然被当代资本主义并且是美式资本主义所解释和支配，使得现代化仍然局限在以西方为中心的地域空间，它本能地排斥人类共同价值、无视人类文明的多样性。全球现代化的直接结果即是亨廷顿所谓“文明的冲突”，其根源乃是个体自我存在论。个体自我的存在论与自由主义资本主义高度统一，形成了只指涉西方文明的普遍主义，这种普遍主义集结了强权主义、殖民主义、种族主义、极端民族主义等为本土人民所认同的意识形态，并借由民粹主义而拒斥全球现代化，拒绝非西方真正纳入人类文明的西方系统。可见，由西方主导的全球现代化本身就是一个矛盾体，一方面，西方国家不能不通过全球现代化的形式来实现世界范围的“吸血”而供养自身，另一方面，又不愿意非西方真正参与全球现代化进程。

我们可以从当前的各种讯息中得知国家、地区、人群之间的各种冲突，这些冲突实际上都可以还原为文化及其文明类型的冲突，其根源在于西方传统的存在者存在论，由这一基础只能生发出与个体自我相关的一切意识形态。民粹主义虽然是一种利于集群的意识形态，但它所集合的群体只不过是松散的个体链接，服务于特定的政治目的，与个体自我存在论是非常契合的，因而西方的各种强力意识形态也乐意接受民粹主义的依附。在短时间内，民粹主义的作用是积极的，因为它迅速地帮助西方国家和地区在享受全球现代化红利的同时实现了自主性。然而随着时间的推移，势必会导致个体自我存在论以日趋极端的方式表现出来，尤其是非西方世界的崛起带来的压力不可避免地转移到本土人民的生存状况上，全球现代化也顺势转为逆全球化。

二、逆全球化及其存在论基础

当今世界面临着百年未有之大变局，其中首要的便是逆全球化思潮，突出表现为以民粹主义运动为主要形式的此起彼伏的右转保守趋势。这一趋势的思想渊源可以追溯至第二次世界大战结束之后的冷战思维。虽然我们可以说冷战格局随着上世纪 80、90 年代之交的苏联解体东欧剧变而结束，但是冷战思维一直存留在西方大国的内外政策和人民的生活习性中。

冷战直接导致了世界秩序的两极化，冷战思维则融入西方新自由主义中而强化了内外差异和敌我对立，如今的美国上下几乎完美地展现了这一点。由美国前总统特朗普自 2015 年竞选开始掀起民粹主义浪潮，对内确实带有新保守主义及其美国文明重建的意义（如“让美国再度伟大”等口号就印证了这一点），但是对内的承诺所依托的恰恰是对外的敌视（我们可以从上文的特朗普演讲里清楚地看到）。当下的美国表面上肯定了自身的文明性质，以民粹主义的方式把美国人民的“民意”当做挡箭牌，集合起来对抗用话语建构起的外来文化和文明的攻击，从而转移了世人对美国依旧不断且变本加厉的全球资本扩张和帝国霸权覆盖的注意。这不仅是美国的话术，更是其晚近以来所秉持的逆全球化战略的必要辅助。

在新冠疫情期间，以美国为代表的西方势力集中针对中国及亚裔的敌意达到新的高度，试图以“去中国化”来推动逆全球化进而重构全球化，显然加剧了世界性的社会政治变局。树立外来的敌人本质上还是为了转移国内的矛盾。西方世界的发展看似欣欣向荣，但是在世界经济普遍不景气的冲击下，中底层民众的生存处境堪忧。当失业成为常态，那么人民就极可能以民粹主义的形式来表达自身的不满。而当局政府为了缓解压力，则会利用狭隘民族主义及其附着的民粹主义来将人民的不满引向外人及外国。这一招的效果非常明显，民族国家之间的对抗增强，不少地区剑拔弩张甚至悍然开战，这些都与西方大国的政治操纵脱不了干系，遗憾的是，西方“人民”大多并没有意识到世界格局已经愈发陷入危险的境地。

当然，如果从存在论差异的视角看，西方“人民”的纵容乃至助力的本源正是个体自我存在论及其社会价值，尤其在特朗普时代以民粹主义的极端方式表现出来。美国的存在论基础是海德格尔所批评的“存在者”即个体自我的存在论，甚至比欧洲的存在论更为纯粹。美国的哲学传统主要是英国经验主义传统的变体，相对于欧陆理性主义，经验主义本身包含了对超越性的排斥，在美国则直截了当地转化为实用主义传统，而实用主义传统的世俗化更是塑就了所谓的美国精神。这种美国精神几乎毫无阻碍地蔓延渗透到美国人民的观念中，使得美国的社会价值充斥着非理性主义与反智主义，反过来也为美国民粹主义的滋长提供了社会和文化的土壤。其实这一状况与美国的知识分子群体和阶层乃至美国政治的主流是相抵触的，后者仍然接续着欧陆的理性主义传统，因而我们可以看到美国社会和政治的上下裂痕。

不可否认，美国自建国以来的历史是世界历史尤其是现代历史的典型，马克思恩格斯也曾在美洲新大陆与欧陆的比较发展中赞许美国。显然，在一片新大陆上建构文化和文明具有天然的优势，因为不必过多地顾忌旧的东西。这样的自由发展会有不同的可能，其中之一便是因为没有束缚而走向极端化，需要指出的是，美国的发展进一步强化了个体自我的存在论传统，具体表现为极端的个人主义、自由主义以及民粹主义，助长了美国与其他文明传统，甚至与其欧洲文明传统本源的交流，并且衍生出如种族主义这种几乎无解的难题。然而我们并不能因此而把美国与其他西方国家区分开。如果仅仅从民粹主义这一在欧洲和美国都得到发展的现象来看，它们在存在论上有同源性。而存在论差异也只可能在西方与非西方的划分与对立中重新得到定位。反之亦然，西方与非西方的对立越是明显，西方整体的自我同一性便越是巩固，以至于西方“人民”会欣然接受民粹主义及其话语。

三、存在论自觉与全球民粹困局的破解

新中国自成立以来便积极加入全球现代化的历史进程中，经过几十年尤其是近四十余年的发展，中国同样也面临着百年未有之大变局的挑战。当今世界依然处于一个“大转型”时期，从过去西方的世界历史时代转向全人类的世界历史时代，从过去西方作为现代化主体转向更多非西方的主体参与，从过去殖民剥夺式的世界市场转向以数字、技术、智能为轴心的资本全球覆盖，在如此的时代背景下，中国作为后发式国家已然攀升至全球现代化的排头，然而中国与西方老牌强国之间的交往与理解困境又是我们不得不面对的难题。

当代中国的崛起势头强劲，但客观地看，中国尚没有形成足够抗衡美国战

略竞争的综合实力，而且在抗衡的策略上中国也不可能采取如美国那样的帝国主义模式。随着美国等西方势力的不断施压，中国必然要以斗争的方式捍卫自己的发展。在以军事武力作为保障的同时，中国通过文明对话所宣告的和平发展理念遭遇到的最大挑战便是国外的民粹主义浪潮及其带来的对抗氛围。虽然西方“人民”对中国乃至非西方国家的仇视其实是统治阶级利用民粹主义转移国内矛盾的策略，但是其结果极大地不利于中国的对外交往与国际认同，比如海外汉学的研究与传播、海外孔子学院遭受的非议和攻击，甚至原本正常的中外学术交流也都受到了很大的影响。如今看来，只要逆全球化和民粹主义的浪潮不停歇，这些负面的影响或许是不可逆的。面对这样严峻的局面，中国需要抛弃幻想，认清现实，不能寄希望于国外和西方的改变，而应当立足于自身作出有效的应对。

晚近以来，全球范围内盛行的民粹主义以及狭隘民族主义使得整个人类文明系统脆弱不堪。面对如此困局，更多是西方社会政治科学学者的介入与批评，而西方的哲学学者基本处于一种失语的状态。究其根本，是因为在西方传统的思维方式里，民粹主义带来的闹剧似乎不值一提，抑或者民粹主义不过是民主政治内部结构性微调的小插曲，更何况民粹主义所表现的直接民主好似古希腊民主时代的当代复兴。当然，这其中或许还不能忘了当前火热的政治哲学研究在不断强化强权逻辑，它已经早早地把存在论或生存论的资源剔除出去。就此而言，我们之所以要从存在论差异切入对民粹主义的哲学批判，就是要唤起中国学者在面对和反思全球现代化和全人类文明的困境时的存在论自觉。

首先是对现代化的自觉反思。在全球现代化问题上，西方与非西方构成了一条基本的分界线。西方的现代化与非西方的现代化之间不是断裂的，非西方的社会变革有其特殊性，但终究不是对人类文明发展道路的偏离。非西方参与的全球现代化不应等同于资本主义的全球现代化，而应当包含对资本主义的批判，并且蕴含了对超越资本主义的未来文明空间，开辟新的空间的可能。

其次是生存智慧的自觉。当前的全球民粹主义困局并不在哲学家们分析或设计的理性框架里，民粹主义所表现出来的非理性状态是对生存智慧及其常识思维的颠覆。世界变局既是这一颠覆的体现，反过来也是对这一颠覆的强化。西方式的个体自我存在论无力应对当下状况，甚至可能将人类社会带入一种新的野蛮状态。在这一意义上，未来的全球现代化更需要中国智慧的出场。中国传统思想中包含的生存智慧不乏国际认同。习近平总书记曾指出：“世界上一些有识之士认为，包括儒家思想在内的中华优秀传统文化中蕴藏着解决当代人类面临的难题的重要启示，比如，关于道法自然、天人合一的思想，关于天下为公、大同世界的思想，关于自强不息、厚德载物的思想，关于以民为本、安民富民乐民的思想，关于为政以德、政者正也的思想，关于苟日新日日新又日新、革故鼎新、与时俱进的思想，关于脚踏实地、实事求是的思想，关于经世致用、知行合一、躬行实践的思想，关于集思广益、博施众利、群策群力的思想，关于仁者爱人、以德立人的思想，关于以诚待人、讲信修睦的思想，关于清廉从政、勤勉奉公的思想，关于俭约自守、力戒奢华的思想，关于中和、泰和、求同存异、和而不同、和谐相处的思想，关于安不忘危、存不忘亡、治不忘乱、居安思危的思想，等等。”① 这些思想在现时代依然有其价值，对全球民粹问题的解决也有重要借鉴意义。

最后是共同体理念的自觉。面对民粹主义所形成的集合体，我们需要以另一种集合体形式即共同体来应对。共同体理念具有悠久的西方思想传统，但是随着近代以来的学科定型及分化，共同体的革命与解放意义也被稀释了。新时代中国马克思主义所提出的“人类命运共同体”理念既是对传统共同体理念的创造发展，也是对马克思主义共同体思想的创造发展，还有着中国传统及其存在论渊源，乃是一种当前人类文明发展所需要的交往理念与生存智慧。

本章小结

过去国内外学界研究民粹主义的进路无非社会学、政治学、传播学等，本书提供的一个新层面或新角度乃是哲学的反思。民粹主义是时代问题，真实反映了群众时代的社会秩序所经受的各种危机。当民族精神窄化为狭隘的民族主义，与民粹主义相互迎合，暴露了主体性自我确证的缺陷，提出了现代人自我认识的要求。民粹主义在西方产生的根源在于其个体自我存在论，这种西方式存在论如今借着逆全球化趋势为民粹主义这种极端形态奠定了基础。破解全球民粹主义困局的关键在于从东方特别是从中国的存在论出发形成足够的自觉，深刻反思西方式现代化，并挖掘东方社会生存智慧的当代价值。

---

① 习近平．在纪念孔子诞辰 2565 周年国际学术研讨会暨国际儒学联合会第五届会员大会开幕会上的讲话［N］．人民日报，2014-09-25．

第六章　民粹主义批判及其超越

上一章主要在哲学与精神层面认识民粹主义。这一认识是观念和理论上的，而要真正在现实生活中发挥作用，就必然需要加入实践的维度。众所周知，实践性乃是马克思主义的本质维度。因此，本章立足于马克思主义来批判民粹主义。主要涉及：马克思主义与民粹主义之间存在某种粘连，有必要谨慎精细地将二者区分开；马克思、恩格斯如何对民粹主义展开自觉的批判；马克思主义的新世界观、新唯物主义是实践的唯物主义，即用革命的实践去改造和超越民粹主义；"人类命运共同体"理念作为新时代中国马克思主义的原创性发展在何种意义上具备超越民粹主义的解放意义；未来社会将是怎样一种形态，在哪些方面的建构可以有效地抵御民粹主义的诱惑和影响。

第一节　马克思、恩格斯对民粹主义的自觉批判

马克思主义，特别是马克思主义的革命理论非常容易与民粹主义相混淆。这情有可原，因为从历史上看，马克思主义政党所领导的革命在发动过程中几乎都具有民粹主义的因素，尤其在发动农民革命方面，俄国革命和中国革命都是如此。但是这并不意味着马克思主义与民粹主义之间是天然相合的。二者有本质的区别，只是说这种区别在具体的革命实践里并非泾渭分明。然而我们从理论上还是应当做一些必要的解释和区分，目的是既不把马克思主义降格为民粹主义，又不把民粹主义升格为马克思主义。

本节重点讨论马克思、恩格斯对民粹主义的自觉批判。对于这一主题，我们很自然地想到了马克思、恩格斯与俄国民粹派的关系。这层关系在很大程度上影响了俄国革命的走向，并且对马克思、恩格斯晚年的思想发展也起到了外在推动的作用。但是这种互动从时间线上看已经处于 19 世纪的中后期，而在这

之前，马克思、恩格斯已经通过自身的思想转变形成了科学社会主义和共产主义的革命理想信念。换言之，尽管民粹主义概念尚未出现，但是在批判俄国民粹派之前，马克思恩格斯已经对民粹主义形成了清晰明确的态度。所以下面将从两位思想伟人的青年时期开始，把握马克思、恩格斯对民粹主义的基本看法，并最后落在他们与俄国民粹派的界分上。

一、青年时期的民粹主义因素

青年时期的马克思、恩格斯还没有成熟为共产主义者，而是革命民主主义者。革命民主主义的初衷在于发动尽可能多的人民群众参与到对当前统治阶级和政权的革命反抗中来，这一初衷落实到具体的行动里就是如何快速有效地发动群众。

1843 年，马克思在《德法年鉴》上发表了堪称激进政治宣言的文章——《〈黑格尔法哲学批判〉导言》，他在这篇文章里设想了未来德国革命的图景。作为世界历史事件的法国大革命及其后续效应持续影响着包括马克思在内的欧陆思想家，马克思感慨于法国的社会政治在经历革命之后所发生的历史性变化，批判了德国落后腐朽的官僚政治体制，呼吁无产阶级作为德国革命主体的出现。

德国如果要想像法国一样发生市民社会的变革，就必须要有一个阶级站出来主导革命的进程。马克思认为，这个阶级要想扮演主导的角色，“就必须在自身和群众中激起瞬间的狂热”①。我们在这里立马可以感受到民粹主义，民粹主义运动的开始就是这种瞬间狂热的激起，如果没有这种狂热，那么反抗的力量是不足以集结起来的，而没有这种阶级和群众的合力，那么革命也就没有继续的可能。从这里可以看到，民粹主义作为革命的有机组成部分，有其存在和作用的价值。但前提是，“这个阶级”必须是“自在的”。也即是说，占主导的是“这个阶级”，而不是那些被瞬间狂热所激起的群众。

马克思接着说：“在这瞬间，这个阶级与整个社会亲如兄弟，汇合起来，与整个社会混为一体并且被看做和被认为是社会的总代表；在这瞬间，这个阶级的要求和权利真正成了社会本身的权利和要求，它真正是社会的头脑和社会的

---

① 马克思.《黑格尔法哲学批判》导言［M］//马克思，恩格斯. 马克思恩格斯文集：第 1 卷. 北京：人民出版社，2009：14.

心脏。”[①] 这里涉及“代表”问题。作为社会总代表的是“这个阶级”，作为社会的头脑和心脏的也是“这个阶级”，而不是其他。这就和民粹主义区别开来。在现代社会的民粹主义运动里，无论处于哪一片地域，因民粹主义而集结起来的群体都没有形成像马克思这里所说的“这个阶级”的觉悟，仅仅是各种由异质性的需求链接起来的不同身份的群体。民粹群体远没有达到“社会总代表”的高度，更不可能成为“社会的头脑和心脏”。

尽管如此，青年马克思并没有拒绝民粹式革命。相反，他还有意地改造了在民粹主义中经常出现的“我们”与“敌人”，“我们”与“他们”的对立或分界。如马克思认为：“要使人民革命同市民社会特殊阶级的解放完全一致，要使一个等级被承认为整个社会的等级，社会的一切缺陷就必定相反地集中于另一个阶级，一定的等级就必定成为引起普遍不满的等级，成为普遍障碍的体现，一种特殊的社会领域就必定被看做是整个社会中昭彰的罪恶。”[②]

马克思在这段表述里提到“人民革命”与“无产阶级解放”的一致性。人民革命本身就具有民粹主义的要素，这一术语的使用可以看作是青年马克思革命民主主义立场的最突出表现。但马克思并非单独地提及人民革命，而是将之与无产阶级解放和市民社会革命并列。这一做法不可避免地让马克思去设想一种对立，只不过这种对立不再是民粹主义意义上的“我们”与“他们”，“我们”与“敌人”的对立，而是无产阶级与“另一个阶级”的对立，这“另一个阶级”集中了社会的一切缺陷，它引起社会的普遍不满，成为革命的阻碍。毋庸置疑，“另一个阶级”就是资产阶级。资产阶级社会彰显了整个社会的罪恶，无产阶级的历史使命就在于推翻资产阶级社会，获得普遍的自我解放。

试想，如果没有人民革命与无产阶级解放的一致性，那么革命就可能只会停留在没有阶级性的人民革命阶段，其一般结果就是革命的失败，而最乐观的结果是推翻统治者的政权，但却没有真正实现人类普遍的自我解放，因为新的统治者仍可能走向反革命。

青年马克思并不排斥革命的民粹主义要素，而且还将民粹主义要素置于无

① 马克思.《黑格尔法哲学批判》导言［M］//马克思，恩格斯. 马克思恩格斯文集：第1卷. 北京：人民出版社，2009：14.

② 马克思.《黑格尔法哲学批判》导言［M］//马克思，恩格斯. 马克思恩格斯文集：第1卷. 北京：人民出版社，2009：15.

产阶级革命和解放的背景和条件之下。他这样做的用意不难揣摩，就是要充分地利用民粹式的人民革命来发动广大受压迫群众的参与，为无产阶级普遍的自我解放这一最终目的服务。可见，马克思在阐释其自身革命理念的一开始，就没有被民粹主义革命的要素所干扰，尽管青年时期的他可以定位为一个革命民主主义者，但他内心中始终留有无产阶级革命的火种。民粹主义在无产阶级革命面前只是手段和工具，不可能越俎代庖成为目的自身。

1843 年的青年马克思在政治批判领域自觉地处理了民粹主义问题，但他没有止步于此。在 1845 年的《神圣家族》中，马克思与恩格斯一道在历史哲学领域处理了群众问题，既为他们理清自身的唯物史观奠定了基础，也在与民粹主义对话的道路上走出更为坚实的一步。

二、“历史活动是群众的活动”

马克思和恩格斯在《神圣家族》里主要批判的是青年黑格尔派思想。一般而言，青年黑格尔派是黑格尔哲学中积极和进步部分的继承者，这个群体在一定程度上推动了德国古典哲学的进步。早年的马克思与青年黑格尔派交往甚密，但随后在洞察了青年黑格尔派的观念论实质之后，选择与其分道扬镳。《神圣家族》可以看作马克思、恩格斯与青年黑格尔派的诀别书。在这个篇幅不小的文本里，马克思和恩格斯分工明确，近乎全面地批判了青年黑格尔派，划定了与之较为清晰的界线。在这些“批判”里，与我们讨论的主题直接相关的是群众与历史的部分。

马克思认为，青年黑格尔派“一直是靠批判地贬低、否定和改变一定的群众性的对象和人物来取得自己的相对荣誉”，同时也“靠批判地贬低、否定和改变普遍的群众来取得自己的绝对荣誉”。[①] 这意味着，青年黑格尔派对群众的态度是消极的，这一点承袭自黑格尔。黑格尔对群众的评价不高，但总体上还算是相对中性的。他在其《法哲学原理》里如此写道：

“在凡是只有君主和人民的专制国家中，人民所起的作用，如果起作用的话，单纯就是作为破坏性的群众来对抗组织。但群众进入国家而变得有组织的时候，就以合法而有序的方式贯彻他们的利益。反之，如果不存在这种手段，

① 马克思，恩格斯．神圣家族［M］//马克思，恩格斯．马克思恩格斯文集：第 1 卷．北京：人民出版社，2009：282.

那么群众的呼声往往就只是粗野的。……许多人作为单一者，人们往往乐于把它理解为‘人民’，诚然是一种组合，但只是作为合众，一种无定形的群众，他们的运动和行动正因此只是自发的、无理性的、野蛮而恐怖的。当有人听到人们同国家制度相联系而谈论人民这种无机的组合体时，那就已经预先知道，除了一些笼统的话和歪曲的夸夸其谈外，不可能指望听到什么别的东西。”①

在马克思看来，现实的历史不可能没有群众的参与，所以只要历史不是按照德国观念论的理念来编纂，那么我们就无法忽视群众的历史角色，无法忽视群众对事物的“关注”程度和群众对事件抱有多少“热情”，这些都直接关乎群众的“利益”②。而青年黑格尔派的观念论史学并不在意群众的利益，在他们眼中：“在历史活动中重要的不是行动着的群众，不是经验的活动，也不是这一活动的经验的利益，相反，‘在这些活动中’，‘重要的’仅仅是‘一种思想’。”③

民粹主义者的历史观就是这样。他们正在改变和创造的历史，从来都不是真正为了这些集结的群众的利益，也不是为了这场民粹主义运动的经验本身的利益，他们所看重的仅仅是作为领导者或蛊惑者自身的思想和观念。在现代选举政治中，候选者借助民粹主义的力量，获得大量群众选票的支持，继而在原先同一个政治舞台上施展自己的执政理念。而这段历史的核心从来都不是群众，而是观念化身的民粹主义者或政党。

这种历史观的后果不能由“群众”来“背锅”。在马克思看来，一场历史活动之所以显得不合时宜，是因为“群众”的涵盖范围仍然处于一种极其有限的状态。尤其是在“革命”这一历史活动力，群众直接决定了后世的评价。马克思以法国大革命为例加以说明：

“如果说这场能够代表一切伟大的历史‘活动’的革命是不合时宜的，那么，它之所以不合时宜，是因为它在本质上仍然停留在那样一种群众生活条件的范围内，而那种群众是仅仅由少数人组成的、不是把全体居民包括在内的、有限的群众。如果说这场革命是不合时宜的，那么，并不是因为群众对革命

---

① 黑格尔．法哲学原理［M］．邓安庆，译．北京：人民出版社，2016：445-446.

② 马克思，恩格斯．神圣家族［M］//马克思，恩格斯．马克思恩格斯文集：第1卷．北京：人民出版社，2009：286.

③ 马克思，恩格斯．神圣家族［M］//马克思，恩格斯．马克思恩格斯文集：第1卷．北京：人民出版社，2009：287.

‘怀有热情’和表示‘关注’，而是因为人数众多的、与资产阶级不同的那部分群众认为，在革命的原则中并没有体现他们的现实利益，并没有体现他们自己的革命原则，而仅仅包含一种‘思想’，也就是仅仅包含一个激起暂时热情和掀起表面风潮的对象罢了。”①

我们从这段表述里可以体会到，法国大革命尽管是在世界历史上发生的一场伟大活动，但是其实它并没有彻底完成它应当完成的历史使命。而且法国大革命里占主流的可能是民粹主义要素，给世人留下的印象也可能是“激起暂时热情和掀起表面风潮”。

法国大革命中的革命党之所以最后失败走向灭亡，其原因也与此有关。他们组织群众推翻波旁王朝，开启了世界历史的崭新一页。但是旧制度之后的新社会是现代资产阶级社会，这本质上仍然是一个广大群众遭受压迫的社会。在马克思的描述里，这是一个“工业、普遍竞争、自由地追求自己目的的私人利益、无政府状态、自我异化的自然个性和精神个性的社会”②。新社会的资产阶级属性决定了革命党在取得阶段性的成功之后必然脱离群众，并把社会的改造寄希望于“单个的个人”之上。而且在政治层面，革命党人也犯了混淆古今的错误：“他们混淆了以真正的奴隶制为基础的古典古代实在论民主共同体和以被解放了的奴隶制即资产阶级社会为基础的现代唯灵论民主代议制国家。”③ 在马克思的这个判断里，资产阶级社会的现代民主代议制，在民主的发展史上无疑是一种最新的形式，但是它的具体运作却是古典民主的套路。

法国大革命意义上的有限“群众”自然不是马克思所设想的，在他看来：“历史活动是群众的活动，随着历史活动的深入，必将是群众队伍的扩大。”④这种扩大的群众的运动，是与共产主义相适应的。也就是说，共产主义运动在一定意义上是广大群众的运动，而不是某一小团体或某一小撮人的运动。

---

① 马克思，恩格斯．神圣家族［M］//马克思，恩格斯．马克思恩格斯文集：第1卷．北京：人民出版社，2009：287.

② 马克思，恩格斯．神圣家族［M］//马克思，恩格斯．马克思恩格斯文集：第1卷．北京：人民出版社，2009：324.

③ 马克思，恩格斯．神圣家族［M］//马克思，恩格斯．马克思恩格斯文集：第1卷．北京：人民出版社，2009：324.

④ 马克思，恩格斯．神圣家族［M］//马克思，恩格斯．马克思恩格斯文集：第1卷．北京：人民出版社，2009：287.

在19世纪40年代以前，共产主义整体上仍处于一种理论的状态，甚至会沦为空想，至多不过是少数人的运动。但是马克思的共产主义逐渐超出了单纯理论的状态，而坚定地走向了现实的运动。马克思对英法两国的工人颇有赞誉，他认为他们真正展现了共产主义作为一场群众运动的人道意义。《神圣家族》里写道："人们只有了解英法两国工人的钻研精神、求知欲望、道德毅力和对自己发展的孜孜不倦的追求，才能想象这个运动的合乎人道的崇高境界。"①

思想或理论需要找到在实践中去实现它的载体，共产主义也不例外。正如马克思所言："在任何情况下，思想所能超出的只是旧世界秩序的思想范围。思想本身根本不能实现什么东西。思想要得到实现，就要有使用实践力量的人。"② 共产主义要得到实现，也需要有使用实践力量的人，这一群人的主导应是无产阶级，它的体量也应当包括受无产阶级理念影响的革命的群众。

19世纪中后期，在发动群众参加革命运动方面，具有影响力的思潮不只有马克思主义、共产主义，还不应忽视布朗基主义、无政府主义、俄国民粹派等等。而且从整体的声势来看，后几个思潮要比马克思主义强。我们将在下一部分重点讨论马克思恩格斯与俄国民粹派的关联与分歧。

三、马克思恩格斯与俄国民粹派

俄国革命是马克思恩格斯中后期思考革命问题的主要对象。马克思恩格斯与俄国的革命人士进行了持续的对话，俄国成为欧陆革命整体陷入颓势之后保留着革命火种的土壤。但前期影响俄国革命走势的并不是马克思主义，而是俄国本土的民粹派。这也是在民粹主义研究中始终无法绕过的一个地域流派——俄国民粹主义。

俄国的民粹主义经历了一段漫长的形成、发展和衰落的时期，曾在俄国历史上产生过重大影响。俄国民粹主义可以分成两个历史发展阶段，第一个阶段表现为革命的民粹主义，它在19世纪六七十年代的俄国思想史上居于统治地位。到了八九十年代，俄国民粹主义进入了第二个发展阶段，这个阶段的特点

---

① 马克思，恩格斯．神圣家族［M］//马克思，恩格斯．马克思恩格斯文集：第1卷．北京：人民出版社，2009：290.

② 马克思，恩格斯．神圣家族［M］//马克思，恩格斯．马克思恩格斯文集：第1卷．北京：人民出版社，2009：320.

是自由派民粹主义占据上风，在一定程度上阻碍了马克思主义在俄国的传播。

在第一个阶段，革命民粹派大体上可以分为三个主要派别。19 世纪六七十年代民粹派各派的代表人物是拉甫罗夫、巴枯宁和特卡乔夫。虽然他们在基本理论上是一致的，但在革命的策略问题上则存在分歧。

拉甫罗夫派认为，俄国革命的时机还不成熟，革命者的当务之急是到农村去宣传，使农民作好起义的准备。所以人们通常把这一派称为“宣传派”或“准备派”。特卡乔夫与拉甫罗夫不同，他对国内资本主义的发展充满了恐惧和不安，认为资本主义的发展只会推迟革命以致革命永远不能实现，因此现在应当立即实行暴动。号称“暴动派”的巴枯宁派在立即实行暴动这一点上同特卡乔夫派是完全一致的。他认为俄国农民的革命情绪已经到了一触即发的程度，所以他号召青年到农村去立即组织起义。但在如何暴动和暴动的归宿问题上他们却有原则的分歧。巴枯宁着眼于农民，而且反对建立包括社会主义国家在内的任何国家，他认为立刻消灭国家是俄国社会革命的基本和首要任务。与巴枯宁不同，特卡乔夫是一个布朗基主义者，在他看来，革命只能是“少数人”的事情，只有靠少数知识分子采取密谋的办法才能夺取政权，从而过渡到社会主义社会。

理论上的错误导致俄国的革命民粹派在行动上的多次失败，俄国民粹派内部已显露疲态，本就各持己见的民粹派开始分化瓦解。从 19 世纪 80 年代中期到 90 年代，以米海洛夫斯基、尤沙柯夫、沃龙佐夫和丹尼尔逊为主要代表的自由主义民粹派占据上风，他们的身份比较特殊，大多是马克思《资本论》第一卷俄文版的翻译者和传播者（尽管他们曲解了马克思的本意）。

俄国民粹派与马克思恩格斯的关系，并不像想象中的那样剑拔弩张。不管是哪个阶段的民粹派，都给予马克思充分的赞美和尊重。1880 年 10 月，俄国民粹派的秘密组织俄国民意党的执行委员会致信马克思：

“对于西欧思想和生活的进程始终感觉敏锐的俄国先进知识分子，曾经怀着兴奋的心情欢迎您的科学著作的出版。在这些著作中科学对俄国生活中的优秀思潮表示赞许，而《资本论》则成了知识分子的案头必备之书。

…………

我们知道，您，尊敬的同志，曾经怀着多么巨大的兴趣注视着俄园革命运动的一切阶段，我们高兴地指出，俄国革命已经度过了艰苦的时期。

…………

尊敬的同志，谨向您表示俄国社会革命党全党对您的深深的敬意。”①

俄国民意党于1879年8月从土地和自由社中分裂而来，它的目标是推翻沙皇专制制度，主张人民拥有土地的权利，拥护村社的方式和地方自治。民意党人的活动主要是宣传和密谋暗杀沙皇。1881年3月13日，民意党人在彼得堡成功刺死沙皇亚历山大二世。此举导致沙皇政府更加残酷的恐怖镇压。1884年10月，民意党人停止活动，俄国革命民粹派运动基本结束。我们暂且不说马克思恩格斯与崇尚密谋暗杀的革命民粹派保持着距离，革命民粹派对于同为革命者的马克思和恩格斯表达了应有的尊敬。

与革命民粹派类似，第二阶段的自由民粹派早期也肯定了马克思的学术成就。当马克思的《资本论》第一卷俄文版于1872年出版时，米海洛夫斯基评价道："我们很少如此满意地读到一本新出的书。"②"我们为能向读者推荐马克思的这样的著作而感到格外高兴。它的出版很适时，其原因就像我们认为我们的活动很适时一样。"③

与俄国民粹派向马克思恩格斯表露出的积极友好态度不同，马克思恩格斯虽然与俄国民粹派有交往，但始终自觉地与之保持一定距离。这是因为他们意识到了马克思主义与俄国民粹主义之间存在着本质差异。这种差异主要体现在两个方面：

其一，与革命民粹派在革命策略上的差异。革命民粹派的革命策略要么是拉甫罗夫派苦苦等待时机成熟，要么是巴枯宁派的暴动和特卡乔夫派的密谋暗杀，就前者而言，革命遥遥无期，就后者而言，革命止步于当局的残酷压迫，整个革命笼罩在恐怖主义的氛围中。马克思恩格斯所设想的革命从一开始就与革命民粹派的革命划清了界线。

《共产主义原理》是恩格斯在1847年底为共产主义者同盟撰写的纲领草案，也可以看作是《共产党宣言》的草稿。恩格斯以一问一答的方式简明扼要地阐释了他们对共产主义的理解。其中第十六个问题是："能不能用和平的办法废除

---

① 中共中央马恩列斯著作编译局国际共运史研究室．俄国民粹派文选［M］．北京：人民出版社，1983：524-525.

② 中共中央马恩列斯著作编译局国际共运史研究室．俄国民粹派文选［M］．北京：人民出版社，1983：222.

③ 中共中央马恩列斯著作编译局国际共运史研究室．俄国民粹派文选［M］．北京：人民出版社，1983：231.

私有制?”恩格斯回答道：“但愿如此，共产主义者当然是最不反对这种办法的人。共产主义者很清楚，任何密谋都不但无益，甚至有害。他们很清楚，革命不能故意地、随心所欲地制造，革命在任何地方和任何时候都是完全不以单个政党和整个阶级的意志和领导为转移的各种情况的必然结果。”① 这个回答很清楚地表达了马克思恩格斯对密谋暗杀等日后俄国革命民粹派主要活动的反对，这意味着俄国民粹派口中所谓的革命并不是共产主义意义上的革命，不是马克思恩格斯所支持的革命活动。

其二，与自由民粹派在俄国资本主义发展问题上的差异。一谈到俄国资本主义的发展，我们就会想到经典马克思主义理论中的“跨越卡夫丁峡谷”命题。这一命题是在马克思与俄国民粹派成员查苏利奇的通信中提出的。1881 年 2 月 16 日，查苏利奇给马克思写了一封信，希望马克思能就俄国农村公社问题作出一些解答。此后，马克思从 2 月底到 3 月初，连续写了三封复信草稿，最终在 3 月 8 日写了正式复信。马克思在复信中主要谈到，他在《资本论》第一卷中所分析的资本主义社会发展的历史必然性“明确地限制在西欧各国的范围内”②。

与这一观点直接相关的文字材料可以追溯到 1877 年 10 月份马克思给《祖国纪事》杂志编辑部的信。《祖国纪事》可以说是当时俄国民粹派的机关报，几位知名的俄国民粹派人士纷纷通过这一媒体来宣传发声。在这封信中，马克思解释了自由主义民粹派代表米海洛夫斯基如何曲解了西欧资本主义的“历史必然性”问题：“他［即米海洛夫斯基］一定要把我关于西欧资本主义起源的历史概述彻底变成一般发展道路的历史哲学理论，一切民族，不管它们所处的历史环境如何，都注定要走这条道路，——以便最后都达到在保证社会劳动生产力极高度发展的同时又保证每个生产者个人最全面的发展的这样一种经济形态。但是我要请他原谅。（他这样做，会给我过多的荣誉，同时也会给我过多的侮辱。）”③

马克思从根本上基于他的历史理论来与俄国民粹派区分开。正如恩格斯在

① 恩格斯. 共产主义原理［M］//马克思，恩格斯. 马克思恩格斯文集：第 1 卷. 北京：人民出版社，2009：685.

② 马克思. 给维·伊·查苏利奇的复信［复信］［M］//马克思，恩格斯. 马克思恩格斯文集：第 3 卷. 北京：人民出版社，2009：589.

③ 马克思. 给《祖国纪事》杂志编辑部的信［M］//马克思，恩格斯. 马克思恩格斯文集：第 3 卷. 北京：人民出版社，2009：466.

马克思去世之后给查苏利奇的复信中写道："马克思的历史理论是任何坚定不移和始终一贯的革命策略的基本条件，为了找到这种策略，需要的只是把这一理论应用于本国的经济条件和政治条件。"①

恩格斯对俄国革命的判断非常谨慎。尽管俄国革命一直在发展，但恩格斯因为受限于各种因素，对具体情况了解得并不多。他坦言："至于我，对俄国现状知道得太少，不能冒昧地对那里在某一时期所应采取的策略的细节作出判断。此外，对俄国革命派内部的秘密的事情，特别是近几年的事情，我几乎一无所知。我在民意党人中的朋友从来没有对我谈过这类事情。而这是提出意见的必不可少的条件。"②

民粹主义——不仅是俄国民粹主义，而且包括现当代所有或有意或无意地被冠以民粹主义之名的现象或运动——在历史理论上都是虚弱无力的，他们所使用的是"一般历史哲学理论这一把万能钥匙"③。马克思恩格斯对民粹主义因素和俄国民粹主义的自觉批判启示我们：要想真正从根本上不受民粹主义的诱惑，自身必须形成坚定的信念，这个信念在马克思恩格斯那里就是共产主义。他们在《德意志意识形态》里对共产主义及其活动有了更为透彻的解释。如何将之化为无产阶级及其人民群众的内在信念，将是我们应对民粹主义时应当修炼的"内功"。因此，接下来将重点讨论作为内在信念的革命实践与实践唯物主义。

第二节　革命的实践与实践的唯物主义

马克思主义与民粹主义的区别在于马克思主义始终坚持了共产主义信念，并要求用具体的革命实践来实现这一信念。那么，无产阶级及其人民群众应该

① 恩格斯．致维拉·伊万诺夫娜·查苏利奇（1885 年 4 月 23 日）［M］//马克思，恩格斯．马克思恩格斯文集：第 10 卷．北京：人民出版社，2009：532.

② 恩格斯．致维拉·伊万诺夫娜·查苏利奇（1885 年 4 月 23 日）［M］//马克思，恩格斯．马克思恩格斯文集：第 10 卷．北京：人民出版社，2009：532.

③ 马克思．给《祖国纪事》杂志编辑部的信［M］//马克思，恩格斯．马克思恩格斯文集：第 3 卷．北京：人民出版社，2009：467.

具有怎样一种内在的信念，从而使革命不会仅仅停留在革命民主主义阶段，或停留在人民革命乃至民粹式革命的阶段？当马克思、恩格斯自觉地批判民粹主义，他们也在批判的过程中形成并完善自己的共产主义信念。

一、革命的实践与民粹主义的思想溯源

实践性是马克思主义的基本属性，也是马克思主义区别于其它社会政治思潮和意识形态的标准。马克思在 1845 年的《关于费尔巴哈的提纲》（后文称《提纲》）里列出了他即将开始的批判与自我批判的纲领性条目，在这简明扼要的十一条里，几乎每一条都包含了实践的意味。

马克思在第二条里写道："人的思维是否具有客观的真理性，这不是一个理论的问题，而是一个实践的问题。人应该在实践中证明自己思维的真理性，即自己思维的现实性和力量，自己思维的此岸性。"① 对于人的思维和观念而言，过去几乎所有的哲学思考都是在理论的层面展开，从理论上证明思维的真理性。之前的空想社会主义流派是如此，青年黑格尔派也是如此。唯有当时的费尔巴哈迈出了走向现实的坚定一步，他的研究对象从"思想客体"变成"感性客体"。但是费尔巴哈并不了解革命的、实践批判的活动的意义。严格来说，费尔巴哈的身份是一个哲学家、思想家和理论家，而不是像马克思恩格斯那样，是一个现实的活动家和革命者。所以，对于费尔巴哈在实践面前的止步我们不难理解。但是需要进一步明确的是，马克思恩格斯那里的"实践"与群众的、民粹主义的"实践"之间的区别。

《提纲》第三条里有一句非常关键的判断："环境的改变和人的活动或自我改变的一致，只能被看做是并合理地理解为革命的实践。"② 马克思用"一致"破解了"环境改变"与"人的活动或自我改变"之间的优先性命题。民粹主义的实践只是孤立地理解这两种改变：一方面，民粹主义非常注重"人的活动"，并且致力于不断地号召和煽动更多的人参与到民粹主义运动中来；另一方面，民粹主义运动希望改变周围环境。但是这两种改变在民粹主义那里并不是一致

① 马克思．关于费尔巴哈的提纲［M］//马克思，恩格斯．马克思恩格斯文集：第 1 卷．北京：人民出版社，2009：500.

② 马克思．关于费尔巴哈的提纲［M］//马克思，恩格斯．马克思恩格斯文集：第 1 卷．北京：人民出版社，2009：500.

的。民粹主义虽然需要人的活动，但是其根本目的并不是改变环境，或者说，其最终的效果并没有实现环境的改变。因为民粹主义意义上的“人的活动或自我改变”本质上是无目的的，只是单纯的利用人数的优势，开展具体的民粹主义运动。而当民粹主义运动试图改变周围环境时，它的努力也是徒劳的。因为在活动不具有革命性和批判性的时候，那种让人民群众普遍不满的社会政治环境是不会得到彻底改变的。在这一意义上，民粹主义的实践因为割裂了“环境的改变”与“人的活动或自我改变”，所以它无论在现实中对旧社会和旧制度具有如何强烈的破坏性，都不可能具有马克思主义的“革命的”意义。

如果一定要在左翼理论的历史上追溯民粹主义的思想来源，那么我们更应当回到莫泽斯·赫斯（Moses Hess）的行动哲学，而非马克思、恩格斯的共产主义。赫斯是社会主义的早期拥护者，坊间对他比较熟悉的身份是青年马克思和恩格斯的同事与好友。在马克思、恩格斯与赫斯因观念上的分歧而决裂之后，至少在马克思主义的发展历史上，赫斯逐渐淡出视野。但是从世界历史和思想史上看，后来的赫斯成为了犹太复国主义的领导者。在左翼理论家的群体里，赫斯应视作最激进的一个，同时也是将早年所确立的行动哲学贯彻得最彻底的一个。赫斯与青年马克思一样，与青年黑格尔派交往甚密。不过和青年黑格尔派成员不同的是，赫斯没有沉迷在思辨哲学的领域，而是努力把黑格尔的思辨哲学发展成行动哲学。他在1843年所写的《行动的哲学》里指出：“现在，精神哲学的任务在于成为行动的哲学。不仅是思维，而且一切人类活动都要提高到使这一切矛盾消失的水平。”① 行动哲学具有非常明显的民粹主义特色，或者说日后的民粹主义运动完美地体现了这种哲学。

首先，赫斯认为欧陆的人民已经迷失在各种背叛之中，面对各种敌人，现在是团结人民的时刻。“在德国，就是‘国家’、政治背叛了，同样在法国，就是‘教会’、宗教背叛了那些轻易对待他们所不认识的客体的人们。这就是德国和法国的运动在哲学和社会生活的基础上追求自由的目前情况。孤立地追求理智的自由和民主制度，终于造就了一种反对进步的危险武器，在德国是利用政权，在法国是利用宗教势力。那些追求与人民为敌为目的的人，已经变成一些蛊惑人心的政客。人们看到这一点，把孤立的力量团结起来的重要时刻已经

① 赫斯．赫斯精粹［M］．邓习议，编译．方向红，校译．南京：南京大学出版社，2010：96.

到来。”[①]

其次，行动哲学更在乎过程而不是结果。赫斯说：“在历史和精神生活中，问题不在于成果，而在于产出。主要之点在于‘创造’，而不是‘产品’。”[②] 民粹主义运动也一样，它在意的是运动的过程，至于这场运动最终将导致怎样的结果，是发起者们不愿预测的，也是参与者们不会去思考的。

再次，赫斯相信精神的、意志的力量，他认为：“解开如何能够从奴役的牢笼中摆脱出来这个谜的是精神，而且只有精神，通过辩证的进步，通过精神的历史而解开这个谜。历史已经打破奴役的牢笼。革命就是从精神在获得自我意识之前所遭受的被俘获、监禁、受限制的状况中解脱。”[③] 所以，如果人民愿意积极行动起来，希望能够有所创造，就应当从“我”自己开始，新的精神的历史将由诸多独特个体的行动联合起来开创。

最后，赫斯非常强调哲学家的个人魅力。哲学是时代精神的精华，而哲学家则是这些精华的总结者。赫斯指出：“德国哲学在现实上已经抵达近代的原理，而成为行动的哲学。但我们还刚刚终于踏上这一重要的精神之路，能够有勇气把思想之剑的锋芒指向外界，这样的哲学家几乎还没有。”[④] 言外之意，行动哲学需要行动哲学家，他（她）是行动的魅力领导者。

马克思、恩格斯与赫斯一样，都努力从德国精神的思辨哲学中走了出来，但不同的是，马克思、恩格斯没有走向赫斯式的行动哲学，而是走向了“实践的唯物主义”。

二、作为内在信念的“实践的唯物主义”

马克思、恩格斯是唯物主义者，但他们的唯物主义与过去的唯物主义是有差异的，是对“唯物主义”的科学发展。首先马克思、恩格斯对过去的唯物主

① 赫斯．赫斯精粹［M］．邓习议，编译．方向红，校译．南京：南京大学出版社，2010：98.

② 赫斯．赫斯精粹［M］．邓习议，编译．方向红，校译．南京：南京大学出版社，2010：99.

③ 赫斯．赫斯精粹［M］．邓习议，编译．方向红，校译．南京：南京大学出版社，2010：104.

④ 赫斯．赫斯精粹［M］．邓习议，编译．方向红，校译．南京：南京大学出版社，2010：107.

义持肯定态度，他们在《神圣家族》里认为："唯物主义关于人性本善和人们天资平等，关于经验、习惯、教育的万能，关于外部环境对人的影响，关于工业的重大意义，关于享乐的合理性等等学说，同共产主义和社会主义有着必然的联系。"① 既然在唯物主义的意义上，环境可以影响人和造就人，那么反之亦然，人们必须以合乎人性的方式去造就环境："既然人天生就是社会的，那他就只能在社会中发展自己的真正的天性：不应当根据单个个人的力量，而应当根据社会的力量来衡量人的天性的力量。"②

可以进一步思考的问题是：民粹主义者究竟是唯物主义者还是观念论者？如果仅仅从上述判断，我们并不能给出明确的回答。在人与环境的相互影响之间，我们不能直接为民粹主义贴上唯物主义或观念论的标签。但是可以说，民粹主义者普遍相信观念或意志的力量，并且他们大多愿意付出行动，而不是仅仅停留在理论层面。

马克思、恩格斯在写作《神圣家族》时，关于唯物主义的文字只是他们穿插在其间的判断。到了后来的《关于费尔巴哈的提纲》和《德意志意识形态》里，他们才真正对自身的唯物主义立场进行了说明。比如《关于费尔巴哈的提纲》的第一条第一句即是："从前的一切唯物主义（包括费尔巴哈的唯物主义）的主要缺点是：对对象、现实、感性，只是从客体的或者直观的形式去理解，而不是把它们当做感性的人的活动，当做实践去理解，不是从主体方面去理解。"③ 过去的唯物主义是从客体的或直观的形式去理解世界。从这点看，民粹主义者也在一定程度上是唯物主义的，他们直观对象，简化矛盾，激化对抗，至于"感性的人的活动""实践"和"主体"等并不在他们考虑的范围内。因为对于民粹主义动员来说，关键点在于时效性，不能让人们思考太多，也不能让人们知道太多。只需要让人们拥有对对象的直观经验，就足以达到民粹主义者建构"人民"的目的。这也就解答了为什么我在第一章把民粹主义界定为一种薄弱的意识形态，正是因为它同时包含了唯物主义和观念论的要素，从而使得

---

① 马克思，恩格斯．神圣家族［M］//马克思，恩格斯．马克思恩格斯文集：第1卷．北京：人民出版社，2009：334．

② 马克思，恩格斯．神圣家族［M］//马克思，恩格斯．马克思恩格斯文集：第1卷．北京：人民出版社，2009：335．

③ 马克思．关于费尔巴哈的提纲［M］//马克思，恩格斯．马克思恩格斯文集：第1卷．北京：人民出版社，2009：499．

它几乎与任何一种主流的、强悍的意识形态都不会发生排斥反应。

马克思主义显然不同于这种模棱两可的民粹主义。马克思、恩格斯为他们的“唯物主义”加上了“实践的”前缀，即“实践的唯物主义”，并把“实践的唯物主义者”等同于“共产主义者”。对于实践唯物主义者而言，“全部问题都在于使现存世界革命化，实际地反对并改变现存的事物”。[①] 质言之，“实践的唯物主义”“是为了帮助人们在社会生产和社会生活中更加切实有效地实践唯物主义”，它“为人们理论地和实践地使现存世界革命化、追求和创造理想世界提供科学的信念、精神的动力”[②]。

现存世界的现存事物是现实的人的社会活动的产物，但是这些产物在资产阶级社会的体系里成为统治人、控制人、压迫人的物质力量。虽然说，不同分工的个体共同活动，形成了生产力这一社会力量，但是因为群众远没有达到对共同活动的自觉，所以这种共同活动在形式上完全是自然形成的，对于诸多个体而言，社会生产力不是一种合力，而是一种异化的强制力。正如马克思、恩格斯所言：“关于这种力量的起源和发展趋向，他们一点也不了解，因而他们不再能驾驭这种力量，相反，这种力量现在却经历着一系列独特的、不仅不依赖于人们的意志和行为反而支配着人们的意志和行为的发展阶段。”[③]

要消灭这种异化就需要两个前提存在，其一是社会生产力的发展把绝大多数人变成“无产”者，其二是这些人数众多的无产者与既定的资产阶级世界相对立。要使这两个现实的前提存在，就必须保证生产力的普遍发展。如果没有这种发展，那么大多数人就会不断地陷入争取生存的斗争中，而不会成为“自在的”的“无产”者。同时，超出固定地域的世界性的普遍交往才能实现，那么世界各个民族的消灭异化的活动才有联合起来的可能。这是马克思、恩格斯在理论上讨论如何实现消灭异化的解放运动的前提。

如果只是把运动的阶段停留在民粹主义意识形态上，那么民粹主义显然没有也不可能达到马克思、恩格斯那里的共产主义运动的高度。因为：第一，民

---

① 马克思，恩格斯．德意志意识形态［M］//马克思，恩格斯．马克思恩格斯文集：第1卷．北京：人民出版社，2009：527.

② 夏甄陶，欧阳康．实践的唯物主义的基本规定［J］．哲学动态，1988（12）：8.

③ 马克思，恩格斯．德意志意识形态［M］//马克思，恩格斯．马克思恩格斯文集：第1卷．北京：人民出版社，2009：538.

粹主义只能作为一种地域性的东西存在。全球范围的民粹主义几乎是不可能的，因为在人类历史上，不可能笼统地划分“我们”与“他们”，而且很难将全球人类的不满都指向同一个“敌人”。民粹主义没有思考社会生产力的发展，只是以一种底层化的集聚逻辑来尽可能地聚集心怀不满的人民群众。第二，民粹主义所集聚起来的群体内部的交往是有限的，它不能发展成一种“普遍的因而是不堪忍受的力量”①。用拉克劳的术语来说就是，各种不被满足的异质需求因空洞能指而链接起来。这些不满只能是暂时的，而且它们一旦在政治层面得到满足，那么就很可能会脱离链条，重新回到单个个体的状态。第三，民粹主义不具备世界交往的视野。这一特点决定了它更倾向于接近民族主义这种内收式的意识形态，而不是类似世界主义那种外放式的意识形态。但是不可否认的是，民粹主义对于那些具有地域性意义的斗争是有效果的。

“只有在现实的世界中并使用现实的手段才能实现真正的解放。”② 从“解放”的角度来看，民粹主义不是一种思想活动，而是一种历史活动。民粹主义手段是现实的，但是它无法实现真正的解放。从这点看来，民粹主义是一种历史的进步，而且它迈出了走向现实的重要一步，可民粹主义只能停留在地域性的意义上。这其实并不是一件坏事。因为如果把它作为共产主义或科学社会主义运动的某个阶段，那么至少在本地域的效果是显著的，比如第三章谈到中国共产党领导的土地革命就合理利用了民粹主义要素。下面将讨论的是，在马克思、恩格斯那里作为革命活动的共产主义为什么具有统摄民粹主义的能力。

三、作为革命活动的共产主义

马克思、恩格斯的“共产主义”不是一句口号，也不是一种观念。换言之，共产主义不是一种应然状态，而是一种“消灭现存状况的现实的运动”③。这种共产主义观的基础是唯物史观。唯物史观同过去一切的历史观不同，唯物史观

---

① 马克思，恩格斯．德意志意识形态［M］//马克思，恩格斯．马克思恩格斯文集：第 1 卷．北京：人民出版社，2009：539.

② 马克思，恩格斯．德意志意识形态［M］//马克思，恩格斯．马克思恩格斯文集：第 1 卷．北京：人民出版社，2009：527.

③ 马克思，恩格斯．德意志意识形态［M］//马克思，恩格斯．马克思恩格斯文集：第 1 卷．北京：人民出版社，2009：539.

“始终站在现实历史的基础上”，“从物质实践出发来解释各种观念形态”。[①] 意识的一切形式和产物，只能通过实际地推翻产生意识的现实的社会关系才能得到彻底地消灭：“历史的动力以及宗教、哲学和任何其他理论的动力是革命，而不是批判。”[②]

马克思、恩格斯从唯物史观里得出了四个重要结论，我们分别从这四个结论展开分析，既可以全面地把握民粹主义与马克思主义的某种亲缘性，也可以更冷静地看待民粹主义与马克思主义的本质差异。

第一，无产阶级的产生及其彻底革命意识的形成。首先，社会生产力的发展产生了无产阶级，它由“全体社会成员中的大多数”构成。这是从数量上界定无产阶级，它与民粹主义意义上的人民群众是相似的。其次，无产阶级被排斥在资产阶级社会之外，因而不得不与资产阶级社会之内的其它阶级发生“最激烈的对立”。这是从阵营对立上界定无产阶级，它与民粹主义意义上的“我们”与“他们”，“我们”与“敌人”的对立也是相似的。最后，民粹主义所欠缺的是共产主义的意识，也即是“必须实现彻底革命的意识”，这种意识不是每一个人民群众都天然具备的。但是这种意识并非不能通过培养而形成，因为只要其他阶级的成员也认识到无产阶级的情况，那么他们也可以产生出彻底革命的意识。所以我们看到，民粹主义具备发展为共产主义的条件。

第二，一切革命斗争都是针对统治阶级的。这一点决定了我们为什么不能高看现代社会的民粹主义，因为民粹主义运动如果不是针对统治阶级，那么就不能称之为革命斗争。在现代的代表制政治体系里，民粹主义可以获得充分生长的空间，那是因为没有哪个党派代表这部分群体在政治舞台上发声，而不是因为那些对现状不满的群体试图推翻现有统治阶级的政权。他们改变现状的诉求止步于原先不满的需求得到满足。被民粹主义吸引的人民群众没有形成自觉的阶级意识，因而他们不会意识到统治阶级利用了几乎一切可以利用的生产力条件，也占有了由财产权所产生的社会权力，并在政治国家的层面表现出来。

第三，再生产还是再分配？民粹主义运动的实质是以再分配的思维去改变

① 马克思，恩格斯．德意志意识形态［M］//马克思，恩格斯．马克思恩格斯文集：第1卷．北京：人民出版社，2009：544.

② 马克思，恩格斯．德意志意识形态［M］//马克思，恩格斯．马克思恩格斯文集：第1卷．北京：人民出版社，2009：544.

现状。对现代社会的分工状况进行重组，但是结果也只是在另一些人中间重新分配，也即仍然在资产阶级统治的规则之下来调整和分工。再分配没有消灭任何阶级统治，也没有消灭压迫性的异化劳动。共产主义革命则遵循一种再生产的逻辑，现存世界所存在的一系列问题不是通过再分配可以解决，经济阶级的政治表现和政治阶级的经济占有已经融为一体，无论怎样调整分配方式，贫困和苦难的承载者始终都是底层的人民群众。既然不能从根本上解决问题，那么民粹主义的周期性复发也就不难理解了。反观共产主义革命的承载者乃是无产阶级，这是一个没有什么可以失去的阶级，或者说这是一个被排斥在外的、不被资产阶级社会所接纳的阶级，它要通过彻底改变生产方式来改变现状。

第四，在革命中培养共产主义意识。在这一点上，我们不得不再次衡量民粹主义的革命性。对于马克思、恩格斯而言，使共产主义意识实现真正的普遍化，也就是为了共产主义革命事业本身能够成功，而这个普遍化的目的是让全体社会成员的大多数普遍地发生变化。民粹主义没有办法做到这种普遍化，因为民粹主义的目的很明确，即激化两个阵营之间的矛盾和对抗。这种普遍化只有在实际的革命运动中才有可能实现。所以马克思、恩格斯说："革命之所以必需，不仅是因为没有任何其他的办法能够推翻统治阶级，而且还因为推翻统治阶级的那个阶级，只有在革命中才能抛掉自己身上的一切陈旧的肮脏东西，才能胜任重建社会的工作。"① 从这句话里我们可以看到，共产主义高于民粹主义之处在于主体差异，无产阶级具有民粹主义的"人民"所没有的革命意识。

马克思本人的经历也证明了这一点。马克思亲身经历了 1848 年革命，在 1852 年的《路易·波拿巴的雾月十八日》里，他谈到了无产阶级革命与资产阶级革命的差别："无产阶级革命，例如 19 世纪的革命，则经常自我批判，往往在前进中停下脚步，返回到仿佛已经完成的事情上去，以便重新开始把这些事情再做一遍，它十分无情地嘲笑自己的初次行动的不彻底性、弱点和拙劣。"② 无产阶级在革命过程中不断地自我批判，不断地抛掉自己身上的一切陈旧的肮脏东西，从而实现革命主体的自我净化。单纯的民粹主义显然不具备这样的特

---

① 马克思，恩格斯．德意志意识形态［M］//马克思，恩格斯．马克思恩格斯文集：第 1 卷．北京：人民出版社，2009：543.

② 马克思．路易·波拿巴的雾月十八日［M］//马克思，恩格斯．马克思恩格斯文集：第 2 卷．北京：人民出版社，2009：474.

征，它更加接近于马克思所描述的资产阶级革命："资产阶级革命，例如18世纪的革命，总是突飞猛进，接连不断地取得胜利，革命的戏剧效果一个胜似一个，人和事物好像是被五彩缤纷的火光所照耀，每天都充满极乐狂欢，然而这种革命为时短暂，很快就达到自己的顶点，而社会在还未学会清醒地领略其疾风暴雨时期的成果之前，长期沉溺于消沉状态。"①

现代社会的民粹主义不管依附于哪一种强悍的意识形态，大多都是转瞬即逝的，只是在某一时刻或某一阶段迸发力量。现实的革命并不绝对地排斥民粹主义，但是革命的不同结果将取决于主流的意识形态如何处理民粹主义的主体，或者说，取决于能在多大程度上赋予主体革命性的力量。这些主体是马克思主义意义上的实行全面变革的"物质因素"，即"形成不仅反抗旧社会的个别条件，而且反抗旧的'生活生产'本身、反抗旧社会所依据的'总和活动'的革命群众"②。如果没有形成"革命群众"这一重要的物质前提，那么共产主义革命的观念对于实际的发展将毫无意义。

至此，我们可以总结共产主义（或马克思主义、科学社会主义，尽管它们的具体所指各有不同，但是可以在革命的意义上把这几个概念等同起来）与民粹主义的不同：共产主义"推翻一切旧的生产关系和交往关系的基础，并且第一次自觉地把一切自发形成的前提看做是前人的创造，消除这些前提的自发性，使这些前提受联合起来的个人的支配"③。而民粹主义并没有考虑前提问题，并且它也无意（其实也无能力）推翻旧的经济基础，它只能考虑即时的效果。

建立共产主义实质上具有经济的性质。这个经济性质与民粹主义研究中研究拉美地区的民粹主义经济学不一样，共产主义的经济性质指的是，它为无产阶级革命主体的联合创造各种物质条件，把现存的物质条件变成主体联合的物质条件。民粹主义天然没有这样的创造性，这是由它自身的寄生属性所决定。但是如果民粹主义要素为共产主义革命运动所用，那么民粹主义也会被赋予这样的创造意义。所以，我们不能完全孤立地考量民粹主义，当它与共产主义靠

① 马克思．路易·波拿巴的雾月十八日［M］//马克思，恩格斯．马克思恩格斯文集：第2卷．北京：人民出版社，2009：474.

② 马克思，恩格斯．德意志意识形态［M］//马克思，恩格斯．马克思恩格斯文集：第1卷．北京：人民出版社，2009：545.

③ 马克思，恩格斯．德意志意识形态［M］//马克思，恩格斯．马克思恩格斯文集：第1卷．北京：人民出版社，2009：574.

近时，要想办法站在共产主义的立场和高度去改造民粹主义。中国马克思主义的当代发展为应对现代民粹主义提供了启示，接下来一节将围绕“共同体”概念以及“人类命运共同体”这一中国马克思主义在新时代的原创性成果来展开分析。

第三节　“人类命运共同体”的解放意义

民粹主义自身形成了一套自洽的逻辑，因而对民粹主义的批判通常很难深入本质，甚至在西方学界看来似乎也没有深入本质的必要。但是本书的目的终归是要彻底理解民粹主义，进而抵御民粹主义的诱惑，那么这就需要寻找一个合适的切入点。正如社会学研究民粹主义的基本单位是“群体”，拉克劳从政治批判的角度出发认为研究民粹主义的基本单位是“需求”，我们也将确定这样一个基本单位，即“个人联合”。如果从个人联合的角度去探寻超越民粹主义的可能，那么“共同体”将成为一个核心概念。本节首先追溯共同体的演变过程及其内在缺陷，继而阐释马克思主义的共同体在何种意义上创造性地发展了过去的共同体概念，最后解释新时代的中国马克思主义如何赋予“人类命运共同体”全人类解放的意义。“人类命运共同体”只有真正在观念上理解并在实践中贯彻，才可能从根本上超越民粹主义。

一、“共同体”概念的历史演变

Community 这个词在坊间和学术话语中都被广泛使用。尽管存在争议，但“共同体”与人们在现代社会不安全的环境里寻找“归属感”有关，也许这就是它经久不衰的魅力所在。现代性的发展衍生出诸多“共同体”的内涵，比如：共同体建立在种族、宗教、阶级或政治的基础上；共同体可大可小，具有或丰富或单薄的附属；共同体可以是地方性的也可以是全球性的组织；共同体对既定秩序而言可能是肯定的也可能是颠覆性的，它可以是进步的，也可以是反动的；有传统的共同体也有现代的共同体，甚至是后现代的共同体。社会学家、人类学家、政治学家、历史学家和哲学家等人群对共同体概念的使用存在分歧。一般而言，对于社会学家来说，传统意义的共同体指的是一种基于小群体的特定社会组织形式，如社区、小镇或其他有限空间；人类学家将其应用于文化意义的群体，如少数民族。在政治领域，共同体指政治共同体，强调公民权、自治、市民社会和集体身份等。哲学和历史学研究更多把共同体视为一种意识形态或乌托邦观念。

“共同体”的不同用法不可避免，“共同体”既与归属感有关，也指特殊的社会现象，比如人们对共同体的渴望、对意义和团结、对承认和身份认同的追求，等等。也即是说，“共同体”具有超越性，不能简单等同于特定的群体或地方。它也不能被简化为一种观念，而必须要考虑社会关系、社会结构和历史情境。因此，当我们在使用“共同体”概念时，既要承认它的理想性也要承认它的真实性，既要承认它的经验性也要承认它的解释性。总的来看，西方社会科学的共同体研究至少有如下四个不容易调和的立场：首先是典型的社区研究进路，可以视为城市研究的分支，这里的共同体是高度空间化的，它对立于主流的“社会”。第二是文化社会学和人类学的研究进路，共同体是对归属感的追寻，强调的是对身份的文化构建，共同体意味着自我与他者的对立。第三是受后现代政治和激进民主的启发，从政治意识和集体行动的角度来看待共同体，即作为集体的“我们”对立于不正义的“他们”。第四种立场与全球通信、跨国运动和互联网络有关，共同体的世界性得以突显，并在虚拟的新社会关系中得以构成，其中技术在重塑超越传统地域范畴的社会关系方面发挥了关键作用。

“共同体”的核心是矛盾的。一方面，它意味着地方性和特殊性，即直接社会关系的领域；另一方面，它意味着所有人类都参与其中的普世共同体。共同体可以是排斥性的，也可以是包容性的。现代社会的共同体观念深受古典思想的影响，古典思想留下了两种相互冲突的集体观念：城邦的人类秩序和众神的普世秩序。共同体的特殊性与普遍性大致符合古希腊和基督教的传统。现代共同体概念起源于古希腊的政治共同体，即城邦。城邦所体现的那种共同体为后来所有的共同体概念提供了基本的理想。它首先是地方的、特殊的，体现了一个城市的人性维度。城邦的社群秩序是直接的。纯粹的城邦共同体与友谊和参与公共生活是分不开的，对于古希腊人来说，这既是一种理想，也是一种实践。城邦的政治是在日常生活中由公民进行自治。古希腊人没有经历过国家政治的异化，因此我们不难理解为何包括卢梭、黑格尔、马克思、阿伦特等在内的许多近现代思想家都推崇古希腊城邦，把它视为一种对现代性的规范性批判。还需要指出的是，尽管希腊城邦可能使政治变得更加直接，但它的特殊性必须付出的代价是高度的排斥性。尽管古希腊人试图构建城邦来反映宇宙，但城邦理想始终与众神的普世秩序相冲突。

"共同体"的实现是一些颇具影响力的现代性意识形态的主题，从 17 世纪启蒙运动走向衰落开始，自由主义、共和主义、保守主义、共产主义、社会主义、无政府主义、犹太复国主义、法西斯主义、民族主义等意识形态相互竞争，定义了不同的社会、政治和道德愿景。所有这些程序化设计的根源都在于将"共同体"作为一种基本的规范性理想，这些不同意识形态的"共同体"话语大体可以归纳为如下三种：

第一，认为"共同体"已无法挽回，这是对现代性的浪漫而保守的批判，它的一种主要表达方式是"怀旧"。总体看，这是一种反现代性的意识形态。第二，认为"共同体"可以恢复。这是 19 世纪初出现的现代保守主义的主要话语。保守思想主张恢复传统以及实现国家与社会的有机统一。社群主义理想是保守主义的典型，它可以被理解为一种试图调和共同体与现代性的尝试。民族主义的政治共同体观念与一种原始的文化共同体相联系。以国家这一政治形式所实现的民族通常被认为是一种文化的或公民的共同体，由共同的历史、语言、习俗等塑造。共和主义以另一种形式代表了一种可从过去恢复的共同体概念。共和观念通常是根据公民自治共同体的古典理想来构想的。在托克维尔的《美国的民主》里，美国代表了真正的政治共同体，也是欧洲文明被救赎的地方。按照这种解释，美国实现了国家与公民共同体的结合。第三，认为"共同体"还有待实现。这是共产主义、社会主义和无政府主义话语中所表达的更明确的"共同体"理想，在这些话语中，"共同体"是在未来需要实现的，而不是简单恢复过去的理想。在这些主要的现代性意识形态里，自由主义或许是唯一不围绕共同体理念建构的意识形态。由于信奉个体主义，自由主义一直对共同体承诺持怀疑态度。尽管古典自由主义将更为实用的幸福和美好社会视为一种愿望，但是一个完美的自由主义政治共同体是不可能的，甚至可能是不得人心的。

历史上出现的一些有影响力的"共同体"概念主要是把"共同体"作为一种规范的理想，或者作为一种特殊概念，或者作为一种普遍概念。无论哪种情况，这些探索都是针对现状的深刻变革，其主线是现代性导致"共同体"失落，因而"共同体"必须以新的形式来恢复和实现。如果说这些不同时代的"共同体"概念存在什么共同点的话，那就是"共同体"体现了并实现了某种归属感。但是，西方历史上的"共同体"概念始终存在几个症结无法解开。其一，无法很好地处理它与生俱来的矛盾——特殊性与普遍性。偏向特殊性容易催生地方保护主义，偏向普遍性则容易变成乌托邦式的空想。其二，无法很好地处理“共同体”与现代性和国家的关系。由国家主导的现代性进程消解了“共同体”，“共同体”的恢复则势必要对异化国家进行扬弃。因而“共同体”与国家往往是对立的。对现代性的批判最终要用一个“虚幻的共同体”来反对实存的国家，试图用“共同体”的自治意义取代国家的功能意义。但是共同体成员的自身素养尚没有达到能够真正取代国家角色的水平，因而“共同体”的实现始终处在与国家的张力之中。

马克思主义的共同体思想既是对上述两个症结的超越，也是对过去“共同体”概念的创造性发展。国内学界对于马克思主义“共同体”思想的讨论已有不少，下面主要从“个人联合”的角度去思考。

二、马克思主义的“共同体”思想

在马克思主义里主要呈现的两种相互对立的“共同体”状态，即“虚假的共同体”（或“冒充的共同体”“完全虚幻的共同体”）和“真正的共同体”。马克思主义洞悉个人在现代社会陷入异化状态，异化的扬弃只有通过个人重新驾驭物质力量，靠消灭分工的方式才能实现。所以单个人的力量始终是有限的，必须要联合起来。这也就是马克思、恩格斯所说：“没有共同体，这是不可能实现的。只有在共同体中，个人才能获得全面发展其才能的手段，也就是说，只有在共同体中才可能有个人自由。”① 他们首先指的是一般意义的“共同体”，也即是说，任何一种共同体都是个人的联合体，但是因具体的联合状态而不同，从而个人在其中的自由状态也不同。

过去的种种共同体为什么都是“冒充的共同体”“虚假的共同体”？我们可以从“对立”和“独立”两方面来理解。“共同体”中的个人自由是一种对立的自由，即只有统治阶级的个人才享有的自由，而被统治阶级虽然看似包含在“共同体”中，实际并不是自由的个人。因此，这样的“共同体”也只是属于统治阶级的“共同体”，它对于其中联合起来的个人而言是独立的。

马克思主义对“虚假共同体”的批判，解释了现代资产阶级社会的日常症候。我们对民粹主义也可以这样理解。西方民粹主义（不论发生在哪个地域）

① 马克思，恩格斯. 德意志意识形态［M］//马克思，恩格斯. 马克思恩格斯文集：第1卷. 北京：人民出版社，2009：571.

在“虚假共同体”的概念框架内活动。“虚假共同体”不仅指资产阶级社会的“国家”形式，还可以指现代社会任何的个人联合“状态”。民粹主义已经被证明了是一种较为便捷和快速的个人联合手段。这种联合不是出于个人对民粹主义的主动意愿，而是受到强力意识形态的诱惑和影响后，被动地接受它。正如马克思所言：“在这个社会中，人作为私人进行活动，把他人看做工具，把自己也降为工具，并成为异己力量的玩物。”① 可见，民粹主义运动中的个人是一种工具性的存在，民粹主义用所谓的共同利益来强行地覆盖属于每一个体的特殊利益，并把这种共同利益附着到或左或右的宿主意识形态之上。因民粹主义而联合起来的个人形成了“选民”这一现代选举政治的“共同体”。

在现代社会的“虚幻共同体”中，“共同体”的利益相对于个人来说是外在的，甚至是对立的。现代西方选举机制的一大职能便是调和这种利益对立，稳定社会发展。只要现代西方社会没有发生根本性的变革，只要“共同体”内部仍然存在特殊与普遍的利益对立，那么类似民粹主义的联合手段就一定会持续存在，并在政治层面表现出来。所以无论西方国家如何粉饰太平，其深层都是不同群体和利益集团之间的利益冲突，而“人民”则成为他们实现自身政治规划的工具。唯有打破这种“虚假共同体”的状态，建立“真正的共同体”，才能让个人的联合真正实现个人的自由，才能挣脱异化力量的桎梏，真正实现人的解放：“在真正的共同体的条件下，各个人在自己的联合中并通过这种联合获得自己的自由。”②

“真正的共同体”是“共同体”发展的最高阶段，是人类社会发展的理想形态。在“真正的共同体”中，人与人之间的交往超越了民族、国家和意识形态的限制，因此个人的联合不是民粹主义式的联合，不是依附于某一强力意识形态的联合，而是超越了傲慢与偏见，在世界的、全人类的层面实现了联合。过去“虚假的共同体”建立了一种共同关系，处于这种共同关系所制约的个人只是作为“一般化的个人”③ 隶属于这种“共同体”。在民粹主义的群体化过程

① 马克思．论犹太人问题［M］//马克思，恩格斯．马克思恩格斯文集：第1卷．北京：人民出版社，2009：30.

② 马克思，恩格斯．德意志意识形态［M］//马克思，恩格斯．马克思恩格斯文集：第1卷．北京：人民出版社，2009：571.

③ 马克思，恩格斯．德意志意识形态［M］//马克思，恩格斯．马克思恩格斯文集：第1卷．北京：人民出版社，2009：573.

中，个人的个性几乎都被抹杀了，代之以民粹主义领导者的个人魅力。“真正共同体”取代“虚假共同体”，意味着原先被所谓的共同利益所压制的个人恢复了主体性，成为自己的主人。他们既“控制了自己的生存条件和社会全体成员的生存条件”，而且依然保留着个性，“把个人的自由发展和运动的条件置于他们的控制之下”①。

马克思主义“真正的共同体”描绘了未来社会的理想状态，它首先以一种理论形式存在。然而对于这样一个崇高的设想，其实我们在实际生活中无法实现从“虚假共同体”到“真正共同体”的直接跨越。一方面，“真正共同体”的实现要以国家的消亡、阶级的消灭、私有制被公有制所取代为前提，而实现这些前提是无法在短时间内一蹴而就的。另一方面，“真正共同体”要实现的是生产力高度发达、消灭剥削、消除两极分化从而达到共同富裕的状态，在这种状态下，人的异化被完全克服，所有人实现了自由而全面的发展。显然，这种状态不可能在世界上所有国家和地区同时实现。

众所周知，从资产阶级社会向共产主义社会的革命过渡期里需要无产阶级的革命专政，而在从“虚假共同体”到“真正共同体”的过渡期里，也需要存在一个与当前条件相符合的“共同体”。在这一意义上，新时代的中国马克思主义所提出的“人类命运共同体”理念是对马克思主义“共同体”思想的最新发展。构建“人类命运共同体”的基本路径是推动建设相互尊重、公平正义、合作共赢的新型交往关系。在“人类命运共同体”的理论框架下，国家、阶级、私有制不会立即消失，而是在充分尊重个体自主发展道路的基础上，超越冷战思维、零和博弈等旧的霸权逻辑，“建设持久和平、普遍安全、共同繁荣、开放包容、清洁美丽的世界”。在这个世界里，人类命运更加休戚与共，世界普遍交往的状态更加完善。

三、新时代的“人类命运共同体”

“人类命运共同体，顾名思义，就是每个民族、每个国家的前途命运都紧紧联系在一起，应该风雨同舟，荣辱与共，努力把我们生于斯、长于斯的这个星

① 马克思，恩格斯．德意志意识形态［M］//马克思，恩格斯．马克思恩格斯文集：第1卷．北京：人民出版社，2009：573.

球建成一个和睦的大家庭，把世界各国人民对美好生活的向往变成现实。”① “人类命运共同体”理念已经作为我们国家标识性的对外战略，并且已经上升到全球治理的原则性高度。实际上，这一理念的提出不仅要解决国与国之间的互动关系，其更深层的意义在于它作为一种全新的“共同体”理念来解决现代社会的复杂难题。就本书而言，就是要解决以民粹主义为代表的影响社会政治稳定，甚至改变世界历史走向的难题。那么，“人类命运共同体”如何可以超越民粹主义的“群体化”思维，从而真正化解现代社会的民粹主义难题？

首先，“人类命运共同体”站在世界历史的高度，化解了“共同体”概念的特殊性与普遍性矛盾。

习近平在纪念马克思诞辰200周年大会上的讲话中指出：“学习马克思，就要学习和实践马克思主义关于世界历史的思想。马克思、恩格斯说：‘各民族的原始封闭状态由于日益完善的生产方式、交往以及因交往而自然形成的不同民族之间的分工消灭得越是彻底，历史也就越是成为世界历史。’马克思、恩格斯当年的这个预言，现在已经成为现实，历史和现实日益证明这个预言的科学价值。”②

马克思主义从唯物史观出发，认为各个民族的历史在生产力不断增长的过程中，在民族间的交往不断发展为世界普遍交往的过程中逐渐发展为世界的历史。世界历史的发展规律预示了人类命运共同体出现的必然性，也规定着构建人类命运共同体的关键在于突破资本文明的狭隘眼界和意识形态偏见。马克思认为，“每一个单个人的解放的程度是与历史完全转变为世界历史的程度一致的。”③ 单个人的解放与历史转变为世界历史这两个过程是辩证统一的关系，不存在单个人没有得到解放的世界历史。只有当共产主义革命推翻资本主义的社会制度的时候，人类才能真正从被压迫、被剥削的状况中解放出来。世界历史的发展逻辑包含着“解放全人类”的价值规定，而“人类命运共同体”的价值导向正是“解放全人类”。因此，“人类命运共同体”是世界历史发展的必要环节，是世界历史走向真正共同体的必要阶段。就此而言，“人类命运共同体”是

① 习近平．习近平谈治国理政：第3卷［M］．北京：外文出版社，2020：433.

② 习近平．在纪念马克思诞辰200周年大会上的讲话［N］．人民日报，2018-05-05.

③ 马克思，恩格斯．德意志意识形态［M］//马克思，恩格斯．马克思恩格斯文集：第1卷．北京：人民出版社，2009：541.

具有普遍性意义的共同体，它将人类的共同利益放在首要位置。

另一方面，“人类命运共同体”没有以普遍性来覆盖各个国家、民族或地区的独立发展，它充分尊重发展的特殊性。世界发展是在历史发展规律的作用下不断向前的，但是各个国家、民族或地区的发展程度并不同一，甚至体现出巨大的差异性。在这种差异性的基础上，世界历史的演进必然是多样的，没有哪一种发展模式是万能的，能够适用于所有民族和国家向世界历史演进。“人类命运共同体”关注这种发展的不平衡性，关注那些受资本剥削的民族，就此而言，“人类命运共同体”化解了过去共同体的普遍性与特殊性的内在矛盾，以更为包容的姿态去拥抱各类人群。对于饱受民粹主义困扰的现代社会而言，“人类命运共同体”理念或许不仅仅是国际关系层面的国与国之间的交往理念，而且是现代人需要将之内化的普遍交往理念。

其次，“人类命运共同体”以人类关怀精神化解了民粹主义“我们”与“他们”的对立。

马克思之所以考察“共同体”的历史形态，批判“虚幻共同体”并展望“真正共同体”，是出于对人的自由而全面发展的考虑，更是出于对人类命运的终极关怀。“旧唯物主义的立脚点是‘市民’社会；新唯物主义的立脚点则是人类社会或社会化了的人类。”① 这意味着马克思主义新世界观的根本立足点乃是全人类的利益。当今世界，世界市场日益扩大，面对人类遭遇的共同挑战，任何试图回到过去的封闭状态，绕开世界市场的做法都是不合理的。“世界经济发展面临的难题，没有哪一个国家能独自解决。各国应该坚持人类优先的理念，而不应把一己之利凌驾于人类利益之上。”② 然而我们看到的实际情况却是，一些西方国家出于狭隘的民族主义立场，在对外政策上长期奉行单边主义，这既背离了世界各国对共同发展和进步的期盼，也背离了人类整体利益。同样地，西方社会的民粹主义之所以猖獗，很大程度上也与本土保护主义占主导的社会氛围直接相关。

很多被民粹主义诱惑的西方人并没有形成人类关怀的意识。民粹主义的一大特色是将社会划分为“我们”与“他们”两个对立的阵营。每到大选年，这

① 马克思．关于费尔巴哈的提纲［M］//马克思，恩格斯．马克思恩格斯文集：第1卷．北京：人民出版社，2009：506．

② 习近平．习近平谈治国理政：第3卷［M］．北京：外文出版社，2020：209．

一划分会成为竞选者及其党派吸引选民、赢得选票的关键手段。其实“我们”与“他们”的对立不只是在选举中发挥作用，它深刻地反映出西方社会已经被人为地分裂开来。在长期的“我们”与“他们”的对立之下，人们很难团结起来处理社会政治事务，尤其是在面对那些威胁人类生存的危机时。这种情况造成的结果是政治为选举服务，而不是选举为政治服务，导致几乎任何事件都可以被政治化，而一旦被政治化，那么人们就不可避免地被卷入“虚假共同体”中，丧失了自身的主体性。

再次，“人类命运共同体”以平等交往理念化解了民粹主义魅力领导者的作用。

平等交往是马克思主义“共同体”思想的突出特点。马克思曾经深刻揭露和批判当时西方对东方的殖民和侵犯：“当我们把目光从资产阶级文明的故乡转向殖民地的时候，资产阶级文明的极端伪善和它的野蛮本性就赤裸裸地呈现在我们面前，它在故乡还装出一副体面的样子，而在殖民地它就丝毫不加掩饰了。”① 第二次世界大战以后，发达国家与不发达国家长期处于一种“中心—外围”关系模式。“人类命运共同体”积极回应当今世界各国对公平正义的强烈期盼，积极回应文明发展的多样化要求。习近平强调：“不同文明凝聚着不同民族的智慧和贡献，没有高低之别，更无优劣之分。文明之间要对话，不要排斥；要交流，不要取代。人类历史就是一幅不同文明相互交流、互鉴、融合的宏伟画卷。我们要尊重各种文明，平等相待，互学互鉴，兼收并蓄，推动人类文明实现创造性发展。”②

在人类命运共同体的思维和理念里，不存在符号或象征意义上的领导者，只有平等的参与者。现时代是一个群众的时代，这个时代的群众是平凡的，他们在一座名为现代性的庞大机器里按部就班地生存着。现代性境遇里的领导者形象大体有两种，一种是现代性的机器由官僚集团所操纵，而官僚集团本身也是一架机器。所有那些在更大的机器中工作的人都依赖于这架官僚机器，国家、城市、工业与商业的企业都由官僚集团所控制。这种官僚集团的存在是“虚假共同体”的必然结果。另一种领导者则是在群众组织中的“话事人”，他（她）

① 马克思．不列颠在印度统治的未来结果［M］//马克思，恩格斯．马克思恩格斯文集：第 2 卷．北京：人民出版社，2009：690.

② 习近平．习近平谈治国理政：第 2 卷［M］．北京：外文出版社，2017：524-525.

在一般情况下并不突出，然而一旦在公众当中崭露头角，就会成了公众情绪关注的热点，群众会因话事人的言论而欢欣鼓舞或群情激奋。应当说这两种领导者都没有遵循平等交往的原则。拥有个人魅力的领导者被认为是民粹主义的特征，领导者表现出空前强大的个人主动性。我们并不否认魅力领导者的存在，但是他的不存在不应当具有对特定群体的统摄意义。领导者的角色只是从组织的功能意义上而言，人民群众是历史发展的参与者，是自己的主人，世界人民的命运掌握着自己手中，而不是被某个党派的民粹主义话语所诱惑而让渡自己的决定权。

最后，“人类命运共同体”以革命实践的原则打破了民粹主义运动的幻象。

“人类命运共同体”延续了马克思主义“共同体”思想的实践指向。马克思主义“共同体”思想不满足于解释世界而指向改变世界。“人类命运共同体”不可能单靠幻想和理念去实现，必须依靠世界各国人民的共同实践去现实地构建。中国共产党人不仅在理论上提出了“人类命运共同体”理念，而且注重将理论付诸实践。

现代社会的民粹主义运动往往声势浩大，颇有席卷全球的革命之势。但是仔细观察就会发现，民粹运动许下的承诺大多都是一具空壳，它远没有达到共产主义运动的革命意义。民粹主义看似改变了一切，实则什么都没有改变。西方选举所推选的领导者，只是现代资产阶级国家的代理者，而不是人民利益的代表者。它只是“表现”了人民的诉求，而没有真正“代表”人民在政治舞台上发声。

总之，新时代中国马克思主义的“人类命运共同体”不仅是一项国际层面的重大战略，而且是在现代社会中可能突破旧思维方式束缚的一种全新的思想和观念。只有深刻理解其中的解放与超越意义，才可能识破民粹主义（者）所描绘的缥缈蓝图，透视民粹主义的内在缺陷，用革命的实践去抵御各种可能的民粹主义诱惑。

第四节 未来“文明社会”的内涵与建构

如果说，表现在现代政治领域的民粹主义本质上是一个社会问题，那么这就涉及：未来社会将是怎样一种理想的形态？它如何才能抵御民粹主义的诱惑，消解民粹主义带来的负面影响？国外有学者意识到，要通过 civil society 的建设来探索民粹主义的替代道路，他们把民粹主义视为对西方民主缺陷的反应和修正。但民粹主义本身并不是合理的，因而需要用更为科学的民主化来替代民粹主义。单纯的政治民主化治标不治本，只有通过 civil society 与政治体制的二元互动才能有效地应对和更替民粹主义①。国外学者的这一思路注意到在社会领域应对民粹主义的重要性。然而，由于受限于国外对 civil society 的固有研究思路，单一的"公民社会"愿景终究还是逃不出"资产阶级社会"内涵的束缚与局限。不过，还是应当肯定 civil society 作为一个未来社会形态的可能性，尤其是对于本书最后讨论的超越民粹主义问题而言，具有重要的指导意义。

首先需要解决的问题是如何为 civil society 确定一个合适的中译词，我认为"文明社会"应是当前较为合适的译法。作为形容语的"文明"通常用来形容与"野蛮"相对的事物与行为，作为名词的"文明"则可以加上各种前缀，"社会文明"是其中之一。狭义的"社会文明"是与物质文明、政治文明、精神文明、生态文明并列的"五个文明"之一，广义的"社会文明"则指人类社会的开化状态和进步程度，是人类改造世界的积极成果的总和，是包括物质文明、政治文明、国家文明和人类文明等方面的统一体。比较而言，国内学界对"文明社会"的讨论并不多②，坊间也会很自然地把"文明社会"当作一个不证自明，习以为常的概念。确实，有太多的特征可以用来界定"文明社会"：安全、开放、协作、守约、远见、法治、自由、自发等等。恰恰因为这样，"文明社会"的内涵难免模糊。对于这个西方社会科学的经典概念，其中译界莫衷一是，因此有必要在译词及内涵层面进行辨析与解释。

一、civil society 的四种中译辨析

按照《社会理论百科全书》的解释，civil society 指的是一个建立在合作、同情和互惠基础上的公众参与领域。它的使用极其多元：可以是社会团结或社

---

① ARATO A, COHEN J L. Populism and Civil Society: The Challenge to Constitutional Democracy[M]. New York: Oxford University Press, 2022.

② 参见：王庆丰. 文明社会的四个本质性特征 [J]. 天津社会科学，2018 (6). 这应是晚近研究"文明社会"的代表，其最终概括是：文明社会是建立在降低暴力程度基础上的良序社会、正义社会和自由社会的统一。

群认同的同义词，可以等同于保护个人自由和滋养公共生活的个人权利和自由，也可以是促进公民身份、增强公民机构稳定性的公共信任的基础，还可以是一个由各种机构组成的复杂网络，或一个由各种志愿协会组成的密集网络。总之，西方学者使用这一概念来指认各种各样的案例，对其理论的和经验的定义没有达成共识，对其与其它政治、经济和社会关系之间的分析也没有达成共识，不同的界定与内涵反映了不同的理论取向和经验规范。晚近以来，国内外学界对 civil society 的学术研究大体可以归为五大主题：古典解释、马克思主义解释、新保守主义和新自由主义解释、国家和 civil society 的相互作用，以及公共领域和私人领域的联系等等①。正是因其高度的不确定性，civil society 自引介到中国以来已有几种不同的译法，如民间社会、市民社会、公民社会和文明社会等。

其一，民间社会。这是在社会学界较常使用的译法，也是台湾地区流行的译法，但是它可能存在两个限制。第一，民间社会与民间社会批判。民间社会可追溯至启蒙运动，启蒙思想家将其视为人们通过志愿协会组织对国家无端干预个人权利和自由的抵御，志愿协会在遏制集权化机构、保护多元主义和培育社会规范等方面展现其价值。我们过去从西方援引的“民间社会”资源，很大程度上仍是从属于自由主义传统，这也是民间社会有时会与国内主流意识形态相抵触的一个原因。至于“民间社会批判”则是对自由主义传统的打破，中国社会实际更靠近前者，但又无法完全等同于“资产阶级社会批判”，这背后或许有英国（苏格兰）与德国两种不同启蒙传统的张力。这一条路仿佛走进了死胡同，同时也造成了现实中的民间社会发展有些气力不支。第二，民间社会中存在着激化“官-民”对立的可能。台湾地区对“民间社会”的使用与其特有的社会政治环境有关，它兴盛之时正是台湾“处在以经济自由化为依托的社会自主化和日渐实现的政治自由化的基础上力图达致政治民主化的阶段”②。台湾民间社会论者的根本目的在于解体威权政治和实现民主政治，他们依赖民间社会自下而上的抗争，“民间社会”译法就有这方面考虑，即“民间对抗当局”容易简

① RITZER G. Encyclopedia of Social Theory[M]. Thousand Oaks: SAGE Publications, 2005:98-102.

② 邓正来. 国家与社会：中国市民社会研究：增修版［M］. 北京：中国法制出版社，2018：124.

化为“官—民”对抗。在坊间看来，民间社会乃至民间哲学简单明了地划定“统治—被统治”的界限，也为其激进化提供便利。至少从上述两点看，使用“民间社会”来指示中国社会的某一部分是可行的，但作为整体性的发展路向还有待商榷，因为“民间社会”中蕴含着社会民粹化的可能，这与本书的研究目的是相抵触的。

其二，市民社会。这是马克思主义理论界较为熟悉的译法。邓正来等学者在 20 世纪 90 年代开始推动“市民社会理论”研究，他们提出了中国市民社会概念以及对它的界定“以国家与市民社会的二元结构为基础”[①]，继而提到中西方学界在“市民社会”使用上的差异，以及以“西”释“中”进路的不甚合理，这一进路的一大特征便是“预设了西方市民社会的历史经验以及在其间产生的市民社会观念为一种普世的、跨文化的经验和观念”[②]。同时他警觉到，如果从中国的本土立场出发去丰富市民社会理念，可能会陷入一种“理论陷阱”，即“将汉语世界的市民社会研究拉入西方的轨道，而在不知不觉中丢失其被引进时的批判力”。[③] 在我的理解里，中国的市民社会研究不必急于拉入西方的轨道，因为它毕竟是一种原生性理论，需要几代人的努力耕耘。试想“市民社会”在西方经过了怎样长时段的演进，它作为民族国家和资本主义的一种特定产物，在工业革命破坏了传统的亲属和社群纽带时自发产生。市民社会作为个人参与集体生活的普遍表达，在所有社会中都起作用，并根据历史、政治和文化的不同而表现为不同的形式。中国则不然。如果自 1840 年开始算起，由先天不足的西式现代化，再到革命的洪流，新中国的奋起建设，之后有过跌跌撞撞，直到改革开放……理论的先行是值得尊敬的，但中国的市民社会或许才刚刚开始。另外还需注意，随着马克思、恩格斯的经典著作 MEGA 一、二版本的出版，马克思主义文献学、文本学研究得以勃兴，在很大程度上使“市民社会”与“资产阶级社会”开始纠缠不清。其实无论是“市民社会”还是“资产阶级社会”，在挪移到中国社会之后总是容易受到一些牵制，反倒难以发挥这一术语本身的

---

① 邓正来. 国家与社会：中国市民社会研究：增修版［M］. 北京：中国法制出版社，2018：25.

② 邓正来. 国家与社会：中国市民社会研究：增修版［M］. 北京：中国法制出版社，2018：130.

③ 邓正来. 国家与社会：中国市民社会研究：增修版［M］. 北京：中国法制出版社，2018：130.

能量。

其三，公民社会。“公民社会”经过西方马克思主义和批判理论的阐释与运用之后已经被“当代化”。这一译法应是当代西方意味最为浓重的，它的盛行可以追溯至二战之后，并且在冷战后蔓延至第三世界。“公民社会”延续了葛兰西的观点，是一个不同意见相互竞争的舞台，后逐渐发展为“公共领域（public sphere)”理论。晚近以来，“公共领域”几乎成为civil society的代名词，而一个社会civil与否，也与公共领域的繁荣或贫瘠直接相关。所谓“公共（public)”，指的是社会和政治生活的共同经验，是对当今重大问题进行公众审议的基础。这种思想往往在致力于“协商”和“对话”民主的人群中引起共鸣。众所周知，“公共领域理论”在当代德国哲学家哈贝马斯那里展现出最高水平的表达。① 他将揭露市民社会统治力的马克思主义传统与强调捍卫个人自治的自由主义传统结合起来，通过诸如“交往行动”“话语民主”“生活世界殖民化”等构想，将不同的线索融合在一起。一个健康的civil society是通过公共领域的交往结构而民主地构建起来的。遗憾的是，在这一理论引介到国内之后，公共领域的自由主义内涵被过度放大。

其四，文明社会。相较而言，这一译法的使用频率不高。汪丁丁教授在苏格兰启蒙哲学家亚当·弗格森（Adam Ferguson）的作品《文明社会史论》② 中译本序言里把弗格森的研究概括为“古代文明的政治社会学”。civil的“文明”含义来源于*polis*，兼有城邦、风俗、政治等意味。晚近以来，“文明”渐渐放弃了它的古典含义，成为相对于“文化（culture)”而言的，更加偏重于概括人类“物质生活”的词语。然而，人类精神生活的方式无法用“文化”来表现，而又应当是“文明”（如我国的“精神文明”一说)。“文明社会”在其历史演进过程中逐步展开为“资本主义”。如今，当人们在谈论作为“野蛮社会”之对立面的“文明社会”时，第一反应不是civil的古典意义，而是工商业繁荣及与其相应的价值观念。在这一意义上，我们从马克思当年的使用中也大致可以列出一个等式：“现代社会”＝“市民社会”＝“资产阶级社会”＝“西方文明社会”。但是，把civil society理解为相对于“野蛮社会”的现代西方文明社会，

---

① 哈贝马斯. 公共领域的结构转型［M］. 曹卫东，等译. 上海：学林出版社，1999.

② 弗格森. 文明社会史论［M］. 林本椿，王绍祥，译. 杭州：浙江大学出版社，2010.

很大程度上限制了“文明社会”的时代性，也限制了“文明社会”作为一个集合式、复合式概念来使用的可能。

面对 civil society 概念的复杂性，有两种较为常见的反应。一种是完全放弃它。这并不妥当，因为放弃它将使我们缺乏一种在分析政治和社会变革时所需的重要工具，而且这一工具应对的那些问题几乎是无法通过国家思维或市场模型来合理解释或有效解决的。另一种反应是只选取某一种解释而忽略其它。这一做法很常见，成果也很可观，但副作用就是使这一概念失去了让它变得有趣且有魅力的丰富性与多样性。综合来看，我依然想使用 civil society 这一术语，并将其理解为与现代西方文明社会所不同的中国“文明社会”。将“文明社会”作为中国未来社会的“理想型”，正是看中它既能囊括属于 civil society 的诸多内涵，也能有效避免某些用词的敏感，更能体现一种中西差异，体现中国社会日后走向文明社会的特殊性与原创性。当然，既然“文明社会”的原型是 civil society，那么终究是无法离开其固有所指。迈克尔·爱德华（Michael Edward）所著的 Civil Society 至今已经出了四版，每一个版本的 civil society 都包括协会生活、良善生活与公共领域三个维度①。下面所谈“文明社会”也涉及这三个维度，并且紧扣应对民粹主义问题而产生的新的理论生长点。

二、民间社会的激活与限度

民间社会作为不同于国家和市场的社会组成部分，是迄今学界对 civil society 的普遍理解。在这种意义上，民间社会通常被称为“第三”部分或“非营利”部门，它包含家庭和国家之间所有的协会和网络，其成员和活动基本是自愿的，包括各种非政府组织（NGO）、工会、教会、协会、自助团体、独立媒体等等。正如沃尔泽（Michael Walzer）所言，这是“不受强迫的结社空间，也是为了这一空间里的家庭、信仰、兴趣和意识形态而形成的关系网集合”②。

一个健全且有效的民间社会，可以通过其组织功能最大程度地化解民众的

---

① EDWARD M. Civil Society[M]. Cambridge: Polity Press, 2003, 2009, 2014, 2020.

② WALZER M. The Idea of Civil Society: A Path to Social Reconstruction[M]//Community Works: The Revival of Civil Society in America. Washington, DC: Brookings Institution Press, 1998: 124.

不满情绪，从而在起点处就掐断了民粹主义得以形成和扩散的前提。但是我们也应注意到，坊间对民间社会的评价是存在问题的，许多评论在有意无意地强化乃至极化政府与非政府、政府与民间的对立，认为本是政府应该做的事却让民间组织来做，这是对政府工作的讽刺，让政府羞愧。其实换个角度看，中国社会自助式、救助式非政府组织生长的空间与政府力量运作的空间并不是相互冲突的。政府自然也会察觉到，把一定的权力下放给非政治组织，给民间社会展示自身价值的机会。这样一来，社会治理的效率会更高。国家政府与民间社会二者确实不是同质的，不过这并不妨碍它们之间是互补的，而不是人为地激化对立，更不应该美其名曰站在非政府组织或人道主义的立场来指责政府的不作为。我们应当看到，非政府组织补足了政府无暇顾及的方面。这背后是民众关于民间社会的思维方式（实际已是思维定式）的转变。如今看来，之前关于民间社会的那种或是自己学习的，或是别人灌输的公式化理解，确实需要有所转变了。而且，实现这一转变需要一个长过程，注定是一场“持久战”“阵地战”，是民间社会不断走向新文明，是社会民众不断得到教化和启蒙的过程。

毋庸置疑，志愿团体在现代社会中有其独特意义。对于当代人的生存体验而言，现代社会是一个分离的、脆弱的、不安的社会，它并没有提供什么集体身份来使我们团结在一起。在这种情况下，人们会期望回到熟悉的人身边，而这正是志愿团体能够提供的东西。彼此志同道合的人团结一致，相互支持，令人心安。因此，人们自然会对某些社团和协会有所期许，而且，它们在某一特定时期确实能为社会上有需要的弱势者提供物质与情感支持。但是非常重要的一点在于，对于民间社会的发展仍需要把握度。一方面应当明确，各种类型的非政府组织对社会进步做出了独特且重要的贡献；另一方面，它们只讲述了“民间社会”“长歌”的一段，民间社会本身也只是文明社会的一部分。民间“社会”不能与民间“社团”画等号，前者包含后者，且一个健康的民间社会不能没有后者的存在，同时后者的存在也必须是积极健康的。

民间社会就像一个复杂而脆弱的生态系统，当各种组织、协会、非营利机构以某种共同的方式联系起来时，民间社会就会获得力量。当然，它们具体的比例和格局会因地方性而不同，但重要的是，民间社会需要葆有充沛的活力，也即保持民间社会的多元性，而且不只是跨地域的激活，还有跨国界、全球性的激活。

三、公共领域的宽容德性

“文明社会”的“公共领域”该如何建设是一个棘手的问题。我认为，需要关注公共领域的“宽容”德性的养成。“宽容”是衡量一个社会文明与否的德性标尺，它至少包括两种宽容：个体宽容与政治宽容。

就个体宽容而言，身处社会的舆论旋涡中，人们很容易察觉到各种话语之间相互冲突的暴戾气息。这意味着，当下中国的公共领域还远未发展到各种意见可以平等合理地讨论，最后达成一定共识的水准，更多的可能只是相互攻讦，各持一端乃至势同水火。公共领域的辩论本应该“对事不对人”，可大多数时候却是“对人不对事”。这里存在一个矛盾，即在公共领域发声的基本素养并不是所有人都具备，但所有人几乎都具备进入公共领域的资格。就政治宽容而言，在常态化的社会里，稳定与安全是一个国家的基本德性，它的前提是“社会契约”这一基本命题。中国作为一个“人民”的“共和国”，意味着人民将自身的自然权利让渡给国家，但这种让渡是有前提的，即人民认识到让渡比不让渡更能实现自我的持存。换言之，国家主权权威的力量，依赖于个体主动参与国家权力的建构。在这一过程中，公共领域体现了它的价值，即提供了使大多数人可以在政府决策过程中发出自己声音的渠道。如此一来，宽容的智慧就体现出来了。靠强力手段只可能削弱人民参与的意愿，从而削弱国家政府的力量。如果国家想保持其主权权威，那么明智的做法是让人民参与更多。所以，从政治稳定的角度看，宽容政策比不宽容政策要好。这里不妨把“宽容”视为一种工具（其实政治参与本身对于一种更高级的文明而言就是工具性的），那么公共领域层面的国家治理理念需要完成某种关键性转换：从国家政府与公共领域的对立，循序渐进地转向推进国家治理公共领域的宽容政策的形成与完善。这既是对政治国家与文明社会之间张力的合理理解，也是针对张力可能过度化的有效缓解。最后，个体宽容与政治宽容相互关联。即便社会中的个体不宽容，国家仍可以践行宽容；反之亦然，个体可以在相对不宽容的国家里变得宽容。但是我们更应该建立如下的互动关系：如果有更多个体在践行宽容，那么国家就可以变得宽容；国家践行宽容的程度越高，那么个体就越容易在社会生活中践行宽容。在这一意义上，反倒不必过分纠结于先有“文明社会”还是先有“文明人”，因为正如马克思在《关于费尔巴哈的提纲》中所言：“环境的改变和人的活动或自我改变的一致，只能被看做是并合理地理解为革命的实践。”① 以此观之，“文明社会”的形成与“文明人”个体的形成既是动态的，也是一致的，它们共同构成了“文明社会变革”的时代内涵。

此外，公共领域的发展得益于数字技术与自媒体的繁荣，它使每个人都连接起来，每个人都能够参与。但也正因为如此，人们容易陷入一种误识，即“当技术不过是使追求政治目的得以可能的新方法时，就假定这些工具在本质上是民主化的”②。很多人肤浅地把社交技术的革新视为其天生就是促进民主的，认为发声渠道的拓宽是日益民主化的表现。事实上这些只是工具性的存在，只是手段，并不能有效地代表目的本身。在健全的文明社会里，公共领域表现的是“人民的力量”而非“民粹的力量”。然而，从“民粹”到“人民”的转换在短时间内无法实现，相应地，公共领域的“宽容”德性也是一个长期的，与个体自身的理性教化密切相关的过程。

四、良善社会的文明想象及其实现

“良善社会（good society）”原本是 civil society 的古典意义，在现代社会已被常识化，比如现在人们评价一个社会文明与否的最直接判断便是这个社会“好不好”。“良善社会”是一种理想中的社会，它以积极的规范和价值观成功实现特定社会目标为特征。我们所有人的内心深处都怀揣着一个自己想要的社会，其中充盈着爱、自由、真理、美丽、勇气、同情等。虽然“良善社会”的具体细节各异，但这一理念仍然是当代集体行动的最佳推动力。“文明社会”正是中国人想要生活在其中的那种“良善社会”的凝聚。

“良善社会”描绘了一种由某些规范所定义的理想中的社会秩序，虽然具体的规范有所不同，但宽容、不歧视、非暴力、信任、合作、自由、民主等都是共同点。这个意义上的“文明社会”代表了“文明（civility）”的制度化，这是一种不同于过去的生活方式。太多现有的社会、经济和政治体系破坏了人类希望在彼此之间建立以及与周遭世界建立的纽带，而文明社会则提供了一种在不

① 马克思．关于费尔巴哈的提纲［M］//马克思，恩格斯．马克思恩格斯文集：第1卷．北京：人民出版社，2009：500．

② MOORE M. Democracy Hacked: Political Turmoil and Information Warfare in the Digital Age[M]. London: Oneworld Publishing. 2018: xi.

同的价值基础上重建这些关系的方式。文明社会是爱与理性的联姻，人们致力于培养一种以仁爱和怜悯为核心情感的丰富内在生活，辅之以政治、经济、社会等政策的新形式的外在实践。

对良善社会的文明想象与民间社会志愿协会的繁荣密切相关，然而后者的成员是否真正产生了良善社会的德性还有待商榷。所以我们必须充分考虑差异与分裂的可能。只要协会及其成员的特征、目的、资源和信仰等发生变化，协会生活本身就不可能保证一套特定的社会规范。确实，同一社会中的不同协会之间的规范各不相同，而且民间社会在表达意见和巩固自身对公共领域共同规范的理解上也存在差异。此外，不平等是文明社会需要着重解决的难题，更具破坏性的还有基于民族、种族、地域、性别等的歧视，这类歧视在平常时候虽广泛存在却不甚起眼，然而在特定的时段又会迅速突出和放大，成为舆论的焦点。诸如此类都是问题所在，它们单靠美好的“文明社会”想象是不足以解决的。那么，怎么办?

中国的“文明社会”不是孤立的存在，它仍然需要不同机构之间的行动与互动。这些机构可能受特定的社会价值观激励，也可能针对特定的社会目标，在共同完成着一场“文明”驱动的社会变革。一般而言，诸如国家政府、市场企业、家庭等均不属于西方的 civil society 范畴。但是在中国社会里，它们是且必须是建设文明社会，实现“良善社会”理念的一部分，因为它们既影响着社会规范的形成，也影响着将社会规范转化为公共政策方案的形成。因此，我们应努力去寻找最能确保中国文明社会实现的制度安排。

这一安排始于家庭。家庭乃是塑造个体价值观与人格的核心，它是且应当是第一个“文明社会”。诸多社会德性开始在家庭关系中形成，而且在大多数人那里，家庭生活比社会生活占用更多的时间。当然，不能奢求家庭的教化能使人们有能力解决更高层次的社会与政治问题，但仍应明确，爱与支持的家庭关系的形成与培养，对于个体自身行为模式的养成是基础性的。

其次是市场逻辑与文明社会。按照一贯的看法，社会一旦与市场有染，其文明性就会被玷污。这不难理解，二者的基本运行原理（竞争与合作）本就截然不同的。我们可以说文明社会的职能包括社会的、文化的和政治的，但很难说有经济的。市场逻辑无论怎样粉饰，利润都是最后的赢家。基于市场的进路终归与志愿、互惠的文明社会生活格格不入。此类观念需要在中国社会有所改变。企业是社会经济崛起的重要部分，但在文明社会的讨论里却是较小一部分。

如果谨慎使用并以区别对待的方式应用市场逻辑，将有助于实现某些社会团体的财务可持续性，毕竟不同种类的团体和活动需要不同形式的融资和支持。而且，中国社会的集体所有制传统确立了在广泛参与和赋权的基础上生产商品和提供服务的方式，这使得共同体形式的经济机制不大可能削弱文明社会的合作与团结，继而很可能在不冲击文明社会志愿和集体基础的情况下产生实际的利益。

最后是文明社会与国家的经典命题。社会与国家的两分已成传统，且为近代以来的 civil society 研究所延续。但文明社会理念的实现不能没有国家，它必然需要国家政府采取行动，通过或刚或柔的手段来安排和执行那些社团、协会、企业、家庭等其它部分所不能做或不会做的事。文明社会与它的国家政府始终是相互依存的，在最一般的层面，国家提供了文明社会运转所需要的法律、法规框架，而文明社会则对“问责制”施压，使政府保持正常运转。二者之间必须保持一种张力，该张力的强弱将会一直在频繁出现的事件与争论中不断调整，这也是文明社会的一大特点。

民间社会、公共领域与良善社会等三个方面按照一定比例、一定关系组成了“文明社会”这一复合体，这个比例或关系本身就很值得深究。比如，在现有的文明社会话语里，民间社会可能占据主导，而且与良善社会混为一谈，仿佛只要民间社会的志愿结社生活以某种健康的、有序的、可控的、可预测的方式存在与发展，就能有助于甚至可以创造一种“良善社会”。这显然太过简单化了。再比如，过于突出公共领域在文明社会中的地位，殊不知，这种理想中的“良善社会”实际可能滑向无政府状态。

应当承认的是，中国的文明社会研究暂时未能发展到足以与西方 civil society 观念进行系统比较的程度，但是我们正处在走出“学徒状态”，走向“自我成熟”的关键节点。文明社会研究的最佳路线应当是以批判的思维穿透各种不同的理论资源和社会经验，以便谨慎地锚定中国社会前进的方向。相信只要我们不沉迷于那些虚假的共性、魔幻的表象和解决问题的万应灵丹，中国文明社会的研究一定可以在严格的批判中繁盛起来。这样做自然不是单纯为了达成某些普遍性的共识，而是为了让中国社会的当代性质与文明社会的走向更加明确，为应对民粹主义的诱惑和挑战提供现实意义和世界意义。

本章小结

立足马克思主义批判民粹主义，既需要从文本和理论中寻找支撑，也需要结合时代发展作出新解释，对未来作出合理展望。马克思、恩格斯自青年时期就对民粹主义因素进行了自觉批判，他们形成了关于革命的实践和实践唯物主义的基本认识，并且将革命的共产主义作为区别于民粹主义的标准。“共同体”概念是我们从个人联合的角度去探寻超越民粹主义的出发点，西方历史上的“共同体”概念无法很好地处理特殊性与普遍性，共同体与现代性和国家的关系等问题，新时代中国马克思主义的“人类命运共同体”理念以世界历史、人类关怀、平等交往、革命实践等原则超越了民粹主义。抵御民粹主义的诱惑需要社会的整体变革和进步，最后将“文明社会”作为一个未来社会形态，并以民间社会、公共领域、良善社会等维度作为其内涵及建构的方向。

结　语

当一个研究对象逐渐失去了它的热度，总是会让研究者本人感到些许不适。当此项研究尚在进行中时，“民粹主义”就似乎渐渐地不再是一个热词，开始淡出各种圈子的话语。但我们也看到，在现代西方国家的选举政治中，民粹主义总是会发挥一定的作用。“历史不会重演，但总会惊人的相似。”这是美国作家马克·吐温的名言。如今看来，将之套用在民粹主义上也是适用的。在未来，我们一定还会遇到各国各地的民粹主义，它们不会简单地重复过去的把戏，但是会在新的情势下表现出与过去极为相似的形式。在这一意义上，我对民粹主义的研究或许是有价值的，因为它并不是抓住某一具体的民粹主义进行探讨，而是遵循从具体到抽象，再从抽象到具体的科学方法，从一般性的高度出发去应对那些历史与现实中相似的民粹主义。最后，总结几点研究体会，也是对未来研究与完善的几点展望：

第一，民粹主义不会单独出现。在某些特定的环境中，对于某些特定的人群而言，民粹主义会带来前所未有的恐惧。水能覆舟，亦能载舟，民粹主义理应得到我们的平常心看待。无疑，民粹主义体现了民意，但民粹主义本质上是一个工具。所以，与其关注民粹主义，不如对那些利用民粹主义的意识形态多些留意和警惕。对民粹主义的研究不应只见民粹主义，而不见现代社会的意识形态群。比如在今天，我们尤其需要谨慎看待民族主义。民族主义一直在民族独立和解放的历史进程中占据着主要的位置，并不是人们以主观的喜好和纯粹的价值判断就可以简单处理的意识形态。在民粹主义之后的研究，不是要针对民粹主义来制定具体的战术，而是要针对现当代各种主流的社会政治思潮来制定宏观的战略。

第二，抵御民粹主义的诱惑根本上需要时代的整体进步。我在参考国外学界的研究成果时发现，国外的学者从不同的角度提出了应对民粹主义的各式各样方案，其中比较有建设性的有民主制自身的完善、公民社会与民主政治的结构优化等。我一开始深以为然，且一度追随着类似的理路展开分析。但是越往后越发现，在当代西方的整体环境中，试图通过这些规则式的方案来应对民粹主义是不现实的，哪怕前景再美好，也难免流于空想。而只有站在一种超越性的高度，才能审视和超越民粹主义。因而，本书在现象层面分析现代社会的民粹主义之后，从哲学的角度、从现代人的生存状态出发去解释民粹主义存在的合理性与局限性。民粹主义的产生具有必然性，它是随着人类社会和文明的进步而发展演化出各种不同形态和程度的思想、思潮或运动，针对具体问题而功能各异。因此，应对民粹主义不是在某个领域或者某些领域可以完成的，民粹主义乃是时代的问题，只有在经过时代的整体变革和进步之后，才有改变当代民粹主义现状的可能。

第三，面对一个不具有太多实践感的问题，更要以批判的态度和立场去坚守研究者的自我主张。其实，不少专家、前辈和师友得知我在研究民粹主义时，会很自然地问道："中国有没有民粹主义?"我以为，对于这个问题的回答是很难的，因为不论是"有"还是"没有"，都不大能令人满意。中国没有像西方国家那样的选举政治，那么当然不会有像西方世界的那种民粹主义，况且当代中国的人民群众路线，在任何意义上都不会是民粹主义的。但是，在中国社会中发生的群体性现象确实又具有民粹的一面。这一切体现了中西方对于"民粹主义"的理解具有在翻译上无法弥补的差距与隔阂。因而，我对这一问题的回答是：可以说中国有民粹主义因素或在某些特定时期带有民粹主义色彩，但不能简单地冠之以"民粹主义"，或可用"民粹化"取而代之，作为分析现代中国社会的术语、视角或工具。就此而言，社会学层面对群体性现象和事件的讨论完全是合乎情理的。然而，如果把民粹主义只是处理为群体理论，那么又缺少一些解释力。读者不难发现，本书一直在努力地做着比较和区分的工作，特别是在涉及马克思主义的部分。我们作为在马克思主义指导下一路走来的国家和民族，并没有天然地具备抵御民粹主义诱惑的能力，而是需要在马克思主义与民粹主义两者之间清晰划界。这是批判民粹主义的本意。希望通过这种批判，让人们认识到民粹主义根本上只是一种低阶的、孱弱的意识形态，在马克思主义尤其是在新时代中国马克思主义的统摄下，民粹主义无法也不应当被其它强悍的意识形态所利用。

"黑格尔在某个地方说过，一切伟大的世界历史事变和人物，可以说都出现两次。他忘记补充一点：第一次是作为悲剧出现，第二次是作为笑剧出现。”[①]我不禁遐想，在后人的记叙里，民粹主义会不会成为我们这个时代的“世界历史事变”？民粹主义者会不会成为“世界历史人物”？历史上的民粹主义不只出现两次，它会不断地作为“笑剧”重复地出现在现代社会的历史上。恐怕谁也无法断言民粹主义的未来会怎样，这个潘多拉魔盒一经打开就很难再有盖上的可能。民粹主义可能会陷入暂时的沉寂，但未来一定会有再度爆发的时刻，特别是在全球现代化的过程中，当民族、国家、地区出现内部冲突和外部挑战时会变得更加突出，这意味着此项解释、批判和超越民粹主义的研究必要且重要。

① 马克思．路易·波拿巴的雾月十八日［M］//马克思，恩格斯．马克思恩格斯文集：第2卷．北京：人民出版社，2009：470.

参考文献

著作类：

［1］马克思，恩格斯．马克思恩格斯文集：第1—10卷［M］．北京：人民出版社，2009.

［2］毛泽东．毛泽东选集：第1—4卷［M］．北京：人民出版社，1991.

［3］邓小平．邓小平文选：第1—3卷［M］．北京：人民出版社，1994.

［4］习近平．习近平谈治国理政：第1—3卷［M］．北京：外文出版社，2014，2017，2020.

［5］欧阳康．社会认识论导论［M］．北京：中国社会科学出版社，2010.

［6］夏银平．俄国民粹主义再认识［M］．广州：中山大学出版社，2005.

［7］马龙闪，刘建国．俄国民粹主义及其跨世纪影响［M］．桂林：广西师范大学出版社，2013.

［8］林红．民粹主义：概念、理论与实证［M］．北京：中央编译出版社，2007.

［9］张莉．西欧民主制度的幽灵——右翼民粹主义政党研究［M］．北京：中央编译出版社，2011.

［10］陈龙．当代传媒中的民粹主义问题研究［M］．北京：中国广播影视出版社，2016.

［11］杨倩．比较政治学视野中的民粹主义［M］．北京：当代世界出版社，2020.

［12］李凌凌．网络民粹主义［M］．郑州：郑州大学出版社，2019.

［13］高奇琦．西方民粹主义与自由民主的贫困［M］．上海：上海人民出版社，2019.

［14］古斯塔夫·勒庞．乌合之众［M］．冯克利，译．桂林：广西师范大学出版社，2015.

［15］约翰·朱迪斯. 民粹主义大爆炸［M］. 马霖，译. 北京：中信出版社，2018.

［16］别尔嘉耶夫. 俄罗斯思想：十九世纪末至二十世纪出俄罗斯思想的主要问题［M］. 雷永生，邱守娟，译. 北京：生活·读书·新知三联书店，1995.

［17］保罗·约翰逊. 知识分子［M］. 杨正润，等译. 南京：江苏人民出版社，1999.

［18］卡尔·雅斯贝斯. 时代的精神状况［M］. 王德峰，译. 上海：上海译文出版社，2003.

［19］黑格尔. 法哲学原理［M］. 邓安庆，译. 北京：人民出版社，2016.

［20］黑格尔. 黑格尔政治著作选［M］. 薛华，译. 北京：中国法制出版社，2008.

［21］赫斯. 赫斯精粹［M］. 邓习议，编译. 方向红，校译. 南京：南京大学出版社，2010.

［22］保罗·塔格特. 民粹主义［M］. 袁明旭，译. 长春：吉林人民出版社，2005.

［23］IONESCU G, GELLNER E. Populism: Its Meaning and National Characteristics[M]. London: Weidenfeld and Nicholson, 1969.

［24］LACLAU E. On Populist Reason[M]. London: Verso, 2005.

［25］MOUFFE C. For a Left Populism[M]. London: Verso, 2018.

［26］PANIZZA F. Populism and the Mirror of Democracy[M]. London: Verso, 2005.

［27］MULLER J-W. What is populism?[M]. Philadelphia: University of Pennsylvania Press, 2016.

［28］MUDDE C, KALTWASSER C R. Populism: A Very Short Introduction[M]. New York: Oxford University Press, 2017.

［29］KAZIN M. The Populist Persuasion: An American History[M]. Ithaca: Cornell University Press, 2014.

［30］MACAULAY M. Populist Discourse: International Perspectives[M]. Basingstroke: Palgrave Macmillan, 2019.

期刊论文类：

[1] 俞可平. 全球化时代的民粹主义 [J]. 国际政治研究，2017，38 (1)：9-14.

[2] 董经胜. 民粹主义：学术史的考察 [J]. 当代世界与社会主义，2020 (5)：184-192.

[3] 郭中军. 价值观与经验现象：民粹主义概念的尴尬及其重构 [J]. 复旦学报（社会科学版），2019，61 (1)：147-156.

[4] 周凡. 马克思与俄国民粹主义问题 [J]. 马克思主义与现实，2007 (4)：15-30.

[5] 周凡. 在马克思主义与民粹主义之间——对恩格斯与特卡乔夫论战的反思（上）[J]. 学术研究，2015 (4)：18-27.

[6] 周凡. 在马克思主义与民粹主义之间——对恩格斯与特卡乔夫论战的反思（中）[J]. 学术研究，2015 (5)：17-27.

[7] 周凡. 在马克思主义与民粹主义之间——对恩格斯与特卡乔夫论战的反思（下）[J]. 学术研究，2015 (6)：1-11.

[8] 刘瑜. 民粹与民主：论美国政治中的民粹主义 [J]. 探索与争鸣，2016 (10)：68-75.

[9] 丛日云. 民粹主义还是保守主义——论西方知识界解释特朗普现象的误区 [J]. 探索与争鸣，2020 (1)：118-137.

[10] 宋朝龙. 新冠肺炎疫情下英美右翼民粹主义困局——肖恩·塞耶斯教授访谈 [J]. 马克思主义与现实，2020 (5)：141-146.

[11] 林红. 公共卫生危机与西方民粹主义的国家依赖 [J]. 江苏行政学院学报，2020 (5)：76-85.

[12] 李良荣. 中国民粹主义的三个动向 [J]. 人民论坛，2017 (1)：22-23.

[13] 林冈，王晓笛，吴维旭. 民粹主义研究的概念泛化问题及其辨正 [J]. 厦门大学学报（哲学社会科学版），2022，72 (3)：71-83.

[14] 焦兵. 民粹主义与美国进步主义外交的兴起 [J]. 上海师范大学学报（哲学社会科学版），2022，51 (3)：126-136.

[15] 柳亦博. 自由民主与民粹主义的共生、异变及民主改良 [J]. 天津社

会科学，2022（3）：60-68.

［16］彭枭．政党竞争与西方主流政党的民粹化转型［J］．外交评论（外交学院学报），2022，39（3）：70-98.

［17］王代月．马克思主义人民观与民粹主义人民观的差异探析［J］．思想教育研究，2022（3）：82-89.

［18］李西祥．拉克劳的人民概念及其批判——基于历史唯物主义分析［J］．哲学研究，2022（3）：34-43.

［19］林红．困于民粹主义与新自由主义之间：拉丁美洲的发展选择问题［J］．江苏行政学院学报，2022（2）：77-86.

［20］张敏，高琼．"以人民为中心"与西方民粹主义"找回人民"之辨［J］．高校马克思主义理论教育研究，2022（1）：61-71.

［21］牛先锋，肖遥．马克思与俄国民粹派书信研究［J］．山东社会科学，2022（2）：5-15.

［22］安然．精英与平民的"疏离"和"相遇"——以霍夫施塔特与拉什民粹主义论述为中心的考察［J］．北京师范大学学报（社会科学版），2022（1）：115-127.

［23］高春芽．文化反弹与民粹主义激进右翼政党的崛起［J］．世界政治研究，2022，5（1）：32-36.

［24］梁雪村．国际秩序中的民粹主义与全球主义：历史与现实［J］．世界政治研究，2022，5（1）：37-42.

［25］胡炜，方长平．民粹主义的集体行动逻辑——以美国左右翼民粹主义为例［J］．世界政治研究，2022，5（1）：74-94.

［26］孔明安，刘子飞．论左翼民粹主义的策略及其不可能性——兼论尚塔尔·墨菲的《写给左翼民粹主义》［J］．国外社会科学，2022（1）：65-73.

［27］陈雪莲．马克思主义对民粹主义和精英政治的超越［J］．人民论坛，2021（34）：97-99.

［28］柳亦博，王若彤．论民粹主义的美国起源、当代发展及制度逻辑［J］．天津行政学院学报，2021，23（6）：84-95.

［29］玛格丽特·卡农范．相信人民！民粹主义与民主的两个面向［J］．郭中军，译．国外社会科学前沿，2019（5）：60-69.

［30］谢里·伯曼．西方民粹主义兴起的原因［J］．李月军，译．国外理论动态，2021（6）：138-148.

后　记

本书在博士后出站报告的基础上修改完成，献给我的博士后合作导师——欧阳康教授。

2018年9月27日，那是我第一次拜访欧阳老师，内心激动又忐忑。激动是因为终于能够见到仰慕已久的学术大家，忐忑是因为自己治学不精恐闹笑话。然而，欧阳老师的儒雅气质很快让我平静下来。跟随欧阳老师学习的这几年，于我而言至少有如下几点体会：

其一，从理论研究转换到问题研究。我的博士论文是一项文本研究，是对马克思相关理论的解释，博士后出站报告的研究主题是民粹主义。原本我以为从理论研究到问题研究的转换是很自然的，但研究下来却发现远不是想象中那么简单。问题研究不是理论研究的堆砌，而是对研究者本人有很高的要求，必须要形成一套自己的原则和思路，并运用合适的方法才能真正进入问题研究中。我在出站报告写作的过程中，一步步意识到这种转换的艰难，这是以文字呈现自我意识的过程。我愈发敬佩欧阳老师一路走来的艰辛，也愈发体会到社会认识论研究的未来有更加光明的前景。

其二，格外重视方法论问题。世间论题千千万，怎么做研究才能具有创新性？欧阳老师除了在“社会认识论”上有开创之功，他对方法论的重视也是支撑性的。面对具体的问题，首先需要在方法论上下功夫。研究民粹主义是如此，研究其他问题也是如此。只有取法得当，研究才能顺利地展开。若是能够形成一套自己驾轻就熟的方法那是再好不过，我会在今后的工作和学习中逐渐完善这方面。

其三，治学应立足时代、胸怀人类、放眼世界。在与欧阳老师的交流与合作中，我感受到无论研究什么问题，站位要高、立意要远，要做经得起时间乃至时代检验的学问。如果在几年、十几年甚至几十年之后回望自己的成果时，仍觉得没有过时，那才算是真正的治学吧！

感谢我的博导恩师——邹诗鹏教授。谢谢邹老师的引荐，让我得以在欧阳老师的指导下继续学习。博士毕业之后，他一直关心我的情况，不时给我鼓励。未来的路还很长，我会踏踏实实走下去。

感谢华中科技大学哲学学院的各位领导和师友。哲学学院是我工作的第一站，杨海斌书记、董尚文院长、徐敏副院长、廖晓炜副院长等对我关照有加，舒年春主任和邹维瑁主任总是能耐心处理我的问题和诉求。哲学学院的张廷国、王晓升、张瑛、袁辉老师等前辈，国家治理研究院的杜志章、李芳元老师等，同门的叶泽雄、夏建国、吴畏、张建华、董慧、吴兰丽、赵泽林老师等师兄师姐，同为哲院博士后的魏琴博士、李格非博士等，以及同门的熊治东、曾异、胡志康、李大鹏等师兄弟，他们在我这几年的学习、工作和生活中给予我不同程度的指导和帮助，在此一并致谢。另外，我要特别感谢博士后同事余扬，他与我同时进站，早我一年出站，在站的两年里我俩结下了深厚友谊；还要特别感谢我的好兄弟罗正东和师妹孙妍豪，他们夫妻二人未来定会是为人称道的学术伉俪。

感谢华中师范大学马克思主义学院。谢谢学校和学院接纳我，这里的一切都那么温暖纯真！学院的诸位领导、前辈与同仁，为初来乍到的我提供了很多帮助。当然，我也不会忘了 2021、2022 级马理论本科专业的同学们。我曾许诺，会把他们写进我的“致谢”里。优秀的他们是我站上讲台面向的第一批听众，谢谢他们选择我的课，也谢谢他们不论风雨都会来课堂陪伴我，让我真切体会到身为一名“老师”的责任与欣喜。他们值得拥有美好的未来！

本书有幸得到华中师范大学出版基金资助，更显珍贵！其中离不开学院领导的支持、评审专家的肯定以及编辑老师的辛苦工作。就让这本书作为我回报东家知遇之恩的开始吧！

感谢我的家人对我一如既往的支持。或许接下来我的人生将是减法了，父母逐渐老去、孩子长大自立，自己和爱人悠悠度过余生。

相遇即是缘，我的贵人、朋友们，祝愿你们幸福如意！

2022 年 6 月于武汉

2024 年 7 月改于武汉